文化政策學

廖世璋　著

五南圖書出版公司 印行

　　筆者多年之前，曾與龍應台女士共同創設臺灣第一個地方政府的文化局（臺北市文化局），多年來為文化治理的理想，實踐了各項文化行政工作，參與了眾多文化政策規劃與文化計畫推動等，從無到有的文化行政工作，本書乃將這些工作實務經驗與研究理論分析論述成冊。目前國內許多重要政策，例如：文化創意產業、暫訂古蹟、古蹟指定公聽會程序、文化館舍經營基金、老樹保護、藝術介入社區營造等，皆出自於作者在當時工作時，實際推動的理念與政策計畫。而與同仁一起完成的個案，現在想想至少包括：寶藏巖歷史聚落、松菸文創園區、臺北藝術中心、臺北光點古蹟修復等個案，當然也有些後來被停擺的個案，例如：臺北城市博物館。

　　「文化政策學」與「文化行政學」都是文化行政，不易分開分別論述分析，但有鑒於二者合一產生字數過多、內容過於龐大等因素，本專書才將二者分開。本研究「文化政策學」主要為文化行政的「總論」，以文化行政整體相關的文化政策計畫理論、規劃、執行及管理等內容為主。另外，文化行政的個別專題論述「專論」，諸如：文化外交、專業藝文、文化資產、社區營造、博物館、文化園區、公共藝術等行政專題，將以專章方式在下一本專書中論述。

　　同時，國內目前缺少一份完整的文化政策專門研究著作，從文化政策理念、規劃、評估到執行等整套文化行政，讓作者在研究及教學上十分困擾，於是產生將自己多年文化行政實務經驗進行整理的意念，這是本專書的研究動機。

廖世璋

2020 年 2 月 26 日

導讀（兼謝誌） ▶

　　每一個地方都有屬於自己的地方性（the locals）、文化的歷史發展脈絡、文化治理的各種典範及典範移轉因素。

　　在西方社會有不少自己的「文化政策學」研究、專業書籍及期刊論文，但在華人社會卻僅有少數屬於自己文化特性的專門著作。更何況，時至今日，更少有一本在文化政策專門領域中，知識體系基礎全面、系統性論述的「文化政策學」學說。

　　因此，建構一套屬於自己文化特色的「文化政策知識系統」，同時正式產生一個「文化政策學」學說的專門領域，將有助於華人社會各地的文化發展，而這是本著作的研究動機及目的。

　　「文化政策學」是文化政策科學。「文化政策學」並不只是將文化政策視爲文化治理概念下的政策工具而已，也是將其視爲如何符合地方文化特性發展及需求的理性方法。因此，文化政策學知識系統及內容，須至少涵蓋政策理念、思考、規劃、執行、管理、評估等各階段工作的理性方法，並且，同時需要架構在地方文化發展的歷史發展脈絡中，分析了解其文化特質、問題及需求等特殊性。

　　本專書是文化政策的本土化研究，並建構出「文化政策學」學說，爲各理論與政策實務結合的系統性分析研究。因此，在章節架構上，是從「文化治理」（地方性及全球性治理、文化治理性、文化公共性、文化公民權等）、「文化政策與文化行政」（文化行政權、文化政策學、文化政策與文化行政關係、臺灣的文化政策與文化行政之發展脈絡及典範移轉分析）、文化政策之「基礎概念」（文化政策類型、文化政策工具、全球化下文化治理問題）、文化政策之「行政組織」（組織概念、分工及運作方式、文化組織研究方法）、文化政策之「規劃與評估」（文化政策規劃、民眾參與、文化政治、政策分析及評估）、文化政策之「行政管理」（文

化組織管理、成員管理、業務管理）、文化政策之「行政執行」（執行過程及方法、問題及對策、文化行政責任、行政中立、行政倫理）、文化政策之「文化法制、文化預算、藝文採購」（文化法規及立法、文化預算編列及核銷、藝文採購規定及實務經驗）等，章節架構層次十分清楚，且基礎、全面、系統的研究論述。

在出版工作上，本專書感謝二位匿名審查者，以及五南圖書出版公司的陳念祖副總編、李敏華編輯及王麗娟美編等人，還有協助本著作校稿工作的若潔及玟妤二位博士班研究生。

廖世璋

臺北／象山

2020 年 5 月

目錄 ▶

作者序
導讀（兼謝誌）

圖目錄 ▶

表目錄 ▶

文化治理

第 1 章

> **第一節　地方性與全球性治理**

一、地方性、地方文化資本與文化治理

　　「地方性」（the locals）是構成地方文化特有風格的特性（廖世璋，2016），地方性是由「地方文化資本」（local cultural capital）所構成，包括：地方結構、地方體系、表徵系統等，所彰顯出來的地方特質（同上：92-94），而地方文化資本則如同 Bourdieu 將「資本的形式」分成以下數種類型，分別為：經濟資本（economic capital）、社會資本（social capital）、文化資本（cultural capital）及象徵資本（symbolic capital）等（Bourdieu, 1986: 245）中的「文化資本」一樣，在一個地方上擁有屬於自己獨特的地方文化資本。

　　地方文化資本，將包括（廖世璋，2016：95-96）：

1. 內化形式

　　為地方生活長期內在特性的取向，就像是一個地方的文化涵養、文化資源、文化特色等，與地方內部文化素質及特性之發展有關。

2. 客觀化形式

　　將地方文化資本轉為可見的文化對象，例如：地方圖騰與符號、民俗慶典、藝術品、設計品、工藝、文學、舞蹈、音樂、古蹟建築、歷史街區等等，為地方文化展現在外部的各種對象。

3. 制度化形式

　　被廣大的社會大眾所認可的文化價值標籤、獎項、排名等，例如：世界文化遺產，或是依照國內文化資產法規所指認的「有形文化資產」（例如：指定為古蹟或登錄為歷史建築、劃定為歷史文化地區等）或「無形文化資產」（例如：地方特定的風俗、舞蹈、音樂、表演、技藝、技術等）

等，為在社會中制訂的各種制度及規則下所認定的對象。

地方文化資本如果以「人文地產景」或是「天地人」進行分類，將成為各種地方文化資本類型，例如：以「天地人」為例，將分成：「天然資本、地理資本、人文資本」等形式，如下分析（同上，96-97）：

1. 天然資本

屬於地方特有的自然氣候所形成的地方特性，例如：在不同季節中出現的風景，或是一天中的日出、夕陽等自然美景。

2. 地理資本

屬於地方特有地理相關條件形成的地方資本，可分為：(1) 原始地景：像是森林、植物的林相、珍貴樹木、老樹或大樹、瀑布、山形、河流等；以及 (2) 人工地景：像是建築、古蹟、橋梁、水壩、人工河渠等人造地景。

3. 人文資本

屬於當地居民因本身特性所形成的地方資本，分為：(1) 全面層次：例如：地方居民的文化素養、教育程度、信仰、風俗、其他文化特徵等；以及 (2) 個人層次：當地藝術家、文學家、耆老、國寶等文化菁英。

地方性是強調地方文化的獨特性、價值性、不可替代性、重要性等，而地方文化資本是將地方性具體化，並成為可以被盤點調查的對象。而地方性或地方文化資本對於文化行政來說，為何會相當重要，這是因為無論是中央或地方政府的文化政策、文化計畫、文化行政工作等整套的文化治理方式，都是在治理地方文化資本，並能彰顯及永續地方文化特質發展的重要工作。

臺灣中央及地方政府文化治理模式，從過去到現在經常會引入不當的政策、計畫及活動等，耗費精力及費用等，反而造成地方失去自己的地方性，或不利於地方性的發展，產生各地方同質性，失去地方原有自己的

「土味」。

　　就如同跨年偶像歌手倒數晚會與放煙火活動等等，全臺各地幾乎到處皆同，反而失去活動意義，以及忽略調每個城市本來就有自己不一樣的地方性特質。

　　因此，在進行文化治理、文化政策與計畫、文化行政工作時，更應該檢視這些工作是否有助於地方性特色的發展，例如：地方文化資產是歷史方面的地方性重要來源，或是各種地方藝文資產及特色活動是創新地方性的重要活力。而我們的各項文化行政工作，就是要建構一個讓各種多元地方性能在地方發酵、長期且永續發展的藝文生態環境。

二、文化間性

　　「文化間性」（cultural interculturality）曾經在聯合國教科文組織 2005 年的《保護及促進文化表達多樣性公約》（Convention on the Protection and Promotion of the Diversity of Cultural Expressions，簡稱「文化多樣性公約」）中被提出，在該公約中第四條之 (八) 中對於「文化間性」的定義，係指「不同文化的平等互動，以及透過對話和相互尊重來產生文化表現形式的可能性。」

　　因此，在聯合國的「文化間性」概念中，是一方面相當重視在一個社會中存在著多元文化，以及多元文化之間的相互尊重及彼此相互對話，並且能藉由多元文化的互動活力，展開各種文化表現形式的蓬勃發展等三個主要重點。

　　多元文化的形成來自於多元社群（各種種族、族群或文化社群等），其展現在地方日常生活活動的特色，並形成當地的多種「地方性」特質。多元文化能彼此相互尊重及對話，來自於一個非我族中心主義的多元文化主義及社會氛圍，而多元文化之間能透過對話產生更加豐富多元的各種創新文化，來自於一個具有自由、平等、活力及鼓勵各種文化發展的開放社會。

「文化間性」反應在文化治理、文化政策、文化計畫等工作上,便是在從事各種文化行政工作時需要透過各種文化資源、經費預算或其他策略行動等,打造一個重視地方特質、尊重多元文化發展、鼓勵多元文化活力的文化環境。然而,這正好是臺灣本身的地方性特質。臺灣在近代歷史中有不同族群進入及統治,帶來各種文化,且各個族群皆普遍存在於現今社會之中,例如:原住民多族群文化、客家文化、閩南文化、國民政府移民的大中華各省地方文化、新住民文化等,在短短一百多年內擁有非常豐富的文化層,目前是華人地區最重要的民主開放社會,擁有多元豐富、平等、相互尊重且鼓勵對話及創新活力的「文化間性」特性。無論在中央或是地方政府,其所有文化行政工作,應該更加彰顯出此珍貴的地方性特色。

三、文化多樣性(cultural diversity)

聯合國教科文組織(2001)宣布《世界文化多樣性宣言》,宣言中將「文化」認為是「某個社會或某個社會群體特有的精神與物質,智力與情感方面的不同特點之總和;除了文學和藝術外,文化還包括生活方式、共處的方式、價值觀體系、傳統和信仰」等皆屬於文化的內涵。並且,文化也是當代就特性、社會凝聚力和以知識為基礎的經濟發展焦點,在相互信任和理解氛圍下,尊重文化多樣性、寬容、對話及合作是國際和平與安全的最佳保障之一,希望在承認文化多樣性、認識到人類是一個統一的整體,和發展文化間交流的基礎上,開展更廣泛的團結互助(聯合國教科文組織,2001:1)。

在此宣言內,第1條對於文化多樣性的定義及功能為「文化多樣性:人類的共同遺產」,以及「文化在不同的時代和不同的地方具有各種不同的表現形式。這種多樣性的具體表現,是構成人類的各群體和各社會的特性所具有的獨特性和多樣化。文化多樣性是交流、革新和創作的源泉,對人類來講就像生物多樣性對維持生物平衡那樣必不可少。從這個意義上

講，文化多樣性是人類的共同遺產，應當從當代人和後代子孫的利益考慮予以承認和肯定。」（同上，2）

　　然而，如何促進社會中文化多樣性的發展，聯合國教科文組織認爲「人權是文化多樣性的保障」，在第4條中「捍衛文化多樣性是倫理方面的迫切需要，與尊重人的尊嚴是密不可分的。它要求人們必須尊重人權和基本自由，特別是尊重少數人群體和土著人民的各種權利。任何人不得以文化多樣性爲由，損害受國際法保護的人權或限制其範圍。」並且強調「文化權利」是「文化多樣性的有利條件」，「文化權利是人權的一個組成部分，它們是一致的、不可分割的和相互依存的。富有創造力的多樣性發展，要求充分地實現《世界人權宣言》第27條和《經濟、社會、文化權利國際公約》第13條和第15條所規定的文化權利。因此，每個人都應當能夠用其選擇的語言，特別是用自己的母語來表達自己的思想、進行創作和傳播自己的作品；每個人都有權接受充分尊重其文化特性的優質教育和培訓；每個人都應當能夠參加其選擇的文化重大計畫、生活和從事自己所特有的文化活動，但必須在尊重人權和基本自由的範圍。」（同上，2-3）

　　另外，除了上述之外，文化資產在文化多樣性中占有重要地位，第7條載明「文化多樣性與創作」之關係：「文化遺產是創作的源泉。每項創作都來源於有關的文化傳統，但也在同其他文化傳統的交流中得到充分的發展。因此，各種形式的文化遺產都應當作爲人類的經歷和期望的見證，得到保護、開發利用和代代相傳，以支持各種創作和建立各種文化之間的眞正對話。」（聯合國教科文組織，2001：3）

　　至於基於文化多樣性所產生的「文化物品和文化服務」等，其與文化創意產業及文化經濟商品具有差別，在第8條中載明：「不同於一般的商品，面對目前爲創作和革新開闢了廣闊前景的經濟和技術的發展變化，應當特別注意創作意願的多樣性，公正地考慮作者和藝術家的權利，以及文化物品和文化服務的特殊性，因爲它們體現的是特性、價值觀和觀念，不應被視爲一般的商品或消費品。」（聯合國教科文組織，2001：3）

　　文化多樣性的推動方面，除了在第 11 條明訂「建立政府、私營部門和民間社會之間的合作夥伴關係」來加以推動，強調「單靠市場的作用是做不到保護和促進文化多樣性這一可持續發展之保證的。為此，必須重申政府在私營部門和民間社會的合作下推行有關政策所具有的首要作用。」（同上：3）並且鼓勵文化多樣性的積極創造與創作，應該反應在文化政策上，認為「文化政策是推動創作的積極因素」，在第 9 條中說明「文化政策應當在確保思想和作品的自由交流的情況下，利用那些有能力在地方和世界一級發揮其作用的文化產業，創造有利於生產和傳播文化物品和文化服務的條件。每個國家都應在遵守其國際義務的前提下，制訂本國的文化政策，並採取其認為最為合適的行動方法，即不管是在行動上給予支持還是制訂必要的規章制度，來實施這一政策。」（同上：3）另外，該宣言不僅宣示文化多樣性的重要理念，也同時提出如何落實的行動計畫重點[1]。

---

[1] 在聯合國教科文組織（2001）宣布《世界文化多樣性宣言》中，也提出落實「文化多樣性」的行動計畫要點：「1. 深入開展與文化多樣性問題，尤其是文化多樣性與發展的關係問題和文化多樣性對制定國家或國際政策的影響問題有關的國際辯論，尤其要推動對制定一份關於文化多樣性的國際法律檔是否可行進行思考。2. 促進在國家和國際一級制定最有利於保護和提倡文化多樣性的原則、規範和實踐活動，以及提高認識的方法和合作方式。3. 促進文化多元化方面的知識與良策的交流，為多元化社會中來自四面八方具有不同文化背景的個人和群體的融入和參與提供便利。4. 進一步認識和闡明作為人權之組成部分的文化權利所包含的內容。5. 保護人類的語言遺產，鼓勵用盡可能多的語言來表達思想、進行創作和傳播。6. 提倡在尊重母語的情況下，在所有可能的地方實現各級教育中的語言多樣化，鼓勵自幼學習多種語言。7. 通過教育，培養對文化多樣性的積極意義的意識，並為此改進教學計畫的制訂和師資隊伍的培訓。8. 在必要時，將傳統的教學方法納入到教學工作中，以保存和充分利用有關文化所特有的交流和傳授知識的方法。9. 促進「數位掃描」，將資訊與傳播新技術作為教學計畫中的學科和可提高教學工作效率的教學手段，提高掌握這些新技術的能力。10. 促進數位空間的語言多樣化，鼓勵通過全球網路普遍地利用所有的公有資訊。11. 與聯合國系統各有關機構密切合作，向數位鴻溝宣戰，促進發展中國家利用新技術，幫助這些國家掌握資訊技術，並為當地文化產品的數位傳播，和這些國家利用世界範圍的具有教育、文化和科學性質的數位化資源提供方便。12. 鼓勵世界傳媒和全球資訊網路製作、保護和傳播多樣化的內容，

四、文化生態系

Steward（2006）曾提出文化生態學（cultural ecology）的研究途徑，認為每一個地方的文化發展都與當地整體環境特質息息相關，地方孕育出具有當地特色的特有文化。而 Holden, J., ／陳怡孜譯（2015）則提出「文化生態系」（cultural ecosystem）概念，並認為對於文化的分類方式，便是我們如何看待文化的態度，他將文化分成三種生產形式：由公共基金支持的文化（受補助機構長程支持）、商業型文化（透過營利生存），以及家庭產出的文化（從專業者未獲酬勞的文化生產及個人非專業僅為嗜好），並且三者經常混在一起出現。

　　「文化生態系」將文化視為一種社會活動過程，將文化視為一種生態，以生態學視角來梳理文化發展，例如：相互配合及合作間的平衡、外在威脅、正向與負面的回饋循環、掠食、自我管理系統、共生機制、有機性、食物鏈、體內平衡、全球環境可容納量、活動模式等，相輔相成如同複雜而全面的生物系統，例如：文化生態演變環節，為誕生、成長、依

並為此加強公共廣播和電視機構在開發高質量視聽產品方面的作用，其中要支援建立一些有利於更好地傳播這些產品的合作機制。13. 制定保護和開發利用自然遺產和文化遺產，特別是口述和非物質文化遺產的政策和戰略，反對文化物品和文化服務方面的非法買賣。14. 尊重和保護傳統知識，特別是土著人民的傳統知識；承認環境保護和自然資源管理方面的傳統知識的作用；發揮現代科學與民間傳統知識的協同作用。15. 支援創作人員、藝術家、研究人員、科學家和知識分子的流動，和國際研究計畫及合作夥伴關係的制定和發展，同時努力做到保護和提高發展中國家和轉型期國家的創造力。16. 為了當代創作工作的發展並使創作工作得到合理的酬報，保證著作權及其鄰接權得到保護，同時捍衛《世界人權宣言》第 27 條所規定的公眾享受文化的權利。17. 幫助發展中國家和轉型期國家建立或加強文化產業，並為此合作建立必要的基礎結構和培養必要的人才，促進建立有活力的當地市場，並為這些國家的文化產品進入世界市場和國際發行網提供方便。18. 在尊重各國的國際義務的情況下，制定能夠通過一些必要的活動輔助機制及相應的規章制度，來推行本宣言所制定之原則的文化政策。19. 使民間社會的各個方面密切參與制定保護和提倡文化多樣性的公共政策。20. 承認並鼓勵私營部門在提倡文化多樣性上的貢獻，並為此建立公共部門與私營部門的對話空間。」（聯合國教科文組織，2001：5-6）

賴、演化、聯結、彙聚、系統危機等循環過程（Holden, J.,／陳怡孜譯，2015）。

　　文化生態系的發展可由三種方式進行：將文化視為可再生的循環、將文化視為在地網絡、專注於文化體系中每一個體所扮演的不同角色（捍衛者、橋梁、平台及游牧者），構成文化生態需要這些同時存在且協力合作，而對於文化生態系的初步分析，可以包括：文化工作者的多元性與數量、供應鏈分析（針對各項大型文化活動進行生存條件的供應鏈分析）、複雜度是否增加（生態系統會時時更新而變得更為複雜）等。或是，某些特定指標來評估衡量各地方其文化生態系的發展狀況，例如：文化專業人士、業餘創作者、志工及觀眾參與活動機會（數據可包含量化觀眾占人口數統計、文化參與的機會、文化專業人士、業餘人士、表演者與技術人員數目統計、文化相關經濟活動統計、文化對社會的影響研究、公共與私人機構中所包含的捍衛者、平台與橋梁數目和種類、當地的藝術形式數目和各式文化參與機會數、文化教育機會，或是質化調查，例如：觀眾經驗及意見回饋等（同上）。

　　所以，文化生態系是將文化發展以生態的方式進行全面性的、系統性的思考，並且分析、規劃、研訂、管理及監督整個文化政策計畫等各項行政工作。例如：文化部在盤點臺灣文化創意產業發展時，發現產製規格萎縮、市場規模無法突破、產業人才流失等問題，而推動以「文化內容」為核心健全生態系發展來驅動產業升級，打通資金、產製、通路、環境等循環路徑，透過獎補助及投資並行措施，強化原生內容 I.P.（智慧財產權保護）開發及加速文化科技應用等獎補助，建構文化金融體系等投資，來改善及推動文化創意產業生態（行政院，2019）。

　　不過，文化生態系不應該只是文化商業、文化經濟的文化創意產業，更重要的是文化生活，沒有文化生活不存在文化經濟，就如同文化素養的素質與數量不足，才是臺灣文化創意產業一直出現市場規模太小的最基本問題。並且，文化生態系是全面性的、系統性的、多元文化發展的角度，特定文化置於當地環境中是否如同生物棲息地般的能夠茁壯發展，每

一個文化及其文化棲息地之間能否上下及左右等的被串連起來，成為一個複雜又多元、龐大的文化生態系統，這才是構思、研訂、執行、管理及監督有關文化治理理念、文化政策、文化計畫、文化法規、文化制度等所有文化行政應進行的全面性工作。

五、地方文化生活圈

地方文化生活圈是視當地各種居民在地方文化生活上所需要的各種文化設施，所整體形成一個生活圈之概念，也就是當地不同的多元文化（質）及使用數量（量）的民眾，其所需要或所能提供的相關文化設施，所形成一個整體生活地理領域。而這些文化設施包括：博物館、美術館、文化館、展演廳、社會教育機構、學校等正規教育機構、社區文化中心，甚至於公園綠地等類型及品質（質）、數量與場地規模（量）等，以及其分布的狀態情形。

由於無論是中央或是地方政府，其文化資源及預算皆十分有限，地方文化生活圈的功能，可以用來檢視在一定人口數及居住面積之生活圈中，在現有已經投入以及未來需要的文化資源與經費多少，以及各個不同的地方文化生圈之間進行比較，讓文化資源、預算分配能更具有公平性。或是政府特地打造一個文化生活圈示範區時，亦有以此概念進行工作。

因此，地方文化生活圈的概念讓我們重新思考文化預算及資源在地方上，能有系統性、調配性、群聚性的思考方式，而不會像目前許多中央或地方的文化政策（尤其是文化計畫）都是想到什麼做什麼，施政本身並無一個系統性的重點，反而是東一點、西一點的破碎計畫，文化行政同仁相當忙碌卻見不到整體成效。

然而，地方文化生活圈概念的問題，分析如下：

1. 地方生活圈與政府行政圈相異的問題

由於生活圈屬於居民生活的心理領域，經常與縣市鄉里疆界不一

致，但是政府預算卻是以行政疆界管轄為主，造成民眾完整的生活圈與政府行政界限產生脫離。

2. 文化生活圈過於重視硬體的問題

地方文化生活圈為一種文化地理的概念，不過，在文化發展上卻是文化軟體重要於硬體，例如：目前許多博物館等蚊子館閒置空間，就是因為僅有硬體空間，缺乏軟體經營能力及活力所產生的問題，若是一個具有龐大觀眾追隨的表演者或是精彩節目，即使再偏遠的場所或並非一流的空間品質，都會吸引大眾前往觀賞。

3. 政治力介入地方文化資源的問題

地方文化生活圈是一個理性、系統的理論觀點，但是實際上在操作時，地方派系對於文化資源的競爭角力，往往才是現實的狀態，尤其在臺灣政黨色彩介入地方文化資源分配的現象一再出現，讓問題層出不窮。

六、文化全球化現象及文化行政做法

有關文化全球化下的文化現象及政府文化政策之做法，分析如下：

1. 在「文化全球化」下的文化現象

(1)消費文化現象

　　各種跨國企業以大量廣告及各種媒體管道傳播商品及其文化，各地消費者消費跨國企業的商品及其消費背後的文化，並且大量由各種傳播媒體帶動各種流行文化，以流行文化刺激各地民眾大量消費，例如：目前在食衣住行活動中鼓勵大量商品消費，來豐富自己的日常生活與人生。

(2)文化消費現象

　　各種文化商業化，文化經濟當道，文化特色成為一種市場價值以及轉為各種被消費的商品，例如：文化創意產業中的各種文化創

意商品，便是以文化價值爲商品的價格，整個文化創意產業便是由文化帶動的產業經濟。

(3) 後殖民文化現象

過去在殖民時期是以武裝軍隊入侵去殖民其他國家，而在後殖民時期，則軍隊組織轉爲跨國企業單位、武器轉爲各式各樣的商品、武力入侵轉爲大量媒體廣告，以廣告及商品引發各地民眾大量購買並因此吸收了文化，例如：Mercedes-Benz、Coach、Chanel、Prada、Gucci、Hermes、LV、CHANEL、Nike、iPhone、Starbucks、McDonald's 等等各種跨國企業的商品。

(4) 文化的全球流動現象

當特定文化進入當地，再加入當地某些元素之後，在全球各地流動並被包容及壓縮而轉爲一種流行文化。例如：瑜珈文化，便是從印度發源，而許多印度人到西方歐美教授瑜珈，以及歐美人士許多人前往印度學習瑜珈之後，在北美發揚光大，而在全世界各地發展成爲一種「西方」、「時尚流行」、「體育」活動，並由歐美地區向全世界各地擴大，甚至結合現代社會，加入知識經濟社會特色，發展出證照資格制度。瑜珈在全球流動過程中，將傳統的印度古老文化加入了西方文化及流行元素。

(5) 文化兩極化現象

由於全球化資訊媒體快速傳播之故，使得原本的強勢文化愈強，而原本的弱勢文化愈弱，產生全世界各地文化兩極化發展。例如：在宗教文化發展上，基督教逐漸擴大到全世界各地，取代當地各種泛神論的信仰等，或是各地的少數、式微、傳統文化出現更爲嚴重的文化傳承問題，例如：臺灣各地的客家文化、原住民部落文化等。

(6) 文化同質化現象

由於強勢文化愈強，各種媒體傳播跨國企業的商品，以及各種流行文化帶動商品消費，文化全球化產生了全球文化同質性的現

象，使得各地方失去自己的地方性，原有各地的地方異質文化逐漸趨近相同。例如：在全球各地的都市中，其飲食、服飾等生活方式及工作方式等皆逐漸相同，並因此產生地方文化發展的重大危機。

2. 在文化全球化下對外「國際」文化政策與文化行政

(1)「文化例外」的國際談判政策

在國際相關政策談判方面，許多經濟市場基於國際平等對待，需要開放其他國家進入並且降低關稅等措施，不過，面對強勢的外來文化需要進行「文化例外」的政策保護。

也就是，所有經濟產業、產品等可盡量開放、平等互惠，只有「文化例外」，無法像其他產品一樣開放，對於外來文化的相關產品需要有限度的管制。尤其是影視音產業，由於媒體本身的內容主要都是承載文化，包括：外來文化的視角與視野、影像文化消費、所使用的語言等，以及所傳遞的文化價值、意義及風俗等，外來文化可能帶來極大的文化衝擊與文化同質化問題，對於當地本土文化、少數族群文化、弱勢文化、式微文化或傳統文化等，將產生重大影響。

因此，以「文化例外」政策有限度的開放外國市場相關產品進入當地，例如：限量開放每年進口電影及電視影集數量、電影或電視播放的時間、國際影集與本土影集的配額等方式。

(2)文化外交的國際交流政策

文化全球化帶來地方同質化現象，更加顯得地方異質文化特色的重要性，因此，可將本土特色文化與其他國家進行文化外交，例如：語言學校、博物館文物展覽、個展活動、音樂及表演活動等，透過各項文化互訪，在國際間展現文化特色。

(3)「臂距原則」（arm's length principle）的國際專業藝文人才政策

針對藝術創作及專業經理人才方面，包括：各項視覺藝術、音樂

及表演藝術、文學及出版、博物館及藝術村經營等皆可利用「臂距原則」，邀集或聘用相關國際藝文創作或經理人才進入公部門及民間相關藝文組織，引入國際化專業文化人才，協助各地政府文化單位，以及國際間多方藝文交流。

(4) **文化觀光的文化宣傳政策**

向世界各地宣傳本地的文化特色等，積極開放各地觀光客前來本地進行文化觀光活動。國際遊客前往當地旅遊同時了解地方文化，讓本土地方異質文化特色藉以發揚光大、推向國際。

(5) **流行文化的文化創意產業政策**

從全世界的案例來看，例如：紐約、倫敦、巴黎、首爾等，國際的流行文化必能帶來大量人潮，然而分析這些流行文化無論是電影及電視，或各種時尚精品、服飾等，其背後都擁有一個已經長期運作的流行機制及商業模式，這一整個流行機制是由：投資者、品牌廠商、名設計師、流行文化名嘴評論人、媒體等，共同形成一個「流行文化論述集團」，透過這個集團每年（或每一季）對外發表今年（或這一季）的流行色彩、款式、樣貌風格等，加上名人代言、媒體大肆播出、名嘴評論宣傳等，引領全世界流行文化潮流。

由於大量民眾追隨流行文化風潮，進而帶動周邊各項文化創意商品，以流行文化引導相關文化創意產業鏈的發展，推升各項文化經濟產值。而臺灣在華人世界極高的言論自由、民主開放，又在過去歷史發展早期即接觸美國、日本及歐洲等各種不同的流行文化，有極大的潛力能成為華文流行文化核心，來帶動國際間文化創意產業消費人潮。

3. 全球化下對內「本土」文化政策

(1) 地方風土及常民生活特色的「保全」政策

全球化下更是突顯出各個地方其整體文化特色及風格的重要性，

15

因此，在地方上具有特色的風俗、民情、禮節、慶典、信仰等文化更顯重要。各種地方風土如何被彰顯出來其價值與特色的相關文化政策，例如：媽祖文化、家將文化等宮廟禮俗特色文化，並不只是涉及宗教信仰而已，反而在全球化之下成為重要的地方文化特色來源。也就是說，地方上具有特色的食衣住行等各種常民生活的文化特色，以及整體的地方文化風格等，都是在全球文化同質化現象之下重要的文化政策與計畫。

(2) 地方文化資產的「保存」政策

除了上述整體地方風土民情的常民生活文化特色的政策之外，各個地方上能彰顯自身地方歷史發展脈絡、其他全球各地方無法取代的重要文化資產，更能彰顯地方自身的文化特色。因此，在當今文化全球化之現象下，更顯得古蹟、歷史建築、老街等各地方文化資產保存政策與計畫的重要。

(3) 支持本土特色藝文創作的「保障」政策

同樣的，地方的視覺及工藝藝術創作、技藝，以及工匠師傅等，例如：各種器具工藝中的金工、竹藝、木工、陶藝、編織等，或是地方音樂、戲曲、民謠及小調等特色演藝等，各個地方特色的藝文創作是一種「活」文化資產特色，其保存及發揚的政策能彰顯地方的文化差異特色。

(4) 對於本土式微、少數及傳統文化的「保護」政策

由於文化全球化對於本土文化帶來同質化的文化衝擊，尤其是各地方某些弱勢的式微文化將更顯現出沒落的危機，同樣的，在地方上少數或傳統的本土文化也將因為文化同質化帶來改變，進而造成整體文化環境更加嚴苛，且不利地方本土文化的發展條件，因此更突顯出對於本土這些特定文化保護政策的重要性。

(5) 強化地方文化認同的「保安」政策

文化全球化另一個現象，將帶來地方居民因接觸大量外來文化而對於地方文化產生認同上的問題，忽視自己原有的本土文化，進

而促使地方文化逐漸向文化同質化方向發展，因此，更突顯出地方居民對地方文化認同之文化政策與計畫的重要性。除了地方文化資產相關政策與計畫之外，例如：由地方居民凝聚出屬於自己的地方特色以及文化認同、身分認同的社區營造政策與計畫，或是地方文化及歷史、地方知識等相關政策皆十分重要，用以降低文化全球化帶來地方文化發展的危機。

第二節　文化治理性與文化治理

一、文化治理

Foucault（1991）從治理術（governmentality）角度分析，認為西方國家一直在發展為了穩定長期統治權力的整套技術，並且是由社會各個機制所巧妙運作而來。Bennett（1992、1995、1998）則認為「文化治理」（cultural governance）是文化作為一種被治理的對象及工具，以及治理文化的過程中充滿了政治性與技術性。王志弘（2010）認為「文化治理」應該是「藉由文化以遂行政治與經濟（及各種社會生活面向）之調節與爭議，以各種程序、技術、組織、知識、論述和行動為操作機制而構成的場域。」（王志弘，2010：5）而 Weber（2010）則認為文化治理概念下，國家（政府）角色將會調整及應採取的作為，包括：不同文化、宗教及利益間的仲裁者；創作者及觀眾間、藝術家與機構間、私營與公益不同部門間等等的協調者；為確保創造力在社會上的發展，須發展有品質的教育體系及不同行動者的賦權能力。

因此，從反思角度，文化治理經常成為技術性的工具，作為穩定政權及社會秩序之用，提醒及讓我們一再重新思考各種文化行政的工作，在各種文化政策、制度、計畫等操作的過程與結果中，其目的性與意義究竟為何？就如同在臺灣許多重大的文化法案通過，例如：《文化基本法》、

《文化創意產業發展法》、《博物館法》、《文化資展保存法》、《文化藝術獎助條例》等等，也是各種文化治理技術的明文化、正式化的制度性工具。

廖世璋（2002）曾經以文化治理概念分析臺灣地區文化政策的歷史發展過程，在其脈絡中各階段的文化治理典範特徵及其移轉因素，例如：從日據時期及戒嚴時期，以文化成為一種國家的意識型態，透過各種國家機器（團體、學校、家庭等）等文化傳播技術，來合理化各種統治行為及權力性目的（例如：日據時期的新生活運動，或戒嚴時期的中華文化復興運動等）；過渡到臺灣的解嚴時期，則以各地文化建設計畫工作（例如：十大建設、十二項建設、文化大國計畫等），運用文化建設治理技術與社會生活結合，展現出一種國家福利政策的治理理念；之後，逐漸走向社區總體營造之發展，文化治理參與部門與技術更具複雜，展現一種關心地方生活及文化公民權的治理理念與典範特徵（廖世璋，2002：160-184）；在更近期，文化治理技術加入了正式化文化經濟的工具，也就是《文化創意產業發展法》及政策，以及近年全面治理及宣示性的《文化基本法》公告實施等，文化治理技術逐漸擴大成為正式化的制度性工具。

另外，王志弘（2010）以「文化治理」分析在臺北市其文化治理的性質和轉變，將其時期分為：1960 至 1970 年代「中華文化復興運動」、1970 至 1990 年代「富而好禮」、1990 年代中期市長民選多元文化發展時期。而在此文化治理「技術」概念下，古明君（2013）曾經以 Bennet（1992）的文化治理觀點，分析中國大陸的博物館演變過程，以及博物館政策與治理術對於當時不同時期社會產生作用，也就是博物館的文化治理術。

二、文化統治與文化治理的典範移轉

「文化治理」（cultural governance）概念起源於近代政府部門對於地方統治轉型為地方治理的概念，也就是在過去以政府由上而下的強權領

導，因爲政治、經濟等環境的改變，例如：政治權力的萎縮、經濟不景氣造成政府財政困難及資源有限、全球化及跨國企業與地方的連結合作且政府勢力逐漸弱化等，加上普遍公民意識的抬頭，例如：各種社群社團的大量興起、公民團體對於許多社會議題的倡議及凝聚民眾產生共識與力量等因素，產生移轉爲地方爲主的治理方式。

　　同樣的，在文化行政方面也產生從文化統治典範及其特徵，逐漸移轉至文化治理典範。而文化治理的典範特徵，有別於文化統治之政府部門相關的文化機構，例如：博物館、展演廳、文化中心、社會教育場所、學校等都成爲主流文化及意識型態的國家機器，透過文化媒介宣揚自己的理念等方式。在文化治理反而是將原本單一的文化公部門管理工作，結合文化私部門（文化企業等）及文化的第三部門（文化基金會、藝文工會、文化學會、社區協會等）一起共同爲整體地方文化事務而努力。有關由「文化統治」到「文化治理」之典範特徵及其移轉，如圖 1-1 所示。

　　在文化治理模式中，各個角色產生變化，過去在文化統治模式中經常出現的文化政治意識型態、以上對下的統治關係、強調社會秩序的控制及管理等，轉變成爲一包容的文化行政平台，將各種相關的公、私及第三部門團體納入，重視行政過程的公民參與，從文化統治的單向文化支配轉爲地方共同治理的特徵及方式[2]。

　　因此，再進一步比較文化統治與文化治理等二者差異性，分析如表 1-1 所示內容。近代文化行政模式是從文化統治轉變到文化治理的發展過程，而在臺灣的發展也是如此。

2　吳英明及張其祿（2005）也認爲：新的治理途徑超越了傳統以政府爲核心的公共管理觀點，亦即政府的管理不能再由政府所獨立承擔，「由統治到治理」便是這種管理模式的具體呈現，而治理主要是：去中心化、國家權力下放給社會以及中央下放給地方、打破行政官僚可以主控一切的迷思。新的治理架構應該是國家（state）、市場（maket）、公民社會（civil society）三者協力合作體系，並運用參與及互動方式成爲夥伴關係，因此治理概念其特色在於多元參與者、多軌道互動、多層次網絡治理關係（吳英明、張其祿，2005：13）。

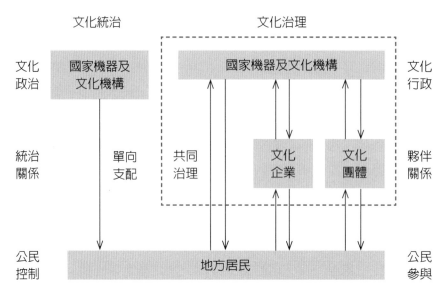

圖 1-1 由「文化統治」到「文化治理」之典範特徵及其移轉

資料來源：廖世璋，2016：104。

表 1-1 文化統治與文化治理概念比較分析

比較	文化統治	文化治理
政策參與者	政府、強人	公、私、第三部門
權力行使	上對下	互為權力平衡
權力運作方式	強制	協調、互補
權力系統型態	單一政府系統（運用政府及與政府相關系統）	多層網狀系統（不同參與部門交織為網狀治理網絡系統）
文化政策形成	單一、唯我獨尊	多元管道、百花齊放
文化行政效率	直接而快	協商討論互動
文化政策結果	單一主流文化	多元文化並進
社會背景	嚴峻封閉	自由開放
代表時期	臺灣戒嚴時期、中國大陸文化大革命時期	近期臺灣民主社會時期

資料來源：本研究。

三、文化治理模式：集權式、分權式、臂距原則式

基本上，文化行政治理的模式可以分為：「集權式、分權式、臂距原則式（arm's length principle）」等三種類型，分析其優點及缺點，分別如下：

1. 「集權式」文化治理模式

(1) 優點分析

　　A.中央可有效帶領各地方文化發展方向；B.文化發展具有整體性；C.中央政府容易掌握各地文化發展之水準及品質；D.避免各地文化資源及文化發展機會落差過大；E.降低地方政府文化的不當發展。

(2) 缺點分析

　　A.中央權力過大反而不利地方文化自主性；B.地方可能因此缺乏文化的地方性特質；C.國家的政治意識型態容易進入並干預地方文化；D.中央過於主導，或是地方過度依賴中央，反而地方政府容易忽視文化發展；E.地方文化專業無法養成，不利於地方文化發展。

2. 「分權式」文化治理模式

(1) 優點分析

　　A.地方較能自主發展；B.各地方能形成自己的地方文化差異特色；C.地方將可依照自己發展的方向徵選進用所需專業人才；D.地方政府更能照顧到地方許多藝文人才、團體或組織之需求；E.不依賴中央資源及管理等，能讓地方自己有更加多元文化發展的機會。

(2) 缺點分析

　　A.地方政府如果能力或員額等不足，反而不利於地方文化發展；

B. 地方政府需要編列文化預算或自籌文化財源；C. 容易受到地方政治的干預而中央無法管理；D. 地方如財政收支不足將影響地方文化發展；E. 可能產生不當的地方文化政策、文化建設計畫等，例如：蚊子館等。

3.「臂距原則式」文化治理模式

(1) 優點分析

A. 回歸專業聘用與專業經營，減少政治介入；B. 減少僵化制度讓用人更有彈性；C. 增加人事聘用效率、減少冗長聘用程序；D. 預算使用彈性，在業務執行上較能因應現況變動情形；E. 運作更具彈性、專業與效率等，可以整併或調度文化發展所需要的專業及人力等。

(2) 缺點分析

A. 需要自籌財源、自負盈虧，如有財務問題則不利文化發展；B. 組織人員之聘用，如果不透明、公開，則容易產生弊端而受到攻擊；C. 減少政府監督，但如基金會等組織過於主觀，反而不利文化發展；D. 組織財務如果不透明，將容易成為企業商業利益糾葛、個人捐款或其他金錢弊端；E. 各個文化組織其專業性、人數規模、參與程度等水準不齊，過於依賴並不一定有助於文化的整體發展。

四、文化政策

聯合國教科文組織 2005 年所訂的《保護及促進文化表達多樣性公約》（Convention on the Protection and Promotion of the Diversity of Cultural Expressions，簡稱「文化多樣性公約」）中，第四條之 (六) 曾經說明「文化政策與措施」內容「指無論是在地方、國家、區域或國際等層面上，針對該類文化或為了個人、群體或社會的文化表現形式，所直接

影響的各項政策及措施，包括：創作、製造、傳播，以及所擁有文化的活動、產物及服務。」等皆是文化政策或文化計畫等相關措施。

由此聯合國教科文組織的定義之下，文化政策便是包含無論是中央或是地方政府（不僅文化主管機關而是所有部門）直接影響文化（創作、製造、傳播等）及所擁有的各項文化活動、器物、服務活動等，包括：政策、法規、制度、計畫、方案、策略、例行事務工作等，所有文化行政作為所需要的各種想法與行動計畫。具體而言，狹義的文化政策形式，包括：文化政策白皮書、文化政見、文化施政報告、文化計畫等政策類型，而且具科學性質的文化政策，則是需要嚴謹的研訂規劃及執行管理等過程，可是在臺灣地區目前各地方的文化政策還是處於片段、不全、自由心證，甚至並無文化政策想法的窘境之中，並且政治意識型態介入文化政策或計畫之現象[3]。

文化政策應有的功能，Barker（2000）提出文化政策是規範及管理特定領域的文化事務，其領域包括生產、分類相關的程序、策略及措施等各項文化實踐內容，以及與「文化權利」有關的各項制度、組織部門、管理方式等。而 McGuigan（2004）曾以新自由主義的觀點，來重新思考文化政策，他提出文化政策應有：國家、市場、市民等三個面向（McGuigan, 2004: 33-60）。

在各個地方擁有自己獨特的「地方性」，其地方性質是反應在「地方文化資本」之中（例如：人文地產景的特色資本）產生自己且有別於它地的發展優勢與潛力，而在文化治理上則需要「地方四生」（生活、生產、生態、生命）概念來系統性全面發展一個文化環境，並且反應在文化政策與計畫中「市民（日常）、市場（經濟）、市府（政治）」等層面上，結合民間形成公私夥伴及地方共同文化治理關係與模式來治理地方文化。

---

3 政治介入文化政策與計畫的現象，並不是只有在臺灣才出現，其實在全世界各地也出現類似情形，例如：McGuigan（1996）研究近代歐美及澳洲等地，他發現這些地方的文化政策不僅會產生文化政治作用，同時也會興起許多文化藝術的行政專業、文化經濟等作用。

有關以「地方四生」概念下的文化治理、文化政策、文化施政、文化行政重點、文化指標管理等各層次分析，如圖 1-2 所示及以下分析[4]。另外，文化政策不僅對於文化藝術發展產生直接影響，也對於地方產生其他文化政治、文化經濟、文化公民參與等重要功能。

五、文化行政的「政府賦權」

政府賦權（government empowerment）概念便是將原本政府要做的文化事務，交給民間及非營利部門來加以執行，其中包括：文化事務的軟體及硬體等二者。文化軟體方面包括：文化素養、文化活動、專業培育、工會組織等各項工作，文化硬體則為：建築、街區、園區等文化空間及地景方面的工作。

---

[4] 文化政策中的「文化四生」，包括如下：1. 文化生活：文化生活與當地民眾的食、衣、住、行等日常生活特色息息相關，因此，其文化政策主要考慮的對象是市民，政策重點為有關地方居民的文化素養方面之相關內容。2. 文化生產：文化生產為有關地方的文化經濟、文化產業、產業群聚、產業鏈分布等。另外，我們參考宣示各國文化治理精神基本主張的《文化多樣性公約》第四條之 (五) 的定義，所謂「文化產業」是指生產和銷售「文化活動、產品與服務」。而上述所謂「文化活動、產品與服務」，依照該公約同條之 (四)，則定義為「在特定屬性、用途或目的，展現或傳達出文化表現形式的活動、產品與服務等，無論其是否具商業價值。然而，文化活動也許以自身為目的，或為文化產品與服務的生產。」因此，與地方文化生產有關的主要考量為文化市場方面，而且政策的重點也放在與地方文化經濟方面相關的計畫措施之中。3. 文化生態：「文化生態」主要分為兩大類，分別為：(1) 有關當地居民與自然環境（也就是，人與環境之間）的環境生態特色；(2) 有關當地居民與鄰里網絡（也就是，人與人之間）的人文生態特色。另外「文化生態」亦可分為：(1) 文化市場生態環境：藝術文化菁英的文化生產生態，例如：創作環境、就業環境、產業鏈分布狀態、文化產品銷售市場環境等（不過，在圖 1-2 中，將此放在「市府」政策層面，以求完整性）；(2) 文化公民生態環境：一般地方民眾的文化消費生態，例如：藝文活動的參與、文化相關產品購買環境等。4. 文化生命：「文化生命」為當地民眾所認同的特定地方文化、文化精神，或文化信仰與地方習俗等，「文化生命」對於地方文化發展而言，相當基礎且重要，地方「文化生命」的內涵將成為地方文化動力，以及民眾一起持續傳承下去的重要地方文化，並逐漸強化發展成為當地的地方性（廖世璋，2016，110-113）。

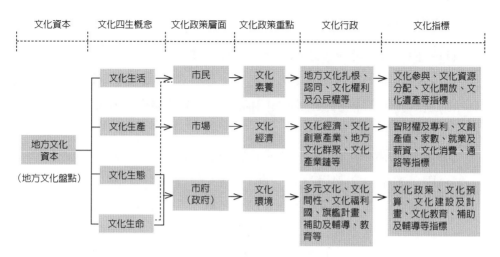

圖 1-2 文化資本、文化四生、文化政策、文化行政、文化指標之關係及分析
資料來源：廖世璋，2016：110。

　　在文化軟體及文化硬體二者中，其中亦可分為傳統及新創的性質，例如：傳統節慶與新創藝術節等文化活動，或是古蹟文化資產與新建的展演中心等。政府賦權部分包括與其相關的人事物，目前政府授權民間所使用的法規，包括：運用促進民間參與政府公共設施的各種辦法（簡稱：促參）委外經營或建設各項文化建設，或是運用文創相關法規從事文化創意產業工作，或是藝文獎助條例各項規定，或是運用一般的政府採購方式賦權民間業者。然而，政府賦權的概念，是要縮減原本大政府的功能以及所需付出的龐大經費而達到組織精簡及效能，由民間扮演原本政府的角色及功能，並不只是將業務委託外面民間組織進行辦理的概念而已。

六、臂距原則及文化中介組織

　　以「臂距原則」的文化中介組織，從事文化行政工作的優點及缺點，如下分析。文化中介組織，例如：文化、藝文展演、博物館相關之行政法人組織等，其優缺點如下：

1. 優點方面

(1) 組織經營：能減少政治力干預而較為中立。

(2) 組織專業：以專業考量人才進用，讓整體組織更為專業。

(3) 進用彈性：能解決政府部門僵化的人事員額數量及職系限制，而使聘用專業更具彈性。

(4) 適才適用：能依照單位需求自行招聘人才，更能適才適用。

(5) 聘用效率：在聘用時間上也不需要像政府統一時間招考進用，而是隨時徵求及聘用，故而在聘僱時間上更具時效。

(6) 跨領域人才：可以跨科室彈性聘用一位人員，不像政府部門科室分工明確，不容易跨科室業務需求聘用一位人員，而能增加工作專業彈性與績效。

(7) 預算彈性：相較於政府單位的預算編列與核銷方式較為固定及複雜，中介組織在預算使用上較具即時性及彈性。

2. 缺點方面

(1) 組織需要自籌財源，募款不易，資金不足則影響組織運作，且資金來源需要交代。

(2) 用人容易引起黑箱作業疑慮，由於僱用人才較具彈性，因此公開透明作業才不會遭受各界質疑。

(3) 由於組織編制一般規模不會太大，因此雖然具有聘用彈性及專業人力之優點，但也會因為專業進入之後的升遷管道稀少，而產生無法一直留住人才等問題。

(4) 由於經費使用較具彈性，因此經費在使用上如無公開透明，也容易產生採購等經費使用弊端問題。

(5) 由於在行政執行上更具專業及彈性，因此執行者本身的專業度及喜好程度將影響執行工作。

七、文化影響評估

有鑒於許多重大政策與計畫事件，對於所涉及特定領域的文化發展產生巨大的衝擊等問題與現象，而產生文化影響評估的需求及工作。有關國內相關文化影響評估的分析如下：

1. 文化影響評估之法規依據

文化影響評估已經正式列入《文化基本法》（全國法規資料庫，2019a）之中，計有：

(1) 第 25 條「國家為保障人民文化權利，促進文化永續發展，在締結國際條約、協定有影響文化之虞時，應評估對本國文化之影響。」

(2) 第 2 條第 2 項「國家於制（訂）定政策、法律與計畫時，應保障人民文化權利及文化永續發展。」

(3) 第 22 條第 4 項的末段中載明「國家制定重大政策、法律及計畫有影響文化之虞時，各相關部會得於文化會報提出文化影響分析報告。」

2. 文化影響評估之適用對象

分析上述，依照《文化基本法》之相關規定，其文化影響評估之適用對象，計有：

(1) 對外：國際條約。

(2) 對內：有影響文化發展的各項國家重大政策、法律、計畫等。

3. 文化影響評估之功能

(1) 落實「文化例外」，在適用對象中執行「文化例外」理念。

(2) 減降衝擊作用，避免或降低不當的文化衝擊。

(3) 補救緩和功能，對於無可避免必須執行的重大政策計畫，提出補救措施以減緩衝擊情形。

(4) 預防功能，由於事前評估，在計畫正式提出前，便依文化衝擊評

估，避免產生不當的重大政策計畫。

4. 聯合國相關概念的文化影響評估項目

以聯合國對於文化治理的理念，至少可以將文化影響評估項目分為三大層面：

(1) 文化平等：文化公民權的文化機會、文化資源其使用及參與的平等權，文化近用權的可及性與便利性（尤其是少數及弱勢文化社群）。

(2) 文化自由：文化公民權中自由權之衝擊評估，例如：言論自由、創作自由、參與自由等限制或衝擊的評估。

(3) 文化發展：文化多樣性（文化間性）發展影響、地方文化資產影響、地方文化創意發展影響、文化生態系統衝擊評估（文化生活系統、文化生產系統、人文生態系統）等。

5. 聯合國相關概念區分為「個人及社會」之文化影響評估項目

依照聯合國近年來數次對外發表的世界宣言及其重視的文化理念，可以整理為以下的文化影響評估指標系統。並且，在各項目指標中，再區分為對於現有衝擊、外來影響等二大層面之影響評估。

(1) 個人文化影響指標：文化權利、文化近用權等指標。

(2) 社會文化影響指標：文化多樣性（文化間性）、多元文化等指標。

6. 韓國文化影響評估的指標項目

在韓國的做法，分為「共同指標」及「個案指標」[5]，共同指標是所有

---

5 「亞洲國家則有韓國依據 2013 年通過文化基本法規定，自 2014 年起開始辦理文化影響評估作業，由韓國文化體育觀光部委託韓國文化觀光研究院執行，歷經兩年示範，共執行 9 個評估案例，逐步檢討建立文化影響評估指標、流程方法後，於 2016 年正式施行文化影響評估制度。」（魏秋宜等，2018：i），另外，「就個案之特性，評估單位再設定個別指標，並與文化觀光研究院反覆進行溝通、討論後，完成個案評估指標的訂定。」（同上：7）

案件皆需要進行評估，而個案指標是除了共同指標之外，針對個案本身的特質進行討論後再訂定出的個別項目。其中，在韓國文化影響評估的共同指標，分析如下：（魏秋宜等，2018：8）

(1) 文化基本權指標：A. 對文化享有之影響（必要：文化接近性；選擇：文化享有水準）。B. 對文化表達及參與之影響（必要：表達及參與機會；選擇：生活文化藝術參與）。

(2) 文化整體性指標：A. 對文化遺產與文化景觀之影響（必要：文化遺產與文化景觀之保存、文化遺產與文化景觀之運用）。B. 對共同體之影響（必要：社會資本、文化共同體）。

(3) 文化發展指標：A. 對文化多樣性之影響（必要：文化多樣性；選擇：少數族群的文化表現）。B. 對創造力之影響（選擇：創意資本、創意基盤）。

而我們從韓國的文化影響評估指標中，可以看出在文化遺產及文化景觀之影響與運用項目都是必要指標，可見韓國對自己的文化遺產與文化景觀之重視程度，而對於創造力之影響項目較多是選擇性評估。

7. 「三生」的文化影響評估指標

以下再分別以文化生活、文化生產、文化生態等三者，分析其相關的文化影響評估指標項目，其中各項目再分為：必要指標及參考指標。

(1)「生活」文化影響評估指標：文化公民權指標、文化近用權指標。

(2)「生產」文化影響評估指標：文化產業指標、文化創造指標。

(3)「生態」文化影響評估指標：文化多樣性（文化間性）指標、文化資產指標、文化生態系指標（生活鏈、產業鏈等系統）。

八、文化例外

以下分別以概念、聯合國理念、臺灣過去發生案例、臺灣現階段法源依據等，分析「文化例外」：

1. 文化例外的概念

「文化例外」是為了保護本國（在地）文化不被強勢文化衝擊進而帶來消失危機，所採取的各種防範性措施。尤其在資本主義全球化之下，經常需要進行各種貿易談判之背景下，文化例外為主張各種貿易皆可平等談判及協商，唯有文化例外，是無法平等互惠與完全開放。但是「文化例外」並不表示文化產品是不能貿易談判的，而是文化貿易需要有特別考量的條件與待遇。

2. 在聯合國宣言中與文化例外的相關理念

在數次聯合國的不同宣言中，強調文化間性、文化多樣性，也就是多元文化對於一個國家或地方發展的重要性，而文化例外便是要支持當地，不被強勢文化衝擊而失去原有文化多樣性面貌。

3. 臺灣過去沒有文化例外的貿易協商失敗案例

臺灣過去在加入 WTO 時並未注意文化例外，於是現在幾乎所有的電影院都是美國好萊塢電影，以及由其帶動的流行商品及流行文化，反觀本土的電影乏人問津。所以，文化例外的概念是用來強調保障本土相關文化發展的重要性與必要性，且提出相關保護政策與措施。

4. 臺灣文化例外的法源依據

《文化基本法》第 19 條「國家應致力參與文化相關之國際組織，積極促進文化國際交流，並鼓勵民間參與國際文化交流活動。國家為維護文化自主性與多樣性，應考量本國文化活動、產品及服務所承載之文化意義、價值及內涵，訂定文化經貿指導策略，作為國際文化交流、經貿合作之指導方針，並於合理之情形下，採取適當之必要措施。」（全國法規資料庫，2019a）

九、文化治理的「不可治理性」

有關在文化治理方面的「不可治理性」（un-governmentality），主要分成兩大層次加以討論，如下：

1. 宏觀社會層次

政府文化機構過於龐大而毫無行政效率，部門分工過於本位主義，缺少與民眾或民間文化組織、文化企業之互信及溝通基礎；文化政策與文化計畫偏離社會現實問題及需求，或僅為個人或少數利益團體一己之私；文化行政人員專業不足無法因應文化發展需求；有關文化行政機構、政策、行政之組織龐大無效能、本位及保護主義、目標轉置、不做事或引入錯誤政策或計畫做法。另一種宏觀層次，是權力過大、管理過多、政策嚴峻進而壓迫各種文化發展的自主性、多元性、創作性等問題。

2. 微觀個人層次

國家或政府對於個人文化思想、價值、創作自由、言論自由、公民意識、參與程度等管理過當，例如：政治意識型態介入詮釋過去集體記憶事件（像是教科書的內文等）；或是個人對於特定媒體、文化、文字、語言接觸的管制，讓民眾內化為自我管理的各種技術及工具，以各種國家機器及日常活動來馴化個人對於各種藝術文化產生自由多元的可能性，而達到穩定社會秩序、朝向特定文化發展、有效統一管理等目的（例如：過去戒嚴時期禁止說閩南語及電視節目播放等各項政策）；或是現在許多文化活動成為阻礙地方文化發展或造成弱勢文化消失之問題（例如：指定過程中古蹟的「自燃」、博物館外來文化的超級商品大展等），造成原本政府存在目的為有助於文化發展，卻產生顛倒與失靈之現象與問題。

第三節　文化公共性與文化公民權

一、文化公共財

具有實質物質的文化遺產，例如：古蹟、歷史建築及地區、古物、遺址等，或是無實質物質的無形文化，例如：地方歷史傳統節慶或是新興的藝文節活動等，是「文化公共財」，並非私人以買賣及交易的對象。然而，「文化公共財」的特性，主要如下：

1. 不具競爭性

不會（或不應該）因為多一個私人彼此競爭使用，而產生減損其文化財的公共性，例如：古蹟、歷史建築等不會（或不應該）因開放許多人參觀使用而損毀文化面貌，同樣的，藝術節慶或博物館參觀活動等也是如此。

2. 不具排他性

文化公共財並無法禁止特定個人使用，或是排除與他人共同使用，例如：古蹟參觀不能僅提供少數人而必須全民皆能進入，藝術節慶或博物館活動也是開放所有民眾皆能前來參觀，如此也是呼應文化公民權。

3. 具搭便車性

民眾想要享用文化財，卻不願意付出個人成本，產生搭便車的特色，例如：古蹟指定，許多民眾喜歡參觀歷史街區，或是希望在古蹟旁邊開個人咖啡廳或各種風格商店，但是不見得希望自己的房子被指定為古蹟及被限制使用；或是覺得參與大型藝術節慶活動過於麻煩，而僅願意在大型藝文活動附近販賣自己的私人商品等。

4. 具外部性

文化財提供給當地的功能並不只是文化財本身而已，而是具有外部

性，例如：許多古蹟連接在一起形成具有特殊歷史風格的地區，提升市民的文化素養及歷史文化認同等；或是廟會傳統藝術節慶會影響寺廟附近居民的生活方式等；或是大型博物館周遭總是興建許多高級住宅等；或是文化園區附近總是會出現許多風格商店等。

5. 具連帶性

也就是公共與個人之間的連接性，往往文化財在其中扮演重要角色，例如：在物質方面，我們個人的生活方式或甚至生產工作等有時會與特定的文化財有關，像是古蹟、地標建築等在民眾的生活中成為城市的標誌，或是在文化園區附近形成產業鏈、文化聚落等；在精神方面，我們產生的文化認同、身分認同等，便是關聯到當地的文化特性，例如：對一個城市的印象，總是會聯想到當地的文化象徵物，像是古蹟、地標建築、節慶、宗教文化或飲食文化等。

6. 須公共管理

文化財屬於公共財，而具有公共性，因此需要政府公部門出面管理，例如：古蹟的修復及日常管理維護等，或是開放後大量的參觀人數等管理，避免公共財遭受社會大眾過度使用而降低品質（藝文節慶活動亦同）。除了讓市場上過度使用的文化財能確保品質外，同時管理不具使用的式微文化財，使其得以保存及永續傳承等工作。

二、文化公共性與文化公民權

如上論述，由於文化財是公共財，所以文化財具有公共性，也因為文化具有公共性而需要政府出面管理，因此產生文化行政部門存在及其必要行政作為的正當性，再加上由各種法規形成制度，產生文化行政依法行政的合法性，而再依照每一個個案的不同性質、問題或需求，依照現況務實處理則產生文化行政的合理性。然而，上述分析都是基於文化財為公共財，需要政府文化部門出面來進行公共行政管理的權責及任務。

　　同樣的，由於文化財屬於公共財，除了由上而下的由政府部門加以治理之外，更重要的是，也因為文化財是公共財，更是屬於全體公民所共同擁有，因此，公民擁有行使各種文化公共財的各項文化權利。例如：不僅是對於地方傳統節慶、新興藝術節慶等各項公共藝文活動的參與，更包括：地方有形或無形文化資產保存及再利用的關心與行動參與、文化預算與文化計畫的討論及審議，或是參與地方文化建設（例如：興建博物館、文化園區、演藝廳及劃設文化專用區等），以及對各項文化政策計畫的問題及需求等意見的表達等。

　　也就是說，文化財為公共財，因此由上而下的建立了政府文化行政部門存在的必要性、角色與任務，也同時由下而上的賦予了公民參與各項文化公共事務的權力。並且除了個人參與，民眾也可以組織為民間社團等法人組織，以結社方式形成公民團體組織的力量，來參與所關心的文化公共議題或公共領域，組成各種文化非營利組織，來參與或監督政府部門各項文化行政工作。

三、文化行政的「公共性」

　　文化行政的性質所涵蓋的社會及文化財等二者的「公共性」，可以從民眾角度及政府角度等二者切入，分析如下：

1. 從「民眾」角度分析

(1) 文化公共財

　　基於文化財是「公共財」，文化屬於社會大眾公共的、共同擁有的部分，例如：集體記憶的歷史、古蹟與文化遺產、圖騰及符號、民俗、信仰等，甚至於社會氛圍中所彼此分享的觀念、價值、意義等都是文化。

(2) 文化參與

　　例如：「文化近用」（cultural access）治理概念，便是強調不

同社會階層民眾都能便利參與各種藝文展演、傳統節慶及國家慶典、博物館及圖書館等文化活動，尤其是少數、弱勢或偏鄉地區的近便參與程度，不同地區或階層的各項文化發展資源是否均衡，因此，文化具有公共參與的內涵。

(3) 文化公民權

除了上述「文化近用」概念，文化的資源與機會是全民共享且提供所有公眾使用之外，任何文化公民都有參與及關心各種文化政策、文化計畫、文化行政的機會與權利，在文化政策與計畫的制訂與執行過程中，公民角色的發揮與建言是重要的過程，例如：古蹟在指定與修復、再利用等工作中，文化公民的認同與過程參與極為重要。因此，文化公民除了文化資源及文化機會的權利之外，亦包括參與各項文化政策與計畫的過程與發言，屬於文化民意。

2. 從「政府」角度分析

(1) 主權原理

不僅由於文化財本身是公共財，無論是中央或是地方等各種類型的文化行政機構及單位（部會、局處等）、館所（博物館等）、組織（文化基金會）等，其所服務的對象屬於全體國民，於是在政策制訂上將影響全民，即使在看似少數藝文團體或小眾的民間組織之政策與計畫（例如：藝文補助、社區營造補助等），也會一再擴散，影響社會大眾。

(2) 公眾利益

文化領域與社會中各個不同階層民眾的利益有關，政府各項資源投入時皆會影響社會階層不同的公共利益，而文化行政人員是文化公共利益的政府代表者與執行者。

(3) 憲政體制

政府各單位的形成與分工方式等，是由位階最高的《憲法》產生而來，在其第 7 條中「無分男女、宗教、種族、階級、黨派，在

法律上一律平等。」第 11 條「人民有言論、講學、著作及出版之自由。」第 13 條「人民有信仰宗教之自由。」（全國法規資料庫，1947）及其他等皆與文化發展有關，依照該法產生的憲政體制，形成中央與各地方政府組織及人員，行政人員依法規體制執行業務工作。

四、地方文化發展的公共性問題

有關在文化發展上經常出現的公共性問題，分析如下：

1. 文化資源與文化機會的分配及再分配性的問題

以文化預算為例，在中央或地方政府其總預算經費固定且有限之下，增加編列文化預算將影響其他預算編列數額，或是中央或地方政府在總文化預算固定且有限之下，要使用在哪一個文化支出。

例如：補助給誰或調配使用比例等，皆涉及文化資源的分配及再分配之問題；同樣的，民眾或民意代表所反應的問題，也會是來自於與文化資源或是文化機會分配與再分配有關，例如：某一個文化類型或社區地方等，發生一些發展問題或是弱勢問題等，要政府關注更多資源在此特定問題之上，包括：博物館等文化設施的興建與經營問題、古蹟等文化資產的維修與再利用問題、社區藝文發展問題、弱勢藝文團體資源補助問題、少數群族等方面的各種有關資源分配的訴求。

2. 文化公共發展的問題

在特定文化領域被忽視、逐漸式微，或失去發展條件等，所形成的文化發展之公共問題，而需要政府公共部門出面透過相關措施，例如：法規等，來基本保障或加強建構出更加有助於該領域文化的發展條件與環境。

例如：《文化基本法》用以重申及支持整體文化的全面發展基礎；或是某些法規及行政命令適用於有規則可循的、不會被攻擊圖利特定對象的、有助於特定文化領域對象發展的支持機制，例如：特定文化及文化族

群，或文化創意產業等相關的各種獎助條例、優惠條件或保障措施等。

3. 文化發展管理的問題

某些文化領域出現了違反文化發展或公共秩序等不當問題，需要由政府出面以各種管理的手段，來創造一個更好的公共秩序，或有助於該文化的發展等問題，例如：具有文化價值而被指定或登錄爲古蹟或歷史建築的建築物，需要有文化資產相關法規進行管理其興建、維修與再利用等，以有助於文化資產發展秩序。或是，在許多文化法規後面皆設有相關罰則，便是以管理手段來設法抑制不當情形發生。

五、文化公民權

「文化公民權」（cultural citizenship, cultural civil rights）屬於公民權的一種，公民權是基本人權，無論任何種族、膚色、地區、社會階層、收入、性別、教育程度等享有相同且平等的權力，並且無論是在現實世界社會中或是在網路世界社會之中皆是如此。並且，也包括公民身分本身需要遵守及應盡的相關責任與義務等，以確保其他公民的公民權。此外，由所有行使公民權及義務的公民們，一起建立一個公民社會（civil society）。

同樣的，在文化公民權方面，任何人皆能平等、自由的創作所有精神與物質相關的文化、享有各項文化資源及機會、尊重其他公民的各種文化創造與使用。每個人擁有且尊重他人的特定文化素養，同時應盡文化公民責任與義務，例如：遵守文化相關法規等規定（像是著作財產權等），以及尊重他人的文化價值與規範等（像是文化禮節、宗教信仰、民俗祭儀、文化場所行爲等等）。

上述僅針對文化公民個人享有的權力，以及應盡的基本義務與責任，然而，文化公民權更重要的是，每一個文化公民皆有關心文化公共事務的基本權力與意義。由於要保障每一位文化公民皆能擁有平等的文化公

民權，因此，出現由公民們繳交納稅錢、選舉合適人員，成立處理文化公共行政事務的政府官員，以及中央與地方政府的行政首長、民意監督代表等，共同處理公共事務工作。也就是，文化公民權的概念是假設成熟的公民們委託政府行政單位及監督單位等，賦予其文化行政權以及監督權，成立政府組織來處理文化事務及帶領整體文化發展。

六、文化公民及文化權利

「文化公民」（cultural citizen）來自於社會公民概念，在公民社會（civil society）之中，每一位公民都是獨立且自主，能有各種自由、平等及完整的各項市民權，包括「文化公民權」。文化公民更是特別強調在公民社會之中，各個不同的公民皆應享有共同且平等的文化權利、文化義務及文化責任。

其中，文化義務與文化責任為關心自己的文化發展、文化資產保存等。文化財屬於公共財，既然屬於公共領域，便是所有文化公民所需要共同關注的對象，而不只是享有一致的文化資源與機會等權利，也包括對於各項文化事務的關心與投入，例如：各種文化志工等。

文化權利（cultural rights）的概念來自於文化公民權，主張每一個不同社會階層或階級、位置、角色等社會成員，都享有同等的文化機會、文化資源、文化參與的權利。在這樣的理念之下，政府部門需要檢視所施政的文化政策與文化計畫，以及其他所有文化行政事務的相關作為，在執行過程中，留意是否有照顧到不同社會階層或階級的廣大民眾應擁有的文化權利。

另外，文化權利並不只是上述對於公共文化資源享用的平等性而已，同時包括對於政府文化行政作為的監督及參與、對於在日常生活中不當的文化發展提出意見與看法，以及站在文化公民的立場賦予監督各項文化公共財的權利。

回應文化權利理念的文化行政作為或方法，例如：對於文化預算的投

入及分配是否能公平正義，所制訂的文化政策或計畫是否能照顧到更廣大的每一個文化公民的現實需求與問題；藝術文化活動或是博物館、展演廳等文化設施是否讓每一個公民皆能參與；以及每一位公民皆能自由開放的創作、創造屬於自己的藝文活動，提升不同社會階層公民的文化素養，打造一個自由開放的文化環境等政策及行政工作。

聯合國教科文組織十分重視「文化權利」，正式訂定聯合國公約，在《經濟、社會、文化權利國際公約》中的第 13 條，特別強調人人有受教育的文化平等權利，且教育應謀人格及人格尊嚴意識發展，增強對人權與基本自由之尊重，教育應使人人皆能自由參與及積極貢獻於社會，促進各民族及種族、人種或宗教團體間之了解、容恕及產生友好關係等等（全國法規資料庫，2009）。

同樣的，在《經濟、社會、文化權利國際公約》中的第 15 條更進一步說明「文化權利」的相關內容是基本人權：「一、本公約締約國確認人人有權：（一）參加文化生活；（二）享受科學進步及其應用之惠；（三）對其本人之任何科學、文學或藝術作品所獲得之精神與物質利益，享受保護之惠。二、本公約締約國為求充分實現此種權利而採取之步驟，應包括保存、發揚及傳播科學與文化所必要之辦法。三、本公約締約國承允尊重科學研究及創作活動所不可缺少之自由。四、本公約締約國確認鼓勵及發展科學文化方面國際接觸與合作之利。」（同上）

七、文化近用與文化權利

「文化近用」（文化親近性，cultural access）為強調為了降低在社會上不同社群、種族、族群、性別、年齡或其他社會階層因素等，產生文化資源或文化機會的落差現象，政府需要回應進行的相關行政工作，以達到文化平權的社會，並且達成文化多樣性的社會樣貌。

由於文化近用強調文化平權（文化權利，cultural rights）的理念，所以，「文化生活是人民的基本權利，國家必須積極確保人民的『文化近

用』，不會因為身分、年齡、性別、地域、族群、身心障礙等原因產生落差。」（文化部，2018）因此，對於文化平權的文化行政目標，分別為：「文化平權業務之推展，主要以促進各族群及不同對象平等的文化近用權利，培植藝文人口，以鼓勵平等參與文化活動為目標，致力弭平文化落差。」（同上）

　　而落實文化平權在行政工作的具體做法，則可包括：推動「文化平權推動會報」：協助本部文化平權資源整合、協助本部及所屬機關（構）推動、監督並執行文化平權政策，以期能逐步落實文化平權。推動「友善平權特色化」相關計畫：依據館所自身發展特色，針對不同近用對象、群體，規劃相關活動或措施，以弭平文化參與之落差，達到友善平權之目的。補助民間團體、縣市政府辦理「文化平權」相關文化活動：修訂「文化平權補助作業要點」，擴大補助婦女、身心障礙者、偏鄉弱勢、高、幼齡人口、新住民、原住民、客家族群等對象，並納入多元文化理念，使之齊備。賡續推動「優化文化場館友善服務措施」：持續督導本部及所屬文化館所檢視、改善現行軟硬體設施不足之處，逐步改善本部及所屬文化空間、藝文場館所提供之軟、硬體服務符合友善平權規範，以利各式文化活動舉行時，因應不同觀眾需求提供友善服務等行政工作（同上）。

文化政策與
文化行政

第 2 章

第一節　文化行政權

一、文化行政權

　　一般政府的立法權、司法權及行政權等三者合為統治權的「三權分立」，在臺灣進一步分成考試權、監察權等「五權分立」，用以制衡及避免擴張濫權現象，同樣的，文化方面也是屬於五權分立的其中一個領域。

　　文化政策來自於文化行政權，而「文化行政權」（cultural executive power）意指具有對文化公共事務的行政決策及執行的治權。也就是在文化財屬於公共財的基礎之上，對於文化公共財行使具有公共性價值與目的之相關政策、計畫、工作等文化行政的治理權力。

　　由於文化行政權處理的是文化公共事務，因此，文化行政權需要重視公共性、公平性、公開性、公正性、效率及廉潔等，並且在文化行政權之概念上，依照不同階段的社會發展需求，進行組織專業分工及建立整體文化行政所需要的政府官僚機構，以整體文化基盤設施、旗艦計畫、獎補助與裁罰措施、少數及弱勢文化及其他特定文化計畫等工作，結合公部門、民間部門、非營利第三部門等共同形成文化治理體系，來健全文化生態環境及促進整體及個別文化發展。

　　文化行政權並不是以文化財為公共財的概念而其行政作業無限上綱，反而因為文化財是公共財，在民主社會中需要受到相關單位的監督與質詢。監督單位並不只是政府內部單位（政風、監察等）、外部單位（立法院或議會）民意代表機構，也受到社會各界的文化組織以及全民的監督。因此，在文化行政的整個過程中，各種民眾參與有其必要性，由於各部門的公共參與，能使得文化行政在處理文化公共財時，更為客觀、適切而符合當時需求及解決現況問題。

　　此外，另一種文化行政權是建立公共規則，就是讓不同民眾、組織團體等適用具一致性的方式、程序等，而不會因人而異。固定各種法規與規

則不僅使得不同的民眾能有共同依循，也具有保障不同民眾之功能，而社會大眾亦能預測下一步的工作，有助於未來發展。因此，文化行政權除了展現在各種文化政策、計畫等行政工作之外，文化法治也是行使文化行政權的重要工作。文化法治（各種文化法規制度）讓文化行政權在行使時能依法有據，不會出現模糊或逾越權力等現象。只是，礙於行政治權的領域是「文化」，文化本身具有自由、活潑及變動性等特質，過多及過於僵化的文化法治，其結果並不一定有利於文化發展。

二、「文化行政」與一般「公共行政」之比較分析

「文化行政」（culture administration）應該屬於一般「公共行政」[1]（public administration）的專門領域，也可以說，文化行政是從公共行政的分支而來，但是，文化行政內容卻部分有別一般公共行政，基於其對象領域為文化，因此有其特殊且專門的特性及專業範疇[2]。

---

[1] 有關行政學各學派之源流，許南雄（2004）認為可分為：「1. 早期行政學派（1880s-1900）：行政學脫離政治學而成為單一學科。2. 組織理論學派（1900-1930s）：含科學管理學派、行政管理學派、官僚體系學派。3. 行為管理學派（1920-1960s）：含人際關係學派、後人際關係學派至晚近組織行為學派。4. 系統管理學派（1960-1970s）：含組織系統學派、權變管理學派。5. 公共政策學派（1950-迄今）：公共政策受政治學與行政學影響，而又更充實行政學內容。6. 行政生態學派（1960-1970s）：由社會生態與行政學而形成行政生態學。7. 比較行政學派（1970-迄今）：由行政生態學更擴充演進為比較行政學。8. 新公共行政學派（1968-1980s）：含第一、二次明諾布魯克觀點、黑堡宣言等。9. 新公共管理學派（1990-迄今）：政府改造論。」（許南雄，2004：29）

[2] 另外，在此順便比較「文化行政」與一般「企業行政管理」（business administration）不同之處，在於組織本身無論是企業或是以企業概念從事行政管理工作等，一般「企業行政管理」主要以一方面如何成本降低、一方面如何增加利潤為基礎，其工作主要為功利主義概念，並講求企業效能的管理方式，且對象主要是「私有財」，組織內部要追求的是企業本身的利潤，面對外在環境其考量主要為市場，組織的存在需要面對市場競爭及企業存活。而「文化行政」主要以推動所有類型的文化發展，其為「文化財」，屬於「公共財」，並非「私有財」。因此，行政及工作重點有極大差異。

　　因此，文化行政的起源，雖然最早開始是由政治學領域衍生出公共政策學[3]及公共行政學，並由於整體社會逐漸走向專業化、分工化發展，進而逐漸形成相當專門的「文化政策學」及「文化行政學」。以近代臺灣政府戒嚴至今的文化行政發展為例，在過去文化政策及行政的歷史發展上，起初是從「文化政治」角度思考其行政執行方式，例如：國民政府戒嚴時期的戰鬥文藝、中華文化復興運動等，過渡到文化成為政府部門組織分工中公共行政的一環，像是過去蔣經國時期成立的文化局，主要在於監督及管理出版及言論自由等、教育部負責正規及非正規教育等以教育來推廣特定中華文化，到逐漸視文化為一個專業領域，而在晚期成立各種文化專門機構及組織，例如：文建會（文化部前身）、國藝會、各個博物館、文化中心、各地文化局等，重視文化政策與文化行政之專業領域與專業人才培育，逐漸形成一個重要的文化行政之專門領域。

　　在此專門領域之中，須涵蓋無論是各公部門的中央及地方政府部門文化局處單位、博物館、展演廳、文化中心等文化機構；私部門之合資與獨資公司、工作室等各類文化營利組織等文化企業；第三部門之文化或藝術相關的視覺藝術及工藝、音樂及表演藝術、文化資產、博物館、文學及歷史、文化設施等各種社團法人、財團法人等各類非營利文化組織等；以及在這些不同部門及類型的文化組織中，各種領導者、管理者、執行者等文

---

[3] Frederickson（2006）認為新公共行政在 1960 年代末及 1970 年代早期，以回應諸多事件而起，例如：越戰、社會動盪、對公共行政智識的不滿、社會科學的新走向等，新公共政策共有 5 種模型，包括：古典官僚模型（專業分工、階層節制、功績任命、集權化等特性，講求效率、效能、經濟等價值）、新官僚模型（邏輯實證論、作業研究、系統分析、管理科學、強調生產力等特性，講求理性、效率、生產力及經濟等價值）、制度模型（強調經驗實證論、官僚文化、官僚行為模式的焦點在於生存、競爭、理性、漸進主義及權力等特性，講求科學、行為中立、多元主義、漸進主義、批判主義等價值）、人群關係模型（人際關係、團體關係、溝通、制裁、激勵、變遷、訓練、共識等特性，講求員工滿意、個人成長、個人尊嚴等價值）、公共選擇模型（具有反官僚、運用經濟邏輯於公共服務分配問題、高度分析、市場相似體、契約、小規模、分權化、教義等特性，講求公民選擇服務的機會均等競爭等價值）。（Frederickson, H. G. 著 / 曾冠球、許世雨譯，2006：16-36）

化行政者所需要的相關知識。

三、傳統文化行政與現代文化行政之典範比較與分析

有關傳統文化行政與現代文化行政之不同方式，其比較如表 2-1 所示及如下分析：

1. 傳統的文化行政

屬於保守、集權、上對下、官僚機構等，一切文化行政工作皆以符合法規為最基本及最重要的考量，行政作業的變通性較少，行政倫理以執行長官命令及想法為主要依歸，權力運作為上對下、封閉、單向、執行交辦任務為主。因此，在用人上也容易形成使用自己人所出現的相關問題，例如：裙帶關係、派系問題等。

其文化行政工作可能導致在社會上受到政府強勢干預，產生出特定的主流文化，並同時排擠其他文化多元發展的機會，因此，傳統的文化行政方式受到各界批評。

2. 現代的文化行政

屬於開放、多元、公開、多方參與、多元核心、責任分工等方式，以文化事務的執行成效為主，需要更多元的專業領域以增加行政人員更寬廣的思考，組織內部行政運作已不再像傳統行政方式，以長官為意見及單向的執行工作任務，而注重雙向及溝通。例如：對於外部的民眾、藝文團體或相關文化組織等行政作業，更重視第一線實際的反映與需求。也不像傳統文化行政是一種「機構式」的行政方式，而比較像是「服務業」概念的行政方式。

同樣的，傳統的文化行政工作在思考上比較本位主義，而現代文化行政在工作上有較多的換位思考方式，也需要更多跨界的專業領域，並且有別於保守的傳統文化行政，是屬於更開放及講求效率的行政態度。

表 **2-1**　傳統文化行政典範與現代文化行政典範之比較分析

比較	傳統文化行政典範	現代文化行政典範
典範基本特性	管理、管制	協助、合作
組織分工	階級分工	專業分工
組織型態	科層式	扁平式
權力型態	單核心	多核心
內部行政運作	單向	雙向
外部行政運作	上對下	下對上
行政倫理	對人不對事	對事不對人
行政導向	符合上級長官需求	符合民眾需求
行政過程	集權、封閉	公開透明、民眾參與
組織管理	集權管理	責任、自主
人事管理	人際關係	績效管理
專業領域	一般傳統行政	跨界、多元交流
行政思考	本位	換位
行政態度	保守及合法	開放及效率

資料來源：本研究。

四、文化行政的運作方式

有關各個不同的文化行政機構其運作方式之類型，主要分析如下：

1. 法治行政

(1) 優點：強調一切依法行事，以法規制度作為整個文化機構的體制，以及各項文化行政工作能有所依據之下，所從事的各項工作才能理性客觀。所以行政作業除了能有所依循之外，也能預測結果、下一步的做法等，並且不會產生因人而異的人治問題。

(2) 缺點：產生過於保守、個人主義、機構本位主義、文化發展停滯不前及無法有效創新等問題。

2. 專業行政

(1) 優點：正好與法治行政運作方式相反，強調個人專業才是機構運作的基礎與重點，更何況文化領域涉及眾多不同範圍之廣，更是需要各種不同的專業人才並減少政府干預。例如：視覺藝術專業與表演藝術專業、影視專業、博物館專業、文化外交專業、社區營造專業、文化資產歷史專業、建築景觀專業等皆不相同。因此，減少僵硬法治規定，增加專業人才能發揮的空間，才能讓文化機構有效運作。

(2) 缺點：由於文化行政涉及專業領域過廣，在有限的編制員額之下，要找到合適的專業人才難度較高，且升遷機會方面也受到限制，因此，經常會出現非該領域專業的人員晉升至該職位之現象與問題。

3. 資訊行政

(1) 優點：由於各個不同文化行政領域需要各項基礎調查，以及資訊數據的調查、分析與運用，例如：文化統計、文化指標等各項文化調查，或是文化大數據、開放數據等，作為行政工作的基礎依據。另一方面，在公文文書管理需要資訊工程來簡化流程及增加時效，除了一般例行性工作的電腦網路化，並將具有代表性、重要性、特殊性的重要個案進行知識管理建檔及分享機制。

(2) 缺點：對於數據本身的掌握程度不足或無法加以因應。另外，對於資訊數據的解讀方式也會因人而異。而目前許多文化單位的資訊專案統計相關計畫十分眾多，但是各自為政，專案計畫之間的開放性、互用性、相容性不足，造成資訊不完整且不利於使用。另外，大量資訊將涉及更多的個人隱私問題，資訊管理將更為複雜及重要。

4. 組織行政

(1) 優點：強調整體組織的部門分工、整體調配及運轉，並不否定個人專業、法規環境，或資訊數據等在組織的重要性，但是更強調組織在整體運轉時的人員調派、業務支援、彼此分工又同時相互合作，行政人員之間的專業交流、人際溝通、認同感及激勵措施等，以及朝向學習型文化組織運作方式。

(2) 缺點：制度的健全性與保持處理彈性、不同跨領域專業的尊重及溝通、文化行政者工作壓力與情緒、工作同仁之間相處的人際關係、學習型文化組織之運作方式等，都是組織行政方式的重要考驗。

另外，在上述的「組織運作」類型，亦可再分為傳統的文化組織運作及現代的文化組織運作，分析如下：

(1) **傳統的文化組織運作方式（亦可稱為「前組織運作方式」）**

重視所有文化行政工作是具有整體性的，所有人的目標是一致的，即使是不同行政事務的工作項目，其工作方式、流程、品質等是統一標準化的，且重視行政工作的效率化，行政成果重視大規模的績效，屬於靜態組織架構分工及整體運作方式。

(2) **現代的文化組織運作方式（亦可稱為「後組織運作方式」）**

重視不同文化行政工作類型的各種差異性，不同工作的目標不盡相同，重視個別行政專業的經驗、個案處理方式、人與人之間的溝通等，屬於動態運作及組織管理。

五、文化行政權之擴張與縮減

在世界的發展脈絡方面，分析最近幾十年來的世界趨勢發展，在外部環境上，世界各國政府因為面臨數次經濟不景氣，在內部預算上，需要支付龐大的政府人事及業務費用等開銷，在行政權被批評無限擴大及濫用之下，在行政權的行使上，從過去的「大有為政府」時代轉為「小而

美」的精簡政府。過去臺灣政府從大有為政府、小而美政府、企業型政府等典範，移轉至今日的「知識型政府」（行政院研究發展考核委員會，2004）。

在臺灣近代歷史的發展方面，從過去日治時期由日人引入行政官僚組織及分工等制度統治臺灣，在國民政府來臺時除了一方面接收日本的各項政府相關行政組織，在另一方面也由於發生二二八事件、白色恐怖時期以及實施臺灣戒嚴令等政治因素，擴張行政權建立起「大有為」政府體制。之後，到了晚期才因為政治解嚴、思考行政權過於擴權及濫用、經濟環境條件等因素之下，逐漸縮小政府支出而進行組織再造，改採「小而美」政府體制。過去的文化行政權的行使機關才逐漸從散至各處的教育、新聞、民政等單位，收編至一個主管機關文化機構部門進行執掌。

在二者比較之下，簡單來說，「大有為」政府在行政上相較受到「政治因素」的影響較大，而「小而美」政府的行政相較受到經濟因素的影響較大。在過去「大有為」政府時代，政府對於各項文化工作擴大行政作為，「大有為」的文化行政之分析如下：

1. 優點分析

(1) 國家建設帶領文化發展

一方面將無論是軟體或是硬體的文化發展所需視為國家建設，以各種旗艦政策計畫等成為「文化大國」，引領社會整體朝向特定文化方向前進。

(2) 提升全民文化素養

由國家出面動用各種文化資源，例如：教育體系及教育內容等，提升全民的文化素養等並成為重要的「文化國力」。

(3) 落實福利國政策理念

站在「福利國」政策理念之下，將各種少數、式微、特定種族或社群等文化對象，以及針對偏鄉、弱勢階層等社會大眾對象，以及對於各種文化機會與資源之分布、分配等，進行調配、干預、

輔助等協助其發展。

2. 缺點分析

(1) 文化設施成為管理人民文化自由發展的工具

國家過多力量介入文化發展，政府有時候會為了穩定社會秩序以方便管理，許多文化設施像是正規教育學校、圖書館、博物館、展演廳、文化中心等文化建設，原本是國家政府編列預算完成設施以協助文化發展，反而成為文化控制、文化管理的場所。

(2) 文化政策容易形成單一主流文化

有利於國家政府或特定階級利益或喜好的文化，容易成為主流文化，原本的多元文化反而因為政府干預發展、教育社會大眾區分為上層的主流文化與其他次文化，因此造成強者愈強而弱者愈弱的雙元文化現象。

(3) 文化內容成為意識型態國家機器

國家單一的意識型態容易以文化作為包裝。

(4) 政府財政預算有限，產生品質不當問題

在大有為政府的政策之下，當政府預算不足、財政困難時，將產生各種文化館舍成為蚊子館、文化活動無法持續辦理等問題。

(5) 民眾養成依賴政府資源，反而不重視自己的文化

由於民眾認為辦理文化建設、文化政策計畫等工作是政府應該做的事務，反而對文化參與漠不關心。大有為政府出錢、出力發展文化卻無法得到民眾的認同，反而失去動力。就如同許多補助案件，地方文化協會、社區協會或藝文團體等，已經長期習慣受政府經費補助，申請時會擴增預算，當政府核發經費下來則有多少錢便做多少事，政府沒有經費時便無法進行，如此一再惡性循環之下，反而影響各地方文化活動之數量及品質。

近年來，在政府財政預算愈來愈有限之狀況下，「小而美」的文化行政做法，其分析如下：

1. 優點分析

(1) 有利於發展文化多樣性

站在「小而美」施政理念上，政府部門不只不是萬能，在許多文化事務中政府還是萬萬不能，也就是說，政府過度干預其實反而不利文化的多元發展，政府各種機構的觸角不要深入其中，反而增加民間的文化活力。例如：言論自由、創作自由等環境，文化需要更自由的環境才能具有蓬勃發展的動力，也才能發展更豐富的多樣性文化。因此，政府只需要建構一個有利於高度自由發展的文化環境即可。

(2) 能建立政府更多元的文化主管機關

政府的文化主管機關並不是單一的文化局處機構，文化領域原本便是涵蓋在政府各個單位（例如：觀光、產業經濟、民政、都市發展、建築、交通及媒體傳播、教育等局處或部門），由於小而美的組織再造精簡之下，其文化事務因此擴大由各個局處單位共同辦理，例如：法國的 44 個文化部之理念與案例。

(3) 能產生不同部門共同參與文化治理

由於財政預算有限及政府人事精簡，政府不需要管理過多事務，許多原本已經存在或是具有潛力的民間營利及非營利之文化組織，能有更多機會加入參與，一起提出構想、計畫及落實工作，融入更多不同部門共同參與文化治理工作。

2. 缺點分析

(1) 部分文化發展過於商業化

許多文化發展需要通過市場的考驗，產生另一種文化為了要迎合大眾口味而轉向商業化的發展方向，例如：在文化創意產業政策之下，許多文化過於表層消費、商業導向等，而失去原有存在的價值與意義。

(2) 許多少數或式微的弱勢文化可能消失

由於補助經費及輔導協助資源過少，因此，許多原本不具有市場價值、無法獨立運作的弱勢文化將因此而消失殆盡。

(3) 將擴大社會不同階層其文化不平等現象

由於原本都市與鄉村地區、社會階級、文化社群等不同民眾，其所能使用的文化資源及文化機會已不盡相同，在政府無法干預之下，將持續擴大文化落差，影響不同社群、社會階級等民眾的文化資本，而產生階級再製現象。例如：勞動階級總是不會進入博物館，或是博物館的展覽總是以中產階級為主要觀眾，而偏遠地區民眾其博物館、文化中心及大型展演活動等較少，影響其文化參與機會並產生文化資源的不平等現象。因此，「文化近用權」便尤其強調弱勢居民，其如何更加便利的、更有機會的參與文化活動與文化設施等各項文化資源之概念。

六、政府組織再造

臺灣走過政府組織再造過程，但其結果並不令人滿意，例如：人事精簡是組織再造的重點之一，可是臺灣政府的組織再造結果卻是人員更多、組織更為龐大等，組織分工不像過去民眾已經熟悉由哪一個單位辦理何種業務、窗口在哪裡，使得民眾認知更加模糊。許南雄（2004）整理了 Frederickson、Gaiden、Kearney、Hay、Osborne 等人對於政府組織再造之概念（許南雄，2004：146-147），這些組織再造的做法，正好也提供無論是中央或地方政府文化部門，對自己及所屬相關文化組織在人事及組織經營措施的重要參考。其做法主要如下：

1. 組織精簡

將大有為政府轉為精簡政府組織。

2. 組織授能（賦權，empowerment）

將政府原本組織萬能改為組織授能，像是民營化、授能化、分權化。

3. 扁平式組織

將原有過多的高層級型態精簡為扁平組織方式。

4. 資訊基礎組織

善用資訊設備及網路等工具，降低人事及業務成本並提升工作效率。

5. 績效基礎組織

將原本官僚式組織趨向於企業型組織，以績效管理為導向的組織型態。

6. 組織文化重塑

透過文化策略及典範變革等精神作為行政革新運動，轉變官僚文化為企業文化等工作文化氛圍。

第二節　文化政策學、文化行政學與文化行政

一、文化政策學與文化行政學之異同

在廣義方面，「文化行政學」（culture administration）是一門各種文化部門、文化組織、文化行政者，其從事各種文化相關行政事務的專門領域，同時「文化行政學」內容包括：文化行政理念與理論、運作機制、組織型態及分工、政策計畫、執行及管理等，整個文化行政過程中所有相關的理論與實務。由於「文化行政學」基本領域，包含：文化行政組織、文化管理、文化行政實務操作及問題等。因此，廣義來說，文化行政學包含了文化政策學，或是文化政策學從一開始規劃到之後的政策落實等各階

段過程，都是文化行政工作。

　　另一方面，「文化政策學」（Culture Policy）為針對抽象文化治理理念、理論及具體的政策計畫等對象，從文化組織、現況發展問題、需求調查、政策規劃、政策研訂（或研究）、政策執行、政策管理、政策評估等，從文化政策開始到完成政策執行的整個過程，也同樣是「文化行政學」的領域。也就是說，「文化政策學」不只強調文化政策的理念及提出政策等規劃工作，同樣重視文化政策計畫如何被實際落實執行及計畫管理等行政工作。因此，文化行政學與文化政策學二者內容幾乎相互重疊。

　　不過，在狹義方面，如果要將二者進行分工，文化政策學相較偏向文化政策或文化計畫本身的調查研究及規劃工作等所需的相關專業，而文化行政學則相較偏向文化政策或文化計畫的有效執行及管理等所需的相關專業。但是，由於「規劃」與「執行」二者無法被片面分開，即使在學術定義上將二者分開，但是在行政實務工作上及對於文化行政者需要的整體專業知能上並無意義。

　　因此，二者只是著重之處有些差異，在實務上都屬於相同的「文化行政」領域。而無論是文化政策學或是文化行政學的「文化行政」工作實務範疇，其基礎領域可分成：組織、法制、規劃、執行、管理等幾個主要重點[4]。而且，文化行政人員需要具備：文化行政的基本理念及理論、文化法制素養、文化政策規劃與計畫的執行及管理之技術能力、跨文化領域之行

---

[4] 文化行政學領域的分類及問題，其基本分類也可以參考竺乾威（1999）將公共行政學分為：「行政組織、行政監督、行政機關管理、人事行政、財務行政、行政立法、行政文化、行政發展（變革）」等領域。不過，其中，在文化行政中最被各界詬病的是人事行政、財務行政，因為政府文化機構經常因為受限於人事僵化，無法適用於具有彈性、動態特質的文化發展，以及藝術無價的特性，且受到主計列管的財務行政執行方式，而衍生出許多惡性循環、不利文化發展的狀況。另外，吳瓊恩等人（2004）將公共行政學領域分為：「行政學基本認識、公共組織、公共管理中的權力、公共組織績效、組織學習理論、知識管理的應用、非營利組織的管理、政府職能、公共政策、公共部門人力資源管理、公共行政學發展趨勢的探究」等，亦可作為文化行政學其範圍及分類方式的參考。

政實務經驗等專業知能。

二、文化行政與其他學科領域關係

比較文化行政與其他學科之關係，可以更清楚界定出文化行政領域及其重點，分析如下：

1. 一般行政學

文化行政一部分內容，是屬於一般行政領域的分支，但是，文化的專門化又相當有別於一般行政領域，無法完全運用一般行政的角度進行工作或研究。尤其是文化領域本身其差異性就很大，包括：各類展演藝文創作、文學、文化資產保存及再利用、社區營造、文化公民權及文化素養等等，因此，文化行政單獨成為一門專門的行政學領域，某些例行性業務比較與一般行政工作相關，例如：一般行政作業研考等工作。

2. 政治學

有時候文化與政治連結而密不可分，尤其是在威權時期的文化發展現象，往往文化政策等於是國家意識型態的宣傳政策，文化館所等機構單位成為意識型態的國家機器，在臺灣更是如此，由於過去各朝代統治皆有其各自的意識型態，讓臺灣的文化主體性與政治連結在一起。

因此，文化與政治之間有時會不易區分，例如：教科書、文化政策、文化法規、文化預算審查等，經常在其背後都涉及一連串的政治意識型態及運作方式。但是，也有鑒於其與政治的關係，在從事文化行政時更是提供一個反思的角度，提醒各種文化政策、計畫與行政執行時，留意是否已經偏頗傾向某一特定意識型態或政治利益。

3. 行政法學

法學經常支持文化的正常化發展，但是也經常限制文化的發展。法學對於文化行政的作用，在於建立法規制度來正常化、正當化、合法化各種

行政作為，也就是「依法行政」的功能。不過，公務人員如果只是依法行政，則經常會落入僵化、制式、消極的處理文化行政，因此文化法規體制一方面是文化發展的支撐體系，但另一方面也可能是阻礙文化進步發展的限制性框架。

4. 經濟學

文化發展的另一個重要且模糊的地帶便是「文化經濟」，臺灣的文化創意產業在全球資本主義的背景之下，商品化消費成為發揚及延續某些特定文化的策略性做法，也就是文化轉為商品可被大眾消費。例如：各種流行文化下的各類商品消費現象及其大量可觀的產值，包括：影視音產業、數位產業（動畫、漫畫、遊戲產業）、時尚品牌產業等，因為流行風潮而帶動產品購買量及產值。因此，文化行政某些部分與文化經濟密不可分。

但這並不是全部，因為並不是所有文化類型都有必要走向商業化發展，某些文化過度走向商業化將失去原本的行政目標，例如：博物館的存在及功能為非營利的社會教育機構，但是將博物館商業化的現象下，便出現大量相當商業的超級大展，或是大做商品生意卻忽略博物館典藏品與教育的重要性，讓博物館邁向主題樂園方式經營。

另一個與文化行政相關的經濟模式是文化觀光，文化觀光是文創產業發展的重要一環，但是要進一步思考的是「為觀光而文化」，還是「為文化而觀光」的做法。

5. 社會學

文化是社會學的一部分，例如：社會的價值、意義、信仰、風俗、民情、圖騰符號等表徵與系統都是構成文化特色的因素；或是社會現象也是文化現象，例如：在農業社會的文化風俗現象、在現代社會的文化生產現象，以及後現代社會的文化消費現象等。也因如此，文化政策與行政將直接影響整個社會的發展，同樣的，當時的社會發展現象也會影響文化政策與行政工作的特色、重點及方式等。所以，文化行政需要了解社會文化現

象，在制訂政策或執行時更能對症下藥，解決當時社會的需求或引導社會的未來發展。

6. 管理學

涉及組織管理、人員管理、事務考核等工作，管理學基礎知識可以作為文化行政之用。不過，文化行政有其特殊性，一般管理學理論須修正調整以符合文化性質、人文方面的需求。

7. 統計學

統計學可以調查許多數字、數據等，提供文化行政重要參考。不過，並無法只用建置統計模型、跑程式等方式進行，因為過於一般的統計學運用，反而會抹去各種文化本身獨有的特殊性及文化價值。統計學僅能作為一般大量、初步參考。

另外，質化研究能運用在統計分析中，對於文化的某些關鍵性發展提供參考，像是某些文化統計、文化指標等，僅能顯示出一般的現象與初步問題，需要針對關鍵者進行質化調查分析才能深入探究其原因與找出對策。因此，在文化行政中，統計學僅為初步參考，而會共同使用量化統計與質化調查工作。

8. 其他重要專門學說

除了上述在一般文化行政通論中所關聯到的相關學說領域之外，由於文化領域涉及眾多範疇，因此，不僅文化行政本身是一種專業行政，文化行政本身也有自己的專業分支。

而這些專業分支涉及其他各領域專業，分析至少包括：文化人類學（日常生活、民俗、禮儀、行為等）、藝術史（視覺藝術、表演藝術、音樂及美術、文學及工藝等歷史脈絡及特徵）、美學（藝術文化的基礎涵養）、都市計畫學（都市計畫變更、文化生活圈計畫、文化園區劃設、文化用地取得等）、建築學（古蹟及歷史建築的保存與再利用、興建展演

廳及博物館、文化園區及文化設施工程施作與發包等）、考古學（文化遺址、遺跡、考證等）、博物館學（物件的研究、典藏、教育及推廣等，以及博物館的經營工作）、大眾傳播學（媒體素養、傳播媒介、溝通與關係、媒體經營等）、行銷學（目標市場、區隔與定位、品牌規劃、行銷策略、通路、媒體計畫等）等。

　　另一項是公文的文書寫作，為行政溝通、協調、執行任務的文字基礎。因此，一個全才的文化行政人員，需要一本宛如文化百科全書內之各種知識與素養。

三、政府文化行政專屬機構（文化局處）與「處處都是文化處」之關係

　　臺灣由政府組織分工之下，主要執掌文化行政事務的文化機構，在中央政府是文化部，在地方政府是各直轄市及縣市政府之文化局處（或文化觀光等），以及由這些文化主管機關轄下的相關單位及組織，包括：各類博物館、美術館、文物館、公法人文化基金會相關附屬單位等。

　　但是這些名稱為「文化」的單位並無法涵蓋所有文化事務，因為文化包含一切食、衣、住、行等日常生活、藝術創作、風俗信仰、族群及社群文化、社會價值等範圍。文化行政單位並不是只有文化單位，例如：在中央政府其他與文化相關的單位也從事文化行政工作，例如：原住民文化、客家文化、文化觀光、文化經濟、文化外交等各個部會及地方各單位，皆涉及文化行政相關事務，也就是「部部都是文化部」。同樣的，在地方政府的情形也是如此，也應該是「處處都是文化處」。所以，無論是中央政府及地方政府，其實所有部門局處都是文化單位，所從事的工作都是文化行政。另外，不只是政府單位組織，在民間許多藝術文化相關組織也是在執行文化行政工作。

　　由於在日常生活中文化涉及整體生活，並無法由單一文化行政單位執行完成，因為文化行政工作主要是以「文化」為對象，分析包括兩大層

次：「文化主要內容」（文化是教育學習、藝文創作、社會價值、日常生活等）以及「文化再生產功能」（文化再生產為社會經濟功能、政治功能等），其分析如表 2-2 所示。因此，文化行政的部門及人員，不只有文化部（文化局處），文化行政涵蓋了中央行政院（直轄市及縣市政府）各部會（局處）有關內政、外交、經濟、教育、文化等部門單位，更包括特定族群文化，例如：客家、原住民、新住民等單位。

所以，文化行政工作並非僅適用於中央政府文化部、地方政府文化局處（以及轄屬各博物館、文化機構、基金會等）而已，而是所有政府部門皆應該是文化行政工作的一環。因此，更應該了解文化行政工作，其與一般公共行政的不同重點、差異及特性。

表 2-2　文化的「主要內容」與「再生產功能」分析

層面	文化主要內容				文化再生產功能	
類型	教育學習	藝文創作	社會價值	日常生活	經濟	政治
重點	文人化、教養、教化、素養、素質等。	視覺藝術、音樂及表演藝術、文學、影像、建築、設計等。	價值、信仰、風俗、民情、符號表徵等。	有關食、衣、住、行等日常生活文化及其特質等。	文化創意產業、文化觀光、文化經濟等。	意識型態、社會秩序、政府治理等。
政府職責部門	教育部（局、處、校等）及文化部（局處）、博物館、教育機構等。	文化部（局處）、博物館、文化機構等。	行政院所有部門（縣市政府所有局處）			

註：另有客家、原住民、新住民等特定族群文化單位（客委會、原民會等）及其各地方族群文化單位等。
資料來源：本研究。

四、文化行政「處處都是文化處」的推動做法

如同上述說明，文化行政僅僅依賴文化部門（文化部、文化局處）一個單位，是不足以推動全市（或全國）的文化發展，更何況文化內容其實充滿在民眾的日常生活中，因此，如何將文化事務擴展到其他部門，例如：內政（民政）部門（例如：民俗、禮節、傳統節慶等常民生活及庶民文化）、營建部門（例如：建築、街道景觀等都是文化的展現）、國家發展部門（例如：國土規劃、地方發展、重大建設等都與文化息息相關）、經濟部門（例如：品牌行銷、文化加值、產業提升、智財權等各種文化經濟）、農業部門（例如：農村再生、地方特產等也是地方文化產業振興）、觀光部門（例如：文化觀光等）、外交部門（例如：文化外交政策等）、交通部門（例如：媒體、通訊及各種文化傳播等）、教育部門（例如：藝文教育、美感教育、教育學習單位、教育單位的社會責任等），實屬重要。

因此，中央或地方文化部門（文化部或文化局處等）如何進行在中央政府為「部部都是文化部」，或是在地方政府推動「處處都是文化處」之做法，分析可包括以下：

1. 以文化主導整體施政計畫的文化行政工作。例如：研訂中央政府或地方政府之施政白皮書，以文化主導整體施政思考及施政發展計畫，落實各單位都是文化部門的行政工作。

2. 成立跨局處（部會）的「文化發展會報」，並定期檢視各個提案在行政執行上落實之狀況。

3. 針對某些重大工作，成立文化專案小組，進行相關局處（部會）之跨局處（部會）專案協調。

4. 可檢視整體行政組織架構，未來可設置跨局處（部會）以上的文化專責首長，以統籌及協調各相關局處，例如：文化副市長、文化副主委、文化副行政院長等。

5. 對於其他非文化局處（部會）進行講習等宣導工作，加強教育及推

廣。許多部門其行政工作與文化發展息息相關，例如：街道或交通工程涉及文化地景、建築營繕涉及建築藝術、都市計畫與地方文化資產保存有關、學校教育與文化素養有關等等，在業務推動上需要關注文化發展或影響狀況。

6. 盤點及分析所有各局處（部會），其文化單位以外局處（部會）各個職掌工作與文化發展之相關業務。

7. 增加文化局處（部會）之文化預算，並在有限的組織員額限制下，協調各局處（部會）共同協助（或支援）完成執行。

8. 加強文化局處（部會）以外，各個局處（部會）內部所編列與文化發展相關之預算及業務工作，並由各局處（部會）完成相關業務。

9. 政府整體組織社造化，以在地文化整體發展為基礎，重新調整各部門之行政組織、人員及編制等，以達到地方文化整體發展為目標。

10.依照各地實際現況發展提出其他合作工作事項。

第三節　臺灣文化政策及文化行政發展脈絡與典範移轉

一、臺灣文化政策與文化行政在近代歷史之發展脈絡[5]

有關臺灣國家政體對文化政策（與文化行政）介入的歷史過程（日據

---

5 筆者在此考慮甚久，最終並不論述世界各國的文化行政制度，原因是基於世界各國其文化行政工作在各不同時期有其變動性，在本書正式對外出版後，如無與時俱進，容易成為過去歷史案例。而更重要的是，每一個國家與地方發展的歷史脈絡與社會條件完全不同，即使了解其他國家的文化行政組織分工、法規制度、行政執行及管理方式等，亦無法完全適用於臺灣，更何況臺灣的文化行政發展有自己的歷史特殊性，並完全有別於其他地區。另外，有關世界各國文化行政案例，可參考文化部出版之楊孔鑫（1990）《英國文化行政》等「各國文化行政叢書」，除了英國之外，該叢書包括：美國、法國、丹麥、西班牙、奧地利、比利時、日本、韓國等世界各國文化行政案例。

至 2002 年），可分爲以下幾個進程（廖世璋，2002：164-174）：

1. 日據時期至光復時期：日本帝國文化之殖民地再造時期。

2. 光復後至 1970 年時期：文化用於服務威權，宣傳政治信仰的發展時期。

　(1)二二八事件及白色恐怖事件的雙重殺傷力，埋下本體文化閹割命運。

　(2)以文化戰鬥建構中華民國道統。

　(3)對抗中共文化大革命的中華文化復興運動。

3. 1965 年至 1975 年：反西方文化價值的文化主體反省運動。

　(1)反西方文化衝擊的校園運動（1965 年後）。

　(2)反思中心與邊陲的文化支配形式與鄉土文化運動的覺醒（1965 年至 1975 年）。

4. 1950 年後：資本主義大眾文化商品化萌芽與發展時期。

　(1)因政治關係促成美國與日本文化在臺萌芽（1950 年後）。

　(2)勞力密集產業之勞動階級對於西方文化的憧憬與移植（1960 至 1970 年）。

　(3)大眾傳播媒體的崛起及大眾文化發展（1970 年後）。

　(4)房地產預售方式的商品化發展（1970 年後）。

　(5)多元傳媒的發展與國際化網路的建構發展（1990 年後）。

5. 國家以都市建設作爲文化建設的發展時期（1970 年後）。

　(1)城鄉不均衡發展造成本土文化衝擊現象（1970 年後）。

　(2)興建國家支配性文化意識型態的地方連鎖店（各地文化中心等）（1975 年後）。

　(3)從軍政體制到官僚體制的文化資源分配（1980 年後）。

　(4)發展國家建設計畫中的文化大國（1990 至 1994 年）。

　(5)以社區總體營造作爲城鄉文化建設時期（1994 年後）。

另外，從 2002 年至今的文化政策與行政走向，相較過去各個歷史階段，屬於重視文化本身價值及文化蓬勃發展時期。而此時期的特徵，包

括：文化理念與聯合國等世界接軌、文化行政制度化（文建會在 1981 年
升格文化部，地方文化局紛紛成立）、各種文化法規體系逐漸健全發展
（文資法、文創法、博物館法、文化基本法等等）、文化政策更加多元
化、文化行政更加重視民意、重視地方文化扎根、文化計畫採購行政化、
文化創意產業走向等，是文化政策與文化行政發展的重要時期。

二、臺灣「文化行政典範」特徵及移轉分析

臺灣文化行政在各階段歷史之發展，其典範特徵及移轉因素，如表
2-3 所示及以下分析：

表 2-3　臺灣各時期「文化行政典範」特徵及其移轉分析

文化行政典範	放任型	殖民型	軍事型	法治型	專業型	競爭型
時間	明清	1895 年	1945 年	1981 年	1995 年	2000 年
事件	晚清戰爭	甲午戰爭	國軍撤退	文建會成立	國藝會、北市文化局成立	政黨輪替
行政思想	中華文化	日本文化	三民主義	中華文化	多元文化	地方文化
行政概念	無	專制	專制	法治	專治	政治
行政手法	放任	殖民	管制	依法行事	專業基礎	地方競爭
行政菁英	民間墾戶	日人	來臺人士	官派人員	專業者	當選人及政務官、專業者

資料來源：本研究。

1.「放任型」文化行政

在明清時期，臺灣文化屬於中原文化邊陲地帶，尤其是在近代晚清
時期面臨戰爭等問題，社會極度動蕩不安，大部分文化事務由民間自發組
成，例如：在臺灣各地興學的私塾、學院等。支持移民者在臺灣以大中原
文化為主軸，持續發揚光大的基礎，並不在於當時政府主導的各種行政手

段，當時滿清政府已經自顧不暇，反而是私人興學者支持這些遠從中國大陸渡海來臺的移民來自對家鄉根源的感情，以及對於中原文化的發揚，並且治學有方，頗具成果。

2. 「殖民型」文化行政

在 1895 年甲午戰爭之後，日本政府來臺殖民統治時期，在行政組織方面，大量引入日本母國參考西方國家的行政組織及分工方式，其行政的中心思想以日本母國為主，臺灣為日本許多政策的海外實施地，行政官員主要以日本人為主。直至南進政策及皇民化運動時期，許多臺人逐漸有更多機會擔任政府公職，此時期臺灣「日本化」行政以教育、語言、藝術文化等各項文化「管理」及「殖民」方式為主，也包括：日本皇民化運動及同化政策等各階段不同的文化政策。不過，臺灣本土菁英也組成文化組織，例如：蔣渭水等創設臺灣文化協會，展演各種反日的藝文活動。此時期由於日本政府引入西方行政組織系統及行政作業方式，因此也是臺灣文化行政的現代化時期。

3. 「軍事型」文化行政

在 1945 年之後，國民政府來臺，同時發生二二八事件、白色恐怖及戒嚴等重大事件，當時以軍事所需要的文化行政工作，包括：整編各級單位及全體人員，共同執行中華文化復興運動、戰鬥文藝、文化的政治作戰等，以及強力落實「國語」政策等。文化行政用於服務軍事為目的，在蔣經國時期成立全臺第一個教育部文化局（1967 至 1973 年），也是用於監督各種社會大眾的言論及執行特定社會教育（為新聞局前身）[6]。

6　黃翔瑜（2010）則認為「該局的成立，係《動員戡亂臨時條款》框架下的產物。該條款不僅賦予總統設置動員戡亂機構，並得以調整中央政府的行政與人事組織，故該局係在此特殊歷史情境下誕生的文化機關。然教育部文化局的原初設計，不僅下轄四大文化業務單位，更設有獨立的人事與會計處室，並賦予該機關獨立對外行文之權。因此，該局不僅體現文化事務在國家體制內逐漸受到重現，也闡明文化行政正處於具體化與政策化的過程，也揭露文化事務在龐大的國家教育體系內，緩步

4. 「法治型」文化行政

在 1981 年，成立行政院文化建設委員會，並且在 1987 年臺灣解嚴，除了文建會成立文化的專門組織分工機構之外，在文化行政工作逐漸邁向以法規為行政依據的工作方式。不過，文化行政一方面專門化、機構化，以及過於法治化導向的結果，容易產生文化官僚機構等問題，行政人員在一切僅依法行政之下，不容易因應隨時在動態發展的文化所需，而主計核銷及人事僵化等問題，便是由此「法治型」時期開始產生問題，迄今根深蒂固，無助文化發展。

5. 「專業型」文化行政

在 1981 年，成立行政院文化建設委員會，為專責文化機構，各地方政府並無文化專責機構，到了 1996 年，成立財團法人國家文化藝術基金會，以法人組織方式彈性聘用專業人才，協助文建會從事文化事務。在 1999 年，臺北市文化局成立之後，各地方政府開始陸續成立地方文化的專責機構，更加大量需要文化行政人員。不過當時各地方文化機構參照文建會組織架構及員額管制，在人事僵化及舊思維等背景及條件之下，編制專業並未涵蓋所有領域，而是僅偏向部分「軟體」專業人才，例如：最飽受批評的是建築專業被排除在外，然而在古蹟保存及修復、博物館、音樂廳等大型文化建設及工程、文化園區規劃等工作，又亟需此項專業人才。

6. 「競爭型」文化行政

臺灣早在 1950 年即開始地方選舉，在 2000 年時第一次開始總統由人民投票選舉，並產生第一次政黨輪替之後，整體正式邁入另一個基於民主選舉而產生的「競爭型」典範。

由於從中央政府到各地政府，大多為了選舉需要政績，而在有限的任期之內需要進行特定，或有助於選情、立竿見影等的各項文化行政工作，

地進行專業分工的事實，亦為文化事務專業自主之先聲。」（黃翔瑜，2010：260）

於是有別於上一個階段為單一的意識型態，在此階段各種政黨的多元意識型態經常干預中央或地方文化發展，或是出現各種表面的藝文活動，或是收編族群文化的行政工作，或是收割現有的民間活動成效等問題出現。許多文化行政工作會因為上位者其政黨選舉競爭之需，而有所特定動作。諸如：發放各種藝文、社區補助金額等工作，但卻不一定有利於該項文化發展，因此，本時期除了是「競爭型」的文化行政性質，也是「政治型」。文化行政是民眾服務工作，各地政府除更積極服務當地選民之外，也相互抄襲、複製其他城市亮眼的政績，例如：各項大型音樂中心、博物館等文化建設，或大型博覽會、跨年晚會等，彼此相互競爭。

也因為如此，讓各地方產生文化淺薄化、文化同質化等現象，並逐漸失去城市自己原有文化特色等問題。也就是說，迄今在臺灣各地，其文化行政還是脫離不了政治因素，某些文化行政成為政治正確的操作方式，而且由於各政黨及各地方競爭之現象，也同時影響文化行政各項工作方式。

三、臺灣「文化政策典範」特徵及移轉分析

臺灣的文化政策施政重要典範及其移轉，主要分為：從政府組織典範（供給取向）過渡到民眾服務典範（需求取向），發展至今為重視社群關係典範（關係取向），在未來期許走向政策價值典範（價值取向）的思考。

1. 政府組織典範（供給取向）

文化政策的施政重點從過去的以供給端為主，也就是以政府組織分工及官僚運作為主的思考方式，例如：在日治、戒嚴等威權時期，以及蔣經國時期設立文化局，其目的在於引導特定社會教育方向、監督言論自由等，甚至在文建會早期也是以發揚大中華文化、特定階層所欣賞的菁英藝術為主。

2. 民眾服務典範（需求取向）

由於民主政治選舉之故，逐漸改變成為以需求端的選民為主，所有政

策及行政以讓社會大眾有感爲主，例如：重視文化公民權、文化近用等相關的文化政策與計畫，或是各種藝文類型、社區類型的獎助、補助、輔導等，或是在中央及各地方大量出現大型藝文（首長個人造勢）活動等各種爲了讓民眾有感的文化施政方式。

3. 社群關係典範（關係取向）

由於多元媒體發展，政府施政除了重視民眾需求之外，更加重視與各種不同媒體、族群、社群以及民眾個人之間的關係，與不同位置及階級的社會大眾（特別是選民族群）建立緊密的關係（例如：粉絲支持者等），施政重點及技術十分重視社會觀感，例如：社群媒體的運用（各種自媒體、直播等現象）、經常以媒體廣告宣傳施政計畫等，以便與這些不同社群建立起更緊密、更良好的公共關係。

4. 政策價值典範（價值取向）

民主政治由於選舉競賽之故，從過於注重社會大眾需求及良好關係之中，產生了許多爲討好特定族群、社群的各項政策及民粹主義的施政方式，因而忽略了政策本身的價值。因此，期許更加重視政策本身的價值之形成過程，例如：公民論壇、政策辯護式參與等，尤其是各項在地文化認同、地方文化主體性價值、藝術的認定等討論。

文化政策之基礎概念

第 3 章

第 一 節　文化發展與文化政策

一、文化內涵

在進入文化政策之前，我們需要先分析文化本身的特性，在制訂文化政策或進行文化行政工作時，才能了解文化的基本屬性。文化本身是藝術展現（例如：文學、視覺藝術、表演藝術等）、是社會文化符號系統（例如：圖像、語言、文字等系統）、是社會價值與信仰等精神的特質（例如：宗教、信念、理念等）、是日常生活方式及其總合（例如：食衣住行的地方或個人之特質）等基本特性。

二、文化系統理論

無論如何，文化也以系統方式在地方發展（或流動），以「文化系統理論」分析如下：

1. 社會系統

為當地整體社會的發展狀態及其特性，社會系統的次系統可以包括：社會結構系統、社會運作系統、社會成員階級與階層系統、種族及社群文化系統、組織及團體系統等，涉及各種社會分類及其相關關係、運作方式等共同構成當地在當時的文化發展特性。

2. 自然環境系統

除一般上述社會系統以外之系統，包括：所有自然生態系統，以及由自然資源及特色的環境所產生的背景系統，例如：臨海城市、深山城鎮、平原及河谷等環境條件，將影響當地發展為各種海洋文化、山林文化、草原文化等文化特色。

3. 人造系統

除社會系統屬於人工系統之外，在無形方面，由各種法規體系產生的發展條件，也將影響當地的文化發展，或是在有形方面，城市建設本身也是如此，例如：由各種博物館及文化設施建構的博物館群系統，將影響民眾於日常生活中更加親近博物館文化。

4. 教育系統

在民眾的文明化、文人化過程中，教育扮演重要角色，教育系統影響文化發展狀況。所以從微觀來說，學生正規教育中的各類教科書，其中隱藏的意識型態便會影響學生對特定事件的特定理解方式；或是從宏觀來說，九年或十二年國民義務教育政策將影響社會大眾的受教育年期，或是各種教育計畫將影響文化發展方向。

5. 藝文系統

視覺藝術、音樂及表演藝術、文學、工藝、影視音、數位藝術、平面及產品設計等各種專業藝文本身分類的社群系統、組織系統等，構成專業藝文的創作與展現。另外，除了水平的藝文性質分類，垂直創作鏈、藝文生態鏈或文創產業鏈等也構成各種專業藝文的次系統。

6. 符號系統

各種圖案、商標、圖像、圖騰、影像、聲音等抽象的符號系統也建構出文化特色，例如：文化風格便是由一連串符號系統所構成。同樣的，各種次文化（例如：「萌」文化或嘻哈文化等）是由一連串相關的符號系統所共同構成，不僅現代的次文化系統由特定符號組合而成，地方歷史傳統文化本身也是如此，例如：苗族文化、客家文化、各原住民部落文化等都是如此，也透過各種相關的符號組成系統風格，並對外展現及對內承載特定意義與價值。

三、文化政策之基本特性

在初步了解文化的基本特性之後，進一步，將文化以政策方式思考，或是研訂成爲文化政策時，將具有以下的特性[1]：

1. 連動性

不僅文化政策與文化政策之間具有相互連動性，文化政策與其他部門的政策，例如：教育政策、內政政策、外交政策、觀光政策、科技政策等也會產生連動性。因此，在思考文化政策擬定時，需要注意到的除了政策本身、與其他文化政策之關係等，同時也要留意政策外部對於其他政策及社會發展的連動性，透過不同政策連動層級方式思考，才不會產生各種問題，且因爲分析文化政策帶動的整體效益，讓文化政策獲得各界更全面性的支持。

2. 動態性

文化政策主要內容爲文化，然而，各地文化發展一直是動態狀態，因此，文化政策更應該隨著文化發展進行動態調整，以便更加適合文化的發展。

3. 多元性

文化具有多元性、文化差異性，因此，無法用一套標準政策來限定各種文化的發展，這也是文化政策相較於其他政策更加複雜之處。文化政策不應該是引導一個特定的主流文化，反而是鼓勵各種多元文化的蓬勃發展，特別對少數、弱勢或式微文化永續傳承及發揚的關心等，或是促進各種不同文化公民對各種文化的多元參與等。

---

[1] 由於許多文化政策與文化行政工作，是解決文化發展問題的「各種方法及行動」，不過「問題是建構的」，因此對於問題本身的感知是基礎，才能建構出問題，並提出解決方案，而問題具有以下特質：「政策問題的互依性、主觀性、人爲性、動態性」等特質（葉郁菁，2005：166-171）。

4. 脈絡性

由於每一個時間、空間等其地方的文化脈絡、環境條件、歷史特質等皆不相同，每一個地方的文化發展特性、需求及問題等也不相同，因此，文化政策不能以偏概全，過於單一的文化政策容易讓原本不同文化特色的地方，移轉發展過於同質性的文化。所以，文化政策不宜抄襲或複製其他地方的政策，反而更應該回到地方本身，去檢視當地文化發展脈絡、文化特性、問題及需求等，才能形成對地方文化發展比較良好的文化政策及環境。

5. 人為性

文化政策是人為提出，因此，經常帶著個人的視角、價值觀及切入觀點等。同樣的，文化政策在制訂上也是人為的過程，因此，政策制訂過程也經常具政治色彩及政治力的介入等，而政策實施對象也涉及不同社會階層、地方民眾或社群等。所以，文化政策具有人為的性質，因而文化政策免不了帶有一定程度的主觀性。

四、文化政策對文化發展之影響

任何的文化政策將對於政策或計畫所對應的文化領域發展產生影響，也因為影響文化特定發展，才具有政策效果。因此，文化政策將對於該領域文化產生的影響及其類型，分析如下：

1. 任意文化發展

政府無論出面做任何動作，都會干預文化自然的發展，因此，文化領域並不需要政府有所作為，因為政府的有所作為可能產生某些促進與排他效果，例如：許多文化政策背後隱藏著國家的意識型態等，若是任由民間各個部門自由自在的發展各種文化，反而能產生更多、更豐富的文化發展，因此，最好的文化政策就是沒有文化政策。

2. 抑制文化發展

阻礙特定文化的發展，像是過去臺灣在戒嚴時期以國家意識型態介入文化政策時，形成特定主流文化以及相對的次文化現象及其問題。或是在國際間，特定強勢文化將衝擊地方弱勢文化，最經典的例子就是「文化例外」政策，爲了保護地方文化或弱勢文化，而限制、阻擋外來強勢文化進入的文化政策。

3. 主導文化發展

文化政策經常主導特定文化促進其發展的各項資源與機會，然而這種文化政策經常會造成一體兩面的影響，例如：文化創意產業政策等便是引導某些文化朝向文化經濟的角度發展，某些文創領域增加經濟產值，但也導致某些地方文化過於商業化等現象，例如：農村的主題遊樂園化等問題。

4. 協助文化發展

以民間爲主角，政策提供某些文化資源及機會作爲輔助，由民間發展自己的文化與特色，例如：社區營造的許多政策，便是以社區團體組織爲主，政府提供某些經費協助其完成社區各項工作。

五、文化政策、文化行政、一般公共行政之比較分析

文化行政與一般公共行政也具下列異同之處，分析二者的異同之處將有助於釐清文化行政與一般公共行政之差別，分析如下：

1. 相似方面

由於文化財屬於公共財，因此，文化政策本身屬於公共政策的一環。

2. 相異方面

一般公共政策容易忽略不同文化本身具有其重要特質、特殊性等，因

為各種文化本身具有其獨特性,然而,過於一般性的公共政策容易忽略強調各個文化差異特質的重要性,而讓文化發展趨向同質化,文化公共政策執行後反而不利,甚至降低原來應該不同的文化發展,而此現象,也正說明世界各地許多文化政策造成的問題。

另外,文化政策與文化行政二者之比較方面[2]。在理論上,文化政策與文化行政應該分屬不同的專業領域,因為一個是政策研訂與評量的制訂部門,另一個是政策執行的行政專業,但是二者有許多部分重疊且無法完全分開。文化政策是分析、規劃及擬定文化政策與計畫的工作,也就是偏向於構思計畫工作,而文化行政則偏向於對文化政策的計畫執行工作在執行過程中所需要的行政工作管理,以確保政策執行之效率與品質,以及在執行過程中由實際情況回饋給政策計畫的調整與修正,並在行政執行後作為下一階段政策研訂的重要參考依據。

然而,從文化工作的完整性來看,文化政策應該也是文化行政工作,或是文化行政亦包含文化政策工作,而完整的文化工作,分為政策計畫構思擬定以及政策計畫執行等兩大階段。因此,文化政策階段強調的是政策計畫之基礎科學性、文化多元性、政策公平性、過程公開性、各方參與性等;而文化執行階段則強調政策管理、工作倫理、品質及效率、行政作業準則、執行時行為規範、因應現場彈性調整及危機處理、工作態度及道德遵守等,主要在於落實文化政策與計畫時,在實際過程中的管理與執行工作。

---

2 文化政策(或文化政策學)可以分為關於文化政策(或文化政策學)的定性、定位、基本原則、結構、發展趨勢、功能等方面進行討論(胡惠林,2004:3-6)。胡惠林(2004)所著《文化政策學》中,則將文化政策學分為:起源、基本性質、對象及任務等做初步探討,並陳述文化政策的主體與客體構成、對象與範圍、關係、理論演變及矛盾等,其制訂過程之原則、方法、相關因素等,以及文化政策的執行與終止等,並陳述中國當代文化政策的形成、中國社會主義的基本政策、知識分子政策及統一戰線,最後則陳述文藝體制的改革與文化經濟政策等。

第 二 節　文化政策性質與類型

一、文化政策之性質類型

另外，無論哪一種類型的文化政策，其本身的方案性質，分析主要類型如下：

1. 藍圖式的文化政策

(1)定義：屬於剛性、計畫性的政策，或是政見式的文化政策，已經事先勾勒出文化政策實施後的全貌，並且按原計畫逐一實施。

(2)優缺點分析：優點是能事先了解在政策實施後的願景與樣貌，並且能按照計畫推動各階段的工作與重點，以及預估遇到問題的機會及因應對策等，也能預設未來在各階段工作成果的查核點，因此能針對各項工作分別管理與確認，達成原本計畫中的政策效果。缺點為過於計畫性及全面性，將缺少因應現況的彈性，而調整性也因為原計畫已經提出而受到限制，並無法大幅度的修正及調整。

2. 漸進式的文化政策

(1)定義：屬於軟性的、滾動式的文化政策，事先並無設定一定藍圖，而是先以大方向方式，一邊進行、一邊調整政策內容及推動方式等。

(2)優缺點分析：優點為能因應現況進行即時調整，更能符合實際需求，不像藍圖式文化政策有時候因為時空環境變遷等因素，與現實需求與問題脫節卻依然繼續執行，造成更多且複雜的問題。缺點為事先無法預知整體文化願景與樣貌，在過程中也不容易進行檢核其推動成效，也無法完全預知最後的成果。由於政策效益無法完全掌握，相關風險及不穩定性較高。

3. 階段式的文化政策

(1)定義：屬於上述二者類型的綜合或中間類型，將原有藍圖區分爲數個階段，在第一個階段執行的同時依照實際狀況進行調整，並作爲下一階段修正的依據。或是在第一階段時，先以漸進式的方式進行，釐清需求及問題之後，研訂出之後幾個階段的文化政策方向及內容，再依次序完成各階段的重點任務。

(2)優缺點分析：優點是較不會發生藍圖式文化政策過於剛性等問題，事先也能勾勒出未來的文化願景等。缺點爲階段式的文化政策（藍圖式亦同），其計畫方案可能是少數團體與政府部門之間的整合或協調結果，只能滿足部分少數參與者的利益，但是並無法促進眞正的發展。另一方面，目前臺灣爲民主投票方式選出領導人，領導人在執政數年內所提出的藍圖式或階段性政策經常無法實際兌現，尤其許多文化部門的首長爲政務官，隨著改朝換代，經常更換文化首長等。在過去一直存在著人存政擧、人息政亡的現象之下，文化政策往往無法持續及銜接，雖然對外稱爲階段式的文化政策，但是在上下階段的政策及計畫之關聯性相當薄弱，甚至毫無關係，因此，不僅在起初所提的階段性政策於實施後的文化願景無法兌現，在各階段中胡亂架接、拼湊的結果，產生更多文化政策的亂象。

二、文化政策的方向及類型

在這些文化公共性之特質之中，我們可以進一步將文化政策分成以下幾個層面與領域，如圖 3-1 所示，是以對外外地、對內在地、菁英階層之精緻藝術、大眾階層之常民生活文化等四個向度，進行比較分析。另外，在圖中所示的「八大藝術」分別爲：繪畫、雕塑、建築、音樂、文學、舞蹈、戲劇、電影。

如圖 3-2 中所示，文化政策主要功能在於地方外部或地方內部，以及

外地

文化外交、文化創意產業、大型博物館等政策	文化觀光、地方創生（共生）產業、文化生活園區、地方文化館等政策
專業八大藝術相關軟體活動及硬體設施政策	文化認同、文資保存、社區營造、地方知識等政策

菁英　　　　　　　　　　　　　　　　　　　　　　　　常民

在地

圖 3-1　文化政策「外地／在地」及「菁英／常民」類型分析

資料來源：本研究。

外部

文化創意園區、博物館、演藝廳、文化資產聚落及古蹟等政策	文化觀光、大型藝術節慶活動、大型藝術展演活動等政策
文化資產聚落古蹟、社區營造中心、地方展演設施、地方創生中心等政策	社區藝文、地方傳統慶典、地方知識、地方歷史、社區營造、地方創生活動等政策

硬體　　　　　　　　　　　　　　　　　　　　　　　　軟體

內部

圖 3-2　文化政策「外部／內部」及「硬體／軟體」類型分析

資料來源：本研究。

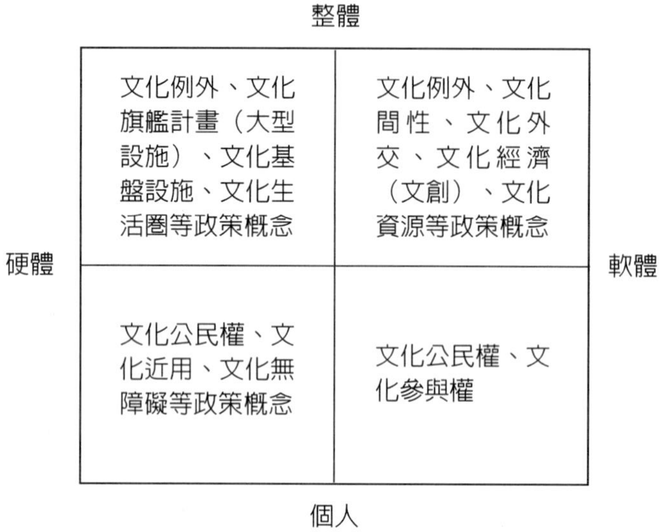

整體

文化例外、文化旗艦計畫（大型設施）、文化基盤設施、文化生活圈等政策概念	文化例外、文化間性、文化外交、文化經濟（文創）、文化資源等政策概念
文化公民權、文化近用、文化無障礙等政策概念	文化公民權、文化參與權

硬體　　　　　　　　　　　　　　　　　　　　軟體

個人

圖 3-3　文化政策概念之「整體／個人」及「硬體／軟體」分析
資料來源：本研究。

主要偏向於硬體或是軟體性質之比較分析，以進一步了解不同的文化政策層面及類型。另外，圖 3-3 主要分析在不同的文化治理理念及文化政策概念之下，整體社會及個別成員，以及在文化硬體及軟體等不同概念或理念之分析，換言之，較為完整的文化治理思考及文化政策內容應包含這些不同向度。

三、文化政策的「政策類型」

在分析文化政策應涵蓋的主要層面及方向之後，以下分析文化政策的「政策類型」，如下：

1. 正式的官方文化政策計畫

政府對於文化政策所發表的正式官方文件、資料與政策計畫，作為正式展開執行工作前對外公布之文件，以及實際落實行政工作的重要依據，例如：在過程中蒐集民意，最後正式對外公告的文化政策白皮書。

2. 文化政策作業規範型文件

文化政策如何落實也需要政策計畫，例如：分期、分區等，以及其在各階段所需要的人事物、資源及規則等，例如：政策作業的標準程序、做法等，政策加以明確的展開執行，以及可被檢驗成效（類似量化的關鍵績效指標等），類似於行政工作手冊或文化藍皮書內容及其功能。

3. 文化政策指導及策略計畫

屬於策略性的專門政策計畫，並不是例行性工作或是全面性發展的文化政策計畫，反而是政策重點以策略方式提出並加以執行，也就是屬於策略性的引導特定文化發展至政策目標所要的方向，例如：某些具有重要性、急迫性的專案政策計畫，像是文化資產相關特定法規及制度的修正及推動政策等，或是特定事務及對象的獎勵、補助等政策計畫，由於有預算等誘因，可誘導申請對象往政策所要的方向前進。

4. 文化政策分析

對於文化發展現況的調查、分析研究，反應文化發展現況的問題及需求等內容所提出來的報告，例如：各種文化調查研究報告的政府出版品等。

5. 文化政策議程

某些宣示性文告、文化政策議題宣布等，屬於較為抽象的語言，或是研究論點、僅為學術概念的相關內容，例如：某些政府出版品為針對特定議題進行論壇、會議等，並節錄及正式出版的參考資料如：各種文化資產論壇、藝術管理論壇等政府出版品。

6. 其他

各個政府也會因為自己的政策需要，而發行各種政策傳單、文宣品等具有廣告宣傳用詞，並無法歸納在上述類型及其他非上述的政策內容。

四、文化政策的「功能類型」

無論中央或地方政府的文化政策與計畫，在各種不同的法制或正式化推動的過程中，將使用正式完成法制化的立法（例如：各種法律或是各種行政命令）以及行政計畫（專案政策計畫等）等工具來加以進行，而有關文化政策與計畫，依照性質可以區分成以下各種不同性質的政策類型：

1. 文化管理型

主要設定某特定領域的管理工作，是基於對特定主題的文化事務的有效掌握、管理等為主，例如：為了讓特定主題之現況發展更能有效管理的文化法律等，或是許多文化部門本身的組織章程等。

也就是為了整體或特定領域的發展，而對於特定事務對象或範圍的管理，以維持發展方向或發展秩序，例如：文化影響評估，在軟體或硬體等大型政策及計畫等推動前，需要執行文化影響評估以分析文化衝擊；或是制訂為古蹟或歷史建築等，在修建時需要依照文化資產相關規定辦理等工作。但是，過度使用文化管理類的政策將變成束縛及管制，反而不利於現況自由發展。

2. 文化資源分配型

主要在現有文化發展僅有一定有限的資源之下，對於特定條件進行干預與調節，讓有限的文化資源能獲得更好的分配，例如：各種文化或藝術有關的補助辦法等。

中央政府（或是地方政府）文化機構對於文化預算的爭取及所獲得占政府總預算的比例，為基本的預算分配（或每年調整後的再分配），另外，對於特定對象的文化資源與機會進行分配或是重新分配之政策或計畫，例如：中央補助款審視各地方不同的藝文資源及所提計畫，給予不同的專案預算資源等（例如：大型文化展演館舍或是小型社區營造類等），其相關資源由各地提案，經中央審查後提撥一定比例經費給某些地方政府

之做法等。

文化政策計畫的資源分配也反應出當時政府對於文化發展的重視程度，有時候亦會產生政治意識型態介入其中，例如：不同政黨縣市便會認為自己所得到的中央款項偏少，不是因為自己不努力或是所提計畫品質不好，而是因為政治因素造成不公平的打壓現象。

3. 促進文化發展型

此政策類型並不像文化資源分配型主要為消極的進行分配而已，促進文化發展型的文化政策，通常政策目的是將特定文化資源、機會等使用於特定對象，以引導至所需政策方向，例如：文化消費券、文化卡等相關藝文消費政策，編列特定預算促進特定對象前往參與，以達到政策目的。或是為了鼓勵民間企業等參與大型政策計畫而給予的優惠措施，以藉此促進發展特定政策目標，例如：文化創意產業相關法規便以減免稅賦等措施，來促進民間參與文化創意產業。

4. 協助文化（輔導、獎勵及補助）型

對於特定弱勢、少數文化進行國家政策干預，用以輔導（人）、協助（力）、補助（物及經費）等各項措施以加強文化發展。或是，針對特定優良事務對象的獎勵，例如：獲得國際獎項時政府再提供獎金。也就是對於具有潛力、特定政策目的（例如：文化政策白皮書內優先發展對象），或弱勢（例如：具文化資源差距、少數、式微文化）等事務對象之輔導或補助（經費或專業協助）。

另外，由中央或地方政府所主導的協助類政策計畫，可能因為民間申請者為了要配合政府政策，而逐漸失去自主性，例如：目前政府所引導的社區營造，多年來在各地投入龐大協助資源，卻也讓各地原本具有不同地方性特色的社區，同質性愈來愈高，失去臺灣各地方地景及地方生活的豐富性及多樣性。

5. 綜合型及其他

也就是具有上述多種功能的文化政策或計畫，或是某些僅爲宣示性的文化政策等非上述類型的政策計畫。

在上述各個類型中，也包括對於該特定主題、領域等內容提出「實質性」的定義或規定（例如：適用補助或獎助的對象，應具有哪些條件等實質內容），以及對「程序性」的操作方式、過程進行交代（例如：申請獎勵或補助的申請程序、時間、過程方式等），以便明確、具體並可以展開執行，然而，某些文化政策卻只是「象徵性」意義而已，例如：過去臺灣所提出的邁向「文化大國」之文化政策等。因此，文化政策的性質，亦可分爲：實質性、程序性、象徵性的文化政策。

五、文化政策的政策風險問題

文化政策在執行上，同時具有以下的風險，而理解文化政策風險將有助於文化政策或計畫在研訂時能加以注意，以避免造成這些現象及問題。

1. 政策目標不明朗

尚未釐清文化政策或文化計畫預定要達成的目標爲何，使得該政策或計畫可有可無。

2. 政策內容不清楚

政策內容不清或過於抽象，影響政策的具體落實程度，使得各種計畫搖擺不定而無法實際落實政策內容。

3. 執行政策的各項行政資源不足

文化政策未考量實際執行時所需要的經費、人事或其他物力等資源，使得政策容易淪爲口號而無法落實。

4. 整體社會及環境尚未齊備

例如：法規制度尚未完成，因此需要先從法源依據、立法工作開始，或是社會氛圍、民意等現實條件尚未完備，使得政策推動不易。

由於政策在規劃及執行過程中，一定會出現各種大小不同的風險，而需要風險控制。風險控制可分為：風險迴避、損失預防、損失控制、風險隔離、風險轉嫁等。而風險控制的具體措施，主要包括：預警系統、內部控制及審計稽核、風險自覺（公務員自我的風險意識，使用控制風險自我評估表）、關鍵績效指標、委外服務（委託外部廠商執行以承擔或分擔風險）、品質控制及實體安全管理（品質管理、安全管理）、公權力行使（依法執行、社會秩序）等（宋明哲，2015：157-162）。

第三節　文化政策價值及工具

一、文化政策的價值取向：實用主義、工具主義、政治主義

文化政策類型並不是僅具有功能性、策略性，更有不同的理念及價值取向[3]，主要分析如下：

1. 文化實用主義

重視文化政策不需要過度包裝及口號化，應該重視對於現階段各地或

---

[3] 另外，汪明生（2006）整理相關公共事務管理的各種研究方法，藉由這些方法研究政策的價值，包括：區域人口分析（趨勢外推法、小區域人口預測模式、世代分析、比較分析、多區域人口推計）、區域產業分析（經濟基礎分析、變動分攤分析、投入產出分析、會計價值比率分析、不動產投資分析）、區域設施分析（空氣汙染擴散分析、地震風險分析、時間序列分析、引力模型、卡方分析、導軌系統成本估算模式）、專案結構分析（樹形圖、橢圓圖、目標樹、功能擴張法、意向結構法、層級分析法、型態分析法、情境分析法）、專案程序分析（腦力激盪法、類推比擬法、德菲法、名義群體技術、方案規劃法）、總和政策分析（社會判斷分析、政策論證、互動管理）等。

各種不同文化的實際需求，才能突顯出文化政策的價值性，因此，文化實用主義取向的政策，較為重視效率、成本、產值等政策效果。

2. 文化工具主義

不同階層的社會大眾對於什麼是文化，並不十分清楚，過於短視或功利取向的政策計畫，有時會忽略許多文化的發展，例如：古蹟保存等，許多文化資產在當地某些民眾心中，不一定認同其對於文化的珍貴性及保存的重要性，因此，需要透過具有工具效果的政策，引導社會某些特定文化的發展，這些政策具有一定的前瞻性、引導性，在當時並不一定看得到立即的實用效果，但是過了一段時間將可看到成效。因此，文化工具主義重視文化工具帶領社會發展的效果、社會價值與社會共識，以及在未來如何達到政策所要目標。

3. 文化政治主義

在民主社會中，文化政策本身隱含著特定政治目的，某些候選人的政見對外包裝吸引大眾的口號，在內部卻隱藏著特定意識型態及目的。文化政治主義思考的文化政策，不太承認文化政策的理性與客觀，反而一再帶著個人濃厚的想法與色彩，因此，各項文化政策其執行過程中，皆需要受到各方的檢視、參與及批判等，才能彌補主觀政策的各種問題，也因此文化政治主義需要多方參與，例如：設置專才智庫[4]來廣納意見、各種公民參與及多方觀點的介入等。

二、文化政策的「政策工具類型」

以下，我們再借用 Howlett, M., A Ramesh, M., & Perl, A.（2009）的「政策工具」（policy instruments）概念，分析有關文化政策方面的工具

---

4 文化專才智庫的類型，至少包括：部門內部設置委員會（經常性、固定的諮詢會議）、部門內部設置智庫名單資料庫、與外面研究機構合作（學校、基金會、公司等）、設立專案辦公室等方式。

類型及相關內容：

1. 自願性工具（voluntary instruments）

(1) 家庭與社區

文化公民權的參與、提升文化素養、鼓勵更多藝文志工及社區志工等，在「家庭」的策略上：政府可以運用高中、國中、國小等正規教育體制在學校內的藝術文化教育課程，或是運用非正規的社區大學等社會教育之藝文課程，以藝術文化教育學習來提升民眾文化素養；運用電視、網路等媒體傳播直接在家中收看藝文節目；鼓勵全家一起參與地方藝文、節慶、博物館展覽等活動；在鄰里公園的社區文化展演，接近人民的日常生活；或是利用藝文自發性組織舉辦許多文化課程、講座及活動等工具使用。

(2) 文化的自發性組織

非營利的文化政策、各類藝文專業、文化研究、文化行政等財團法人或社團法人組織團體，或是社區學會、社區營造協會、地方發展協會等，還有都市區域的公寓大廈管理委員會等社區組織，以及其他針對特定族群、社群的文化組織（例如：原住民、客家文化、外籍人士等），或由民眾參與自組的藝文團體（例如：繪畫班、表演班、歌唱班）等，也包括網路上的各種藝術及文化的非營利組織等。整體文化發展更是依賴民間組織的活力及動能，政府針對文化的自發性組織，可以運用獎勵、補助、輔導等措施來一起推動文化政策。

(3) 市場

以市場機制來推動文化工作，具有商業性質的各類文化創意產業，需要以市場機制來推動才能成功，不能只靠政府資金補助。因此，政府以市場作為政策工具，可以運用政府資金投資、獎勵、專業輔導等方式，更重要的是協助文創業者貸款，另外，原本屬於政府的文化建設，也可以推動民營化或是其他民間參與投

入方式，例如：獎勵民間參與文化建設事業等方式。

2. 混合性工具（mixed instruments）

(1) 資訊與勸導

政府提供相關資訊、情報等給社會大眾，由民眾自己決定是否參與之方式。因此在此政策工具方面，政府相關文化部門可以集中一處或幾處（在街道上的資訊站，或是網路上的 Web、App、Facebook、Line 等社群媒體）提供各種藝文平台資訊，讓民眾便利的獲取活動訊息及方便參與；也可以提供品牌認證、品質保證方式（例如：文創精品、檢驗報告等）提供民眾自行選購；或是發給民眾藝文消費券，有一定消費金額，讓民眾可依照自己的興趣選擇展演活動前往消費；或由政府舉辦大型文化博覽會、藝術市集等，集中廠商讓消費者自行選購等。

(2) 補助

依照文化政策提出具體補助特定對象之措施，例如：藝文補助、社區營造補助、博物館補助等其他文化事業的補助，一方面引導其發展方向與重點，一方面提供經費或相關資源之協助。

(3) 財產權販售

文化為公共財，政府將部分文化財販售給民間文化企業，此工具之做法，例如：將博物館內的文物、歷史檔案、文獻資料等或其他具有智慧財產權的對象，公開授權給特定公司進行文創產品、紀念品、衍生商品等製造與銷售。

(4) 課稅及使用者付費

對於特定政策執行對象予以降低課稅或是增加所得稅免稅額度，例如：對於捐贈經費發展文創產業的企業或個人可以增加稅捐免徵額度；提供文創業者使用的私人空間可以減稅等；或是進口文創產業發展所需要的機器或設備等項目降低關稅等，施以免徵或是降低課稅之策略。另外，在藝文展演場所及其活動也進行收

費，例如：博物館門票、活動入場券等。

3. 強制性工具（compulsory instruments）

(1) 管制

政府公布相關法規及命令、行政規則等形成管理的制度，讓文化政策透過法律規範等引導文化發展，例如：《博物館法》等，便是為了促使博物館法治化發展所訂定的各項內容。文化發展應該以促進、鼓勵發展為主，不應該以管制或管理為政策工具，除非依法管制有助於特定對象的文化發展，例如：以「文化例外」的文化治理概念下，世界各國在國際經濟貿易平等互惠原則之下的各種談判及簽訂條約，文化必須例外，因為許多外來的強勢文化將會衝擊本土地方文化的發展，因此需要「文化例外」，以法規來保障本土多元文化的發展。

(2) 公營企業

就是由政府獨自出資或是與民間合資（政府出資超出 50%）的事業機關，例如：各種公有營業機關、公有事業機關等。以每一個政府單位都涉及文化事務（部部都是文化部）的概念來看，例如：中央造幣廠及中央印製場所設計、製造的硬幣及紙鈔，內容都是展現臺灣的文化特色，或中華郵政股份有限公司設計的郵票等亦是如此。另外，各個公營事業機構的文化資產保存及再利用、各主題博物館等都是與文化息息相關。

(3) 直接提供條款

由政府預算直接支付特定的文化發展經費，中央政府或地方政府在每一年編列經常門、資本門的年度預算，支應所推的各項文化政策計畫，例如：古蹟及歷史街區的修復、大型文化園區及展演設施（博物館、音樂廳、表演廳等）的建設等。或是某些藝術及文化團體所需要的資金，透過公開評比的機制遴選並給予支應等。另外，不僅是經費方面而已，也包括由政府提供有助於藝文

發展的各種服務，例如：文化行政的協助作業等，也是屬於政府直接提供的政策執行工具。

第 四 節 # 文化政策的公共性與全球化下文化治理問題

一、文化政策的「社會公共性」

文化政策作為一種公共政策，政策本身便是用在社會大眾，因此，政策隱藏著公共性，大部分的政策都應該屬於「公共政策」。而政策的「公共性」本身，便是強調各種政策在事前研訂、事中執行、事後檢討等不同階段「公共性」的內容與價值為何。以文化政策的公共性來說，其內容至少包括：

1. 文化資源

如何擴大本身文化資源以及資源的公共性，例如：擴大文化預算、文化事務領域；不同社會階層其保存或使用的文化資源狀況與調節，例如：文化資源的城鄉差距等。

2. 文化機會

各種不同社會階層其文化參與機會的平等性，例如：方便文化弱勢階層的文化近用政策、少數或式微文化的發展機會、不同社會階層其對於各項文化的參與等。

3. 文化公民

文化政策及其執行過程的公共參與，民眾自主的各項文化自由權，例如：語言、信仰、風土民情等。

二、文化政策的「社群公共性」

　　文化政策、文化行政等皆爲公眾領域的工作，不過，並非所有文化政策都是由政府發起與研訂，某些新訂或修訂的文化政策是由民間團體倡議提出，交由政府部門進入法治化程序，以正式成爲文化政策中的一項計畫方案。

　　由民間團體所提出的政策方案，分成公共性方案及特定利益性方案，其中，公共性方案是提出具有普遍性公共利益的政策計畫，由於文化財爲公共財，因此這類計畫較無爭議性。另一種特定利益性方案，是提案內容偏向少數、特定團體的利益團體將獲得此政策的利益，因此具有爭議性，少數營利團體透過各種管道，前往政府相關部門進行提案說明，如果有正式依照法規向被遊說者登記並經同意在案者爲「遊說」，否則容易成爲私下向被遊說者進行「關說」活動。

　　在各地經常出現的案例，就是對於特定藝文團體或其藝文活動的補助案件。在政策執行過程除了需要了解階段性執行的狀況，有必要時可能需要配合實際狀況進行部分調整修正工作，在執行文化政策告一段落時，政府部門也可以進行政策滿意度的調查及分析，作爲下一次政策研訂時的重要參考依據。而一般政策滿意度的調查會以問卷方式進行，並且參考網路聲量指數以及網路留言等意見，以補充量化問卷的統計數據。然而，民眾滿意度並不是文化政策唯一的參考資料，因爲許多文化政策會引導目前社會上普遍的文化氛圍，民眾無法在當下立即有所感覺，過於重視民眾滿意度的文化政策，反而容易流於討好民眾的表面政策而已。

　　文化的「公共性」類型，分析如下。換句話說，文化公共性也是由這些項目共同構成。

1. 文化政策及公眾的利益公共性

文化政策與計畫等行政過程皆涉及公眾與整體社會發展利益。

2. 文化需求及政策問題的公共性

文化政策與計畫需要反應社會大眾不同文化社群的問題及需求，政策制訂與行政執行才有效果。因此文化行政人員在政策、計畫的制訂與執行過程，需要進行政策的分析、評估、民眾意見回饋、調節修正等過程，才能解決及滿足非私人、個別民眾自己可解決的問題及需求。

3. 文化機構的組織公共性

文化相關的中央或地方各種政府機關、單位、團體組織等，都是依據各種母法與子法等法規體制而產生，其行政作業方式也是依據各級法規依法行政。

4. 文化預算的公共性

在中央及地方其每一年度的單位預算，包括：各項業務費、人事費等預算金額，皆是由人民納稅繳款而來，文化預算是從全民一起繳納各種稅收而來。

5. 行政存在價值與責任的公共性

文化機構及人員的存在價值，在於有義務及責任全力促進社會中各項多元文化發展，並受到人民的監督與參與。

6. 文化市場與政策干預的公共性

文化機構在政策與行政執行上，一方面需要尊重市場與民眾之自由選擇與偏好，減少政策過度干預而形成主流及非主流文化發展（例如：臺灣在戒嚴時期的「中華文化復興運動」政策計畫，便是出動各級黨國機器全面高壓運作），但是另一方面又要以政策干預、保存、延續或發揚在社會中少數、式微、特定族群等的文化發展。然而，無論是自由市場及政策干預都涉及文化公共性。

7. 文化民意與機構管理的公共性

在政策計畫的研訂與執行中重視民眾的言論、民意的走向，民眾不僅能監督及參與文化政策、文化計畫與文化行政等事務工作，也影響文化機構單位內部的人事及工作管理，尤其是文化界人士的力量容易引導其跟隨民眾，或是民間文化團體號召連署，集結力量影響文化機構的人事物等各項管理。

8. 文化理論公共性論述

像是文化治理、文化多樣性、文化公民權、文化近用、文化生活圈、地方知識學、地方共生等概念，都是強調文化在公共領域中的各種論述與理論特徵。

三、全球文化治理下的文化政策公共性

全球治理下的文化治理特性，是文化治理方式受到全球化的影響，過去以國家主義、民族主義為基礎的治理模式，逐漸因為全球網路媒體、全球資本流動及跨國企業、國際非營利組織興起、公民意識抬頭等現象，喪失其角色與地位，過去以國家為中心及主體的治理模式，以國家領導為主且重視國家主權地位，治理決策過程由上對下的行動方式，逐漸改變為跨國聯合、多方勢力平衡、多元部門參與等文化治理模式。

由於政府並非唯一治理的力量，政府有時候需要聯合所有參與者的力量，來共同完成文化治理所需的相關政策與計畫等行動，尤其面對全球網路資訊具有快速傳遞、即時、方便等特性之下，在民主社會中，政府更是要大規模蒐集並即時回應民眾的需求及問題。由於全球文化治理之下，文化政策與計畫等行動形成「多核心」現象，也就是所有部門（政府、營利或非營利等團體）皆能多方發起、串連及執行想參與的各種行動。

因此，現在已無法像過去完全以政府為中心的「單一核心」模式，甚至在全球化下的文化治理現象更出現「去核心」模式，也就是在文化公民

社會的概念之下，並不存在國家政府單一核心或是各種團體組成多個核心的既有行動機制與結構，而是在網路媒體個人化的狀況下，每一個文化公民皆能對文化理念自我表達、發起、號召、串連、集結等展開個人行動。

例如：地方文化資產的指定與保護等工作，可由文化公民比照相關規定自行提出計畫進入文化資產保存程序，或是當古蹟或歷史建築再利用時，如果在使用上出現不當情形便會受到目擊的民眾舉報等；每一個民眾「素人」皆能有機會在各種節目、媒體平台等展示與演出，或提出自己對藝文的觀點、政策意見、需求與想法等；或是使用大數據資料，顯示每位民眾的文化特性及參與軌跡等，都是平等且重要的即時資訊，並作為政府立即回應、調整或修正政策計畫之基礎資料。

全球化下的文化治理是透過文化公民，以及各界團體組織共同參與來發現文化發展需求、問題及對策，以及經由各種力量與行動所建構的整體藝文發展環境及其文化治理的支持體系。也就是由各種多元力量參與，一起成為支持整體文化發展環境的體系。支持各地方文化發展的環境體系，主要可以分成三個層次：

1. 生活層次

像是社會大眾的文化素養、文化參與權、文化近用權等文化公民方面。

2. 生產層次

像是藝文創作、文化展演、文創產業、文化觀光等將文化視為專門職業工作，或是相關文化經濟方面等。

3. 生態層次

像是生活方面的藝文生態，例如：多族群語言及文化、文化生活圈的建置，以及鼓勵多元文化、少數及弱勢文化的發展等，或是在生產方面建構有利於各種藝文創作環境、文創產業鏈等。

4. 生命層次

上述三個層次中，所要建構的共同目標是「文化生命」，也就是整體文化的發揚、延續及傳承工作。並且，這三個層次是透過政府部門、民間企業部門、非營利文化部門等三者，相互交叉與共同支撐而起。因此，政府的文化政策與行政工作不僅是研訂及執行自己的政策與計畫，更是需要研議多方參與及共同完成整體文化發展環境的相關政策與計畫工作。

四、反思：文化政策的必要性？我們是否需要文化政策？

文化政策的「政策最基本問題」，就是「政策本身」的問題。在理想上，最好的文化政策就是「沒有文化政策」。

如果是一個文化公民社會烏托邦，那麼不應該有一個政策來引導不同公民的文化發展方向，而是由公民自覺且自主的選擇其想要的文化。只是過去至目前的現實社會之中，我們尚未見到一個國家或地方，是基於公民自覺、自主之前提而沒有出現文化政策，反而是一些對於文化發展較為漠視的地區沒有文化政策。

另外，從另一個角度分析，政府存在的必要性，在於社會上許多公共事物需要由一個單位來統籌處理，因此產生「公部門」來處理公共事物。而許多文化領域是屬於公共領域事物，所以需要研訂文化相關政策、計畫、預算等工作來加以推動。

研訂文化政策的優點：讓社會各界了解文化發展方向、內容重點等，且能有所監督、期待與檢視；能讓少數、式微或弱勢的文化得以受到重視，擴大發揚或是延續傳承下來；由政府出面干預不同社會經濟與文化社群，使其文化發展的機會與資源能夠照顧到弱勢及有更公平待遇；政府若針對未來趨勢發展旗艦計畫，更能帶領社會大眾往特定方向邁進。文化政策有時候也能跨越其他政策，例如：文化外交、文化經濟、文化政治等具有政策關聯性，文化政策有時候並非只是文化政策本身而已。另外，文化政策具有宣示性效果，象徵政府重視文化的發展。

　　文化政策的缺點：文化政策有時隱藏著政治的意識型態，例如：語言政策容易產生爭議。文化政策也會影響地方文化的自主性，例如：文化藝術、社區營造等補助計畫，由於申請者必須符合補助條件，會將自身或地區的文化發展朝向政府補助計畫的方向前進，於是產生整個臺灣各地的文化藝術、社區營造等文化同質化的現象，原本具有個別文化差異特色而存在的地方或自身的文化，卻因為受到補助政策的影響而變成一致性，反而不利於文化發展的自主性，更何況許多補助被批評由少數團體所把持。

　　另外，文化政策也會產生主流文化與次文化的現象，一般被政府關注的文化類型容易成為主流文化，因為政府過多資源等投入該文化，反而促使更多次文化被邊緣化，文化資源複製或擴大了原有的文化階級等問題。因此，許多政府的文化政策是將原本政府自己要做的事務，縮小範圍並同時引入民間的力量，例如：獎勵民間參與公共建設（BOT）、古蹟或閒置空間委託民間經營等做法。然而，這樣的做法有時候也會出現公共財私有化等問題，例如：古蹟應為文化公共財，卻出現經營餐廳、商業空間等用來謀取私人利益的現象。

文化政策之
行政組織

第 4 章

第 一 節　　文化行政組織基礎概念

一、文化行政組織的「行政文化」

文化政策需要有文化行政組織及其行政工作，才能執行任務以完成政策目標及效益。然而，文化行政組織本身具有自己的文化特性，以及自己的行政文化，關於在文化行政組織中的行政文化，主要有以下類型：

1. 績效文化

以講求行政業務績效為主的文化，因此，經常使用的是一般工作，例如：公文處理天數、件數等作為績效指標，以及特定專案的進行程度、時間、品質及預算核銷金額等列管及督導。

績效文化及其考核指標在行政單位有其必要性，但是會造成許多需要好好執行，但卻牴觸時間期限、預算核銷等進度品質。尤其是面對在一年中，年初預算核定下來，同時辦理採購及招商等作業、簽約、執行等，幾個月後到了年底便需要馬上辦理結案及核銷預算，若是預算來自於中央政府單位，更是需要增加在上級單位作業完成的時間，更容易產生草草結案，且因每年皆是如此，而無法深耕在地文化，僅作表面功夫之現象。

2. 專業文化

由於文化領域涉及眾多範圍，各領域具有自己的專業特色，例如：工藝及視覺藝術、音樂及表演藝術、文學、文化資產保存、文化設施興建、博物館等各具有不同專業領域，因此所需的行政人員須有一定的專業素養，並非一般行政人員皆能勝任特定職務與業務，因此，人員的跨部門調派較為不易卻又相當需要。因為業務具有特定專業，故而跨部門辦理其他業務較為不易，但是又基於文化行政為了整體效果，以及需要了解其他專業特性與問題而需要跨部門調派。

例如：古蹟保存需要歷史、空間等專業，在指定、修復完成後，進行

再利用爲博物館使用時，則需要博物館經營、藝文活動等專業。光只是一個古蹟從指定、修復到再利用等階段，便是跨越相當多的不同專業，因此行政人員不易跨部門但卻又需要調動，才能培養高級文官（或是文化組織的領導幹部）。

3. 官僚文化

舊思維的政府文化相關機構也容易累積官僚文化的惡習，尤其是單位愈老舊的文化機構其現象更是明顯。官僚文化容易產生業務停滯、人際糾紛、公文旅行、目標轉置等問題，甚至有關係文化及紅包文化的問題。

4. 政治文化

除了組織中人與人之間的競爭與相處的一般政治性氛圍，由於民選首長之故，許多文化行政過程產生正式及非正式的政治力介入。例如：研訂政策計畫的走向會考量政黨色彩或個人利益；計畫需要有民眾歡呼及立竿見影的成效；執行中的個案乃是特定民代反應特定社群的民意等。在民主社會中政治力的介入似乎無法完全避免，但是對於專業的、想把事情做好的文化行政人員來說，卻會受到來自上級長官、民意方面的打擊而相當沮喪與辛苦。

二、文化行政組織內部「文化政策」與「文化計畫」的關係

文化政策與文化計畫密不可分，而且在過去臺灣的文化行政發展過程中極容易混在一起。有關文化政策與文化計畫之關係，分析如下：

1. 文化政策引導文化計畫

文化政策綱領及願景可使文化計畫目標清晰，且可見其目標及效益。沒有文化政策的文化計畫，無法全盤思考文化發展的整體面貌，也容易造成文化計畫因人而設的問題，讓文化治理變得支離破碎，甚至因政客的政治力介入而扭曲。

例如：目前許多地方的文化局處並無文化政策，經常造成選舉後地方領導人依照個人喜好執行文化計畫，或是為了選舉效果進行許多花大錢但卻並無實質效益的計畫等。

2. 文化計畫落實文化政策想法

一項文化政策需要一個或多個文化計畫來加以實踐，完成其治理的構想，例如：以文化公民權概念出發的文化政策內容，可能需要各種公民參與藝文活動、文化決策等文化計畫來具體落實其政策想法。另外，在每一個文化工作計畫成果的關鍵績效指標（K.P.I.），也是用來具體對應文化政策原本的構想。

3. 具體的文化計畫使得文化政策可被決策及管理

文化計畫除將原有的文化政策具體化之外，為執行工作計畫，因此可以規劃執行期限、決策點、考核點、成效預測及執行成果等。例如：文化計畫需要依照政府會計年度編列預算，政府採購程序及執行與期末核銷等行政程序有一定執行期限，也可在每階段設置檢核點及檢核內容加以管理，讓文化政策可被執行及管理，進而達到目標。

4. 文化計畫回饋調整文化政策

文化計畫在執行過程中，也同時可以用來修正原有的文化政策以符合實際需求，並作為調整修正等重要依據，讓文化政策更接近實際文化發展狀況。例如：許多文化政策便是因為文化計畫的執行，而逐步調整修正，像是過去發展迄今的社區營造政策，也有所謂「社造 2.0」等不同社區營造發展階段，而有不同文化政策。

5. 文化政策相同於文化計畫

某些文化政策本身已經過於具體，因此，可能政策本身即為預定執行的文化工作計畫，例如：研訂《文化基本法》本身是文化政策也是文化工作計畫。

6. 文化計畫脫離文化政策

文化計畫需要依照文化政策構想來加以執行，卻受到現有資源、預算編列及審查調整或其他因素影響，有時候無法理想的執行文化政策想法，尤其是財政問題、政府重視問題、監督單位的干預等，皆會影響到文化計畫執行的工作方向、重點及所能提供的資源等。

例如：各地方政府最經常面對的是基於地方財政或是議員刪除預算，而讓原本的文化計畫預算大幅縮水，於是有其文化計畫名稱及工作，但是因為預算不足因而執行品質大受影響，無法達成原本政策目標，最後只是形式上完成工作而已。

或是基於現有採購規定，產生執行廠商能力不足、年底即需要結案而時間不足等造成品質低落等問題。或是因為年度預算編列方式及選舉之故，當改朝換代之後，新首長上任第一年要執行上一年度已編列預算的文化計畫時，經常因為不認同而草草了事，卻又要立即編列一些立即見效的文化計畫來因應四年一次的選舉。文化計畫因各種因素而脫離文化政策，更何況許多地方政府只有文化計畫而沒有提出文化政策。

三、政府文化政策行政組織對社會（社群）管理之做法

中央或地方政府，其文化行政對外部社會大眾的行政事務做法，主要分成以下不同類型及方式：

1. 強制方式

為了維護整體或特定文化發展，而制訂及執行相關具有管制性的強制規定，例如：古蹟等文化資產的維護方式，或是在某些文化法規中所載明的限制規定及相關罰款等。

2. 遵循方式

建立明文的法規，並且對外向社會大眾公告其整套遊戲規則。建立文化所需相關法規制度，以及文化行政工作需要遵循的標準化作業程序

（S.O.P.）等，其目的是讓不同的文化行政工作者皆有一定標準規則，能有所依循及依此辦理。

3. 績效導向

就是依照文化政策所需要的成果，設定一些相當明確的關鍵績效指標（K.P.I.），讓政策目標與績效指標成為文化行政工作者的辦理依據，並由此指標來連接文化政策在文化行政各階段中，落實的情形及達成的程度，並成為一段時間後，考核行政人員的依據。

4. 行政裁量

無論法規及流程等如何規範，皆無法完全涵蓋所有文化行政工作，況且涵蓋面過廣與過細的規範及制度，經常不利或甚至會妨礙到行政工作的執行。更何況在現況中，總是會出現許多不同狀況且需要不同的因應方式，因此在不同組織分工或組織位階中的執行部門及人員等，賦予其文化行政裁量權的處理彈性，有助於處理各種文化行政工作。

5. 自主管理

由民間組織自行自主管理，針對民間相關營利及非營利的文化組織之組織構成要件、程序等進行明文規定，由各個民間文化組織本身自行管理。政府的行政工作僅須查核其是否有依照規定進行自主管理工作，例如：財務、會計人員聘用等。

第二節 文化行政組織分工及運作方式

一、文化行政組織整體運作方式

有關具有「現代化」概念的文化組織的整體運作方式，可以從兩個基本角度出發：

1. 靜態的科層制度觀點

依照整體文化組織運作的需求，進行不同專業的分工、分組等，產生各個不同分工的部門，以及各部門職員的上下位階之層級，呈現整體性的文化組織運作架構及其運作方式。從聘用文化行政人員到文化工作等運作及管理，皆為明確化、系統化、專門化等處理方式，例如：在各地方政府的文化局處，皆有其明確的組織架構、分工、執掌事項、人員編制等，屬於科層制度的編組[1]。

2. 動態的系統整合觀點

社會上不同的文化需求一直在變動之中，因此，文化組織機構其運作方式應該像是有機體一般，要能因應文化發展問題及需求等變動，而即時因應與調整。所以，文化組織內部的功能需要與外部文化發展之間進行各種密切的連結，並且其文化組織的人員、專業、政策、計畫，或行政作業等運作方式，需要即時回應當時發展問題需求，進而調整文化組織機構的人力、物力及其他資源的調配，整合系統成為當時所需要的重要組織。例如：許多超大型活動（例如：城市花卉博覽會、設計博覽會等），地方政府會成立專案辦公室，以任務編組方式向原本各個單位調派人力及相關資源等，組合成為一個專案辦公室之方式等。

二、文化行政組織分工及組成

有關文化組織的行政分工及對組織的功能，分析如下。其中，決策者、技術幕僚、執行者的角色與工作，在組織不同的位置中可能會產生相互重疊。

---

[1] 行政組織的分類方式也可用相關利害關係人方式進行分類，例如：主要受惠者、創辦人關係與受惠者、贏得順從方式、社會需求、人能否自由參加或脫離等方式（姜占魁，1980：11-74）。

1. 決策者

在組織中決定相關文化政策、文化計畫、文化行政工作方向的行政者，為領導階層。

2. 技術幕僚

提供文化政策、計畫及行政等各項草案、構想，或各種替選方案的行政者。

3. 執行工作者

為行政業務承辦人員，依據決策及現場實際狀況加以執行的行政人員。

4. 行政支援者

為專業藝文業務相關工作之外，支持這些專業業務推動的支援人員，例如：資訊、祕書、主計、人事、政風等工作，負責資訊處理分析及知識建檔、行政的發包及簽約、核銷及撥款、人員進用及升遷、督導廉潔風氣等。文化組織需要由專業部門，以及支援專業的支持部門一起完成行政工作。

5. 行政外圍人員

像是組織相關的安全、清潔衛生、場地維護等工作的委外保全、清潔公司工作人員等，或是提供單位的飲食、茶水、交通等的服務人員。

三、文化行政組織科層制度特性及問題

無論是政府部門的文化單位、相關文化機構（博物館等）或是其他藝文團體等，其組織運作皆需要一定程度的科層化組織結構，而科層化組織結構有以下特性：

1. 分工

以整體運作需要的專業進行組織分工，成為幾個不同分組或部門等。

2. 權力層級

在以不同的專業領域區分出各部門分組之下，每一分組部門再區分出上下高低等不同層級，產生每一個層級的職務，且每一個職務皆需要各司其職，下對上負責、上對下督導等，並出現立基於組織層級上下分工下的權力行使。

3. 規定

為了讓組織有效及穩定的運作，在整體、各部門、各層級中皆有其相關運作的程序以及規定，這些規定需要明文化並以成文方式公開，讓所有人皆能遵循且能預知其行為的後果，例如：績效獎勵，或是休假規定及違規處分方式等。

4. 理性

以非私人因素方式運作整體組織之所有工作，每一個不同部門、上下階層的人需要依照規定辦理，執行完成其所分配的相關任務工作，並依照規定進行考核及評估。同樣的，升遷也是以專業度及其對於組織的貢獻為評量。

5. 技術

在聘用每一位人員時，皆以其能提供的專業技術為基礎，而不涉及私人感情或個人因素，同樣的，在工作時亦是以此為基礎。

不過，在文化的科層組織之中，也有其因為科層化而產生的組織問題，分析主要如下：

1. 專業不足

行政人員升遷到他所不能勝任的位置。由於文化專業領域十分廣泛，例如：博物館專業便是與視覺藝術或是表演藝術完全不同，因此，過於靜態的科層組織，將出現升遷者並不一定適合於該位置所需要的專業能力。

2. 空位不足

由於組織架構及員額固定，一個文化組織或機構其能升遷的管道與機會十分有限，因此職務的空缺不足。而空位不足也將進一步影響行政人員的工作態度，因為再如何努力皆無法被拔擢升遷。

3. 降低效率

當一個文化組織其行政人員數量過於龐大時，無論是專業分工部門過多或是上下階層過多，由於部門分工以及本位主義等問題，造成一個任務需要過多部門或人員參與意見及共同執行，在整體組織的動員、各部門人員參與討論及整合協調等工作，便會曠日廢時，降低效率。

4. 目標轉置（goal displacement）

文化組織、機構或單位等原本因為當時文化發展所需而產生的文化部門，卻因為部門本身的問題，例如：過於老舊、組織分工不符現況所需、人員態度等問題，產生與其設立目標相左甚至相反的情況。

例如：某些特定群族的文化單位、博物館，或是文化資產保存機構等，是基於特定目的而生，但是因為整體組織的氛圍，以及行政人員多一事不如少一事的便宜行事等，反而無法發揮原本設立該組織要達成的目標。或是某些文化相關的研究考核單位，設計繁複的表格及控管方式，讓許多文化行政人員頻頻填列表格、報告資料等，而沒有充分時間執行業務，為研考工作的目標轉置。

5. 官僚化

文化行政官員爲了保護自己、本位主義或是過於依法行事，而產生官僚化的問題，反而不利於文化事務的推動，尤其是與民眾第一線接觸的相關文化事務最爲明顯，例如：申請藝文、社區等補助等，經常讓民眾們抱怨過於官僚等問題。

四、「文化組織」與「組織文化」

以下分析「文化組織」與「組織文化」之特性與差異，其中「文化組織」主要爲與文化相關的組織，主要分析如下：

1. 公部門政府相關文化機構

(1) 中央政府爲文化部及其相關附屬單位，例如：由文化部設立的各個博物館、展演中心、文化資產保存等單位。

(2) 地方政府設立的文化局處等相關政府文化機構，包括由地方政府設立的各個博物館、文物館、音樂廳及展演中心等。

(3) 其他相關文化發展的政府機構。文化發展並非只與文化單位有關，反而是社會生活的全面發展，因此，除了文化單位以外，與其有關的各個單位也是公部門的文化機構。例如：文化外交便與外交單位有關，文化觀光則與觀光單位有關，教育單位也是文化單位，都市發展及建築設計等建構城市空間、地景文化風格，而民政機構的民俗、禮儀、傳統節慶等也是常民生活文化，因此，這些都是公部門的文化組織機構。

2. 私部門

文化相關的企業組織，包括：合資與獨資的有限公司、個人工作室等。

3. 第三部門

與文化相關的非營利組織[2]，包括：公法人及私法人等。由於文化領域範疇廣泛，因此，相關的文化團體眾多，可以進一步整理為核心領域的非營利組織，例如：文化政策組織、藝文組織、文創組織、地方文化組織等，以及外圍的非營利組織，例如：市場協會、觀光協會、宗教團體等等，看似非由政府文化機構所管轄，但其性質卻與特定文化發展有關。

「組織文化」則為一個組織中的文化氛圍，然而在組織中的特定文化氛圍，是由組織中正式及非正式的規範、價值、意義、風氣等構成，或是由各種主流及非主流文化，或是由各種外顯文化及隱性文化等因素構成。組織文化也可以從成員內心所認同的角度分析，產生組織所認同的內團體，以及由內團體認同所區分出來較有距離的外團體（Morgan, 1997），也就是說，組織文化對於成員產生文化認同與身分認同作用。

而 Schein（2010）則認為組織文化是由三個層次構成：

1. 可見的物件（observable artifacts）

各種外在所呈現的人為對象，小至商標、標語及工作文件、文具等，大至公司成員服裝、家具，以及整體空間風格等物質型態及其特徵構成。

2. 信奉的價值（espoused values）

非物質層次的組織策略、目標與哲學等。

3. 基礎假設（basic assumptions）

不容易被發現的假設、價值、信仰、規範等潛意識層次，並存在及影

---

2 吳瓊恩等（2004）特別強調在非營利組織的管理特點上，將包括：審查工作與組織使命及目標關係、組織結構之功能分工與服務對象關係、人力資源管理與志工的運用、董事會的領導職能特性、財源籌措與募款、活動企劃與執行成效、行銷與公共關係的建立等（吳瓊恩等，2004：247-259）。

響成員的本質特性、人際關係以及實際現實活動。

　　然而，再進一步分析，組織文化更是由該組織過去的發展脈絡、各個組織結構、各個成員、所接觸到的工作、新的技術及知識、外在環境的社會變遷等因素所影響。組織文化的功能，從微觀分析，是讓個別成員在行動上能有所依據，並預測如何做出合理、合宜的行為；從宏觀分析，讓整體組織有一個共通的目標、凝聚方向、建立組織特性等，進而增加組織的運作效率，但非等同於組織的產能（生產能力），並且對外讓社會大眾產生對於該組織的特定印象或品牌識別，甚至能成為品牌資產。

五、文化行政組織「企業識別系統」（C.I.S.）

　　文化行政組織內部的文化特質，存在於各個公部門、各個民間企業及非營利第三部門等所有各式各樣的文化組織之中，由於好的組織文化有助於發展，因此，為了要建立組織文化，在現代社會中會使用「企業識別系統」（C.I.S., corporate identity system）的操作方法來協助組織建立自己的組織文化，其中包括：

1. 凝聚組織內部的理念認同（M.I., mind identity）

組織內部的價值、意義、信念、目標、理念等組織精神。

2. 組織內部共有的行為認同（B.I., behavior identity）

所有成員在組織內一切行為的基礎依據，包括：例行工作（像是上下班等）、專業工作等的行為及態度。

3. 建立組織外部給社會大眾印象的視覺認同（V.I., visual identity）

例如：組織的標準字及標準色等，以及標準字（色）使用於建立各種視覺相關的商標、服裝、裝潢、文件等所有外在視覺形象。

六、文化行政組織類型及特性

有關文化組織之分類方式，可以依照其性質類型、不同功能、組織形成方式、正式化程度等進行區分，有利於了解文化組織之特性。分析如下：

1. 藝文類型

包括：綜合性、視覺藝術、表演藝術、音樂、影視音、數位內容、文化創意產業、文化資產保存、文學等分類產生的各種文化組織。

2. 功能類型

例如：各類藝文學會以研究、學術發展為主；文化協會以特定藝文發展及交流活動為主；文化相關工會組織則以促進、保障藝文創作者權益為主；政府機構以發揚或管理文化功能為主；博物館機構以推展社會教育文化為主；而民間文化企業組織則以各類文化商業、文化經濟功能為主。

3. 形成方式類型

文化組織是屬於規範性、自發性發起組成的組織方式，或是由上而下、由下而上的組成方式。

4. 正式性類型

文化組織是正式依法產生的組織，或是並未申請成立、其性質比較像是社團社群性質的組織方式，或是封閉性組織或開放性組織。例如：政府文化機構本身的組織員額固定，便是屬於封閉性的組織；藝文相關基金會等法人組織在人員聘用彈性較高，相較政府文化機構屬於開放性組織；或是各地非營利的地方文化協會、社區協會等開放性質更高，而且不只是員額及聘用工作，在行政執行過程中的開放程度也較高。

七、不同文化行政部門組織型態及運作方式比較分析

有關政府的文化行政機構、民間的文化企業單位，以及非營利文化團體，三者皆有相當不同的組織型態、運作方式與功能等，其各個類型的文化行政方式之比較分析，如表 4-1 所示。

表 4-1　政府文化行政、民間文化企業、非營利文化團體等行政方式分析

類型	政府文化行政機構	民間文化企業	民間非營利文化團體
利益取向	公共利益	私人利益	特定文化領域
獲益對象	社會大眾	股東群	特定文化族群
人事組織結構	剛性（組織編制及員額限制）	彈性（公司編制及私人聘用）	彈性（相較規模較小、非營利志工）
行政依據	依法行政	業務需要	業務需要
計畫參與	行政人員、文化公民	上級、工作團隊人員	理監事、工作人員、會員
監督者	民意機構、文化團體、全民監督	股東代表、全體股東	監事、會員
預算來源	人民納稅	獲利盈餘	會費、捐贈、補助
工作調整資料	輿論、民意	業務報表、市場反應	輿論、會員意見

註：「文化企業」（culture enterprise）為以各種文化為市場及營利項目的公司、組織、工作室等民間組織。「非營利文化團體」是以文化政策、各項藝術展演、創作、藝術史等，基於特定主題而成立的民間團體。

資料來源：本研究。

八、公共及私人文化行政組織之比較分析

「文化公共組織」[3]既然是強調文化的公共性、公眾性、共有性等，因

---

3 文化的「公共企業」（public enterprise）：「公共企業」是由政府所設置的「營利企業」，許多都是出現在官僚主義時期、大有為政府時期等，例如：國營及縣市營事業機構等。目前在精簡政府的精神之下，類似這些具有營收價值的公共事業，大多開放給民間參與建設與經營，例如：B.O.T. 方式。但在文化藝術方面，並不能

此其主要為非營利的文化組織，包括：政府部門所有文化相關的單位機構、半官方機構（文化事業機構）、公法人（政府出資超過 50%）、私法人（政府出資少於 50%）、民間社團法人（文化相關之學會、協會、工會、公會等各團體）、民間財團法人（民間文化基金會）、志工組織（例如：博物館導覽志工等），以及其他非正式立案但與文化相關的組織等，甚至在網路社群媒體發達的現況下，在網路上出現數量龐大的、與文化相關之非營利網路社團。

不過，在目前全世界走向發展文化產業的趨勢來看，許多「文化企業」類型的組織型態紛紛出現，例如：合資公司、獨資公司、工作室等類型，因此，文化營利方面的組織也愈來愈多。只是文化企業並非「文化公共組織」，因為各種不同類型的非營利文化公共組織，其所關心的是文化公共財，亦即文化的公共發展事務；而文化企業的營利組織所關心的是組織本身的私有利益。文化公共組織所面對的是社會大眾，文化企業組織所面對的是顧客及消費者。

九、文化行政組織運作影響「行政授權」因素

行政授權的重要性，是由於其讓組織中每一個別職位本身有其應有且應盡的權責，也就是權力與責任，並因此才能使得整體組織得以運作。相反的，在文化組織中如果行政授權不明，則行政秩序大亂且將無法運作。然而，影響行政授權的因素，分析如下：

1. 法規因素

法規本身需要區分且明確訂定出各個職位本身的權責內容，才能讓文化行政者執行工作有所依循，以及讓督導者進行績效考核工作有明確判斷界線。

像上述這些公共營利機構以利潤為導向，反而都是以非營利方式推動文化公共事務工作。

2. 組織結構及分工因素

某些文化組織規模較小或組織結構分工不明，例如：某些在城市或偏鄉的小型文化館，其人員才二、三位不等，即使分工清楚，但是一個人需要從事不同的工作及責任，因而行政品質低且人員流動率高。同樣的，某些文化機構因為人員過多及分工過細，也造成行政授權的障礙，例如：在過去，一個文化園區案需要跨越眾多不同單位的審核同意之後，才能順利完成行政程序。

3. 組織氛圍因素

文化組織內部工作氣氛，對行政人員而言，即使原有法規已賦予明確的權責，但是在實際執行上還是受其影響。尤其是文化發展的變動性及多樣性極高，應出現各種新的文化創作類型等，但在現有法規並無規定之際，其積極或是保守的行政執行方式，更是因整體組織工作氛圍之特性而有所差異。

4. 成員因素

行政人員其專業領域、技術程度、文化素養特質等皆影響行政授權狀況，成員個人特質及人際相處之間，也會影響行政授權的程度及方式，例如：長官認為部屬的專業度高於自己，則較會授權下屬執行工作，或是在相處上因為長官信任部屬，則對其有更大的行政授權。

十、文化行政組織領導方式

文化組織運作之領導方式，分析主要包括：規範方式、鼓勵方式、示範方式、指導方式、感染方式、專業學習方式等。

1. 規範方式

運用成文及不成文的規定來讓成員加以遵守，例如：組織的法規、制

度、標準作業流程等，不成文的規範則像是道德、禮節、倫理等。

2. 鼓勵方式

精神及物質的鼓勵，包括：口語表揚及獎金等。

3. 示範方式

由管理者親自帶領成員進行專業工作。

4. 指導方式

教導或引導成員往特定方向進行工作。

5. 感染方式

無論是整個組織或是組織內部的小團體等，是由組織內部成員彼此分享的氛圍而受到影響。

6. 專業學習方式

開創各種讓成員能創新學習、在職訓練的機會及做法。

十一、文化行政組織彈性運作方式

為解決政府文化機構或是部分民間營利及非營利組織，其受到組織編制固定員額數量及專長之限制情形，某些組織在遇到特定文化行政事務時，需要彈性使用人員加以運作。因此，目前的文化組織走向彈性運作的有機型、開放式之運作方式，最明顯的是民間文化部門（無論是營利或是非營利組織），其正式人員數量少而組織規模小，將透過各種專案計畫方式，與專案所需的外界其他不同組織進行連結及合作，以有機與開放方式進行運作。而中央或是地方政府文化部門，由於其組織編制受到相關人事法規的限制，無法類似民間文化組織有較大的人員聘用彈性，因此，政府文化機構主要有以下不同做法：

1. 一般的做法

將政府原本應該執行的某些工作，成立專案計畫、編列業務費、正式上網公告、公開評選、委託民間專業組織執行。因此，無論是依照業務需求委託合適的民間文化組織、文化企業廠商等，執行研究、構思、規劃、設計或施作等各項任務，政府人員的組織編制也不需要一再擴大。

2. 特殊的做法

上述是一般將「工作內容」委託民間辦理、分擔，或是找到更具專長的組織執行政府工作，另外，亦有在「工作人員」中加入民間人員之做法，主要有：

(1) 以專案方式將原人事費轉為業務費之運作方式

將人力以業務專案方式公開上網評選，找到數量及專業皆合適的民間人力，意即將原本這些文化行政工作要執行時，需要人事員額且給付薪資費用之方式，改以專案方式委託外面民間人力協助執行。

政府單位需要給付的是業務費，但是實際上聘用的是行政工作人力。例如：某一個專案在對外公告投標資訊中載明人力數量及專業素養、工作內容及工作方式等（像是一般的環境清潔維護人力、保全管理人力等），或是需要專業技術的專案計畫，載明需要哪些民間人員至政府機構上班（機構內設有固定位置），例如：非使用志工的博物館之專業導覽工作、某些文化機構的獎補助申請案件過多需要人力協助工作、某些特定專案需要民間人員派駐政府以便執行與雙方聯繫等做法。

(2) 以專案辦公室方式支援人事費轉為業務費之運作方式

以專案方式直接在政府文化機構內部成立辦公室，由辦公室人員以其專業來執行政府所需要的重大業務，政府同樣的將需求載明於公告文件中，上網公開委託合適的專業組織，以降低由於政策所需推動的大型專案對於原行政人員而言編制不足，以及原行政

人員需要執行原有業務的壓力及衝擊。例如：臺灣在文化創意產業剛開始推動時，便是採成立專案辦公室及委託民間專業人力推動的方式進行。

(3) **委託民間參與政府文化建設**

委託民間參與政府文化建設的做法之一為「B.O.T.」（興建、營運、移轉）方式，將政府原有需要執行的行政工作委託民間加以執行，包括：新建的音樂廳、表演廳、博物館、文化中心及其他文化設施的興建、營運及移轉，或是古蹟等文化資產園區的「R.O.T.」（整修、營運、移轉），或是興建後委託民間組織的「O.T.」（僅有營運及移轉）。

另一種做法為依照政府的採購法規，直接明列各項委託工作事項及權利金、租金等，且不用像上述獎勵民間參與文化建設之方式需要協商，縮短程序且工作明確，委託民間組織辦理。例如：許多古蹟已經由政府整修完成，進行再利用的經營時，由於工作事項相當明確，因此，直接使用採購相關規定將能縮短行政作業時間，並且避免因多次與民間廠商協商而帶來的不確定性及風險。

十二、文化行政工作團隊運作方式

無論在何種不同類型的文化組織中，總是受限於固定員額及預算等，無法完全彈性調動人員，但是在組織經營上卻可以依照業務及現況需求，在組織中成立許多工作團隊（team），其成立方式可以包括以下類型及工作方式：

1. 專案小組

以專案計畫為主的任務小組，例如：大型文化園區、流行音樂中心等，需要跨界專業進入一起完成的專案計畫工作。

2. 工作小組

由法規授權正式成立、針對某一特定範圍為主的工作小組，例如：公共藝術審議等各種正式委員會的幹事會，為針對該領域範圍事務所成立的工作小組，並將工作小組初審意見提報正式大會作為參考。

3. 任務小組

為小型的、非大型專案的任務組成團隊，亦可以是文化機構單位內部經常性、例行性工作所成立的跨科室工作小組，例如：在採購過程中成立的工作小組、標案的底價小組等。這些類型有助於文化組織的彈性運用及業務推動方式。

▶ 第三節　文化行政組織研究方法

一、文化行政「福特主義」及「霍桑效應」組織管理比較

在文化行政工作中，上級決策者對各種文化組織的經營管理，其基本方式可分為如下：

1. 福特主義

視人事組織如同機械化之生產線，重視標準作業程序（S.O.P.）、品質管理、執行效率與組織秩序，不同的文化事務儘量能標準化、程序化、效率化等，也強調文化政策計畫執行後的關鍵績效指標（K.P.I.），以及行政人員需要達到這些指標，為十分理性的生產制度。

但是，缺點是文化政策計畫活動領域廣泛、種類繁多又性質各異，同樣一套標準作業及績效指標，將無法適用在各種不同的文化事務之上，或是硬要套用這些標準化的程序作業，反而會忽略掉真正關鍵的重點與細節。

另外，也會造成為了要達成績效指標，而扭曲原有文化政策計畫的

本意而目標轉置，不僅無法滿足現況需求也製造出更多的問題。例如：以博物館的文創產值作為績效指標，促使博物館走向嘩眾取寵的各種商業化等，各種活動講求行銷宣傳卻忽略博物館是社會教育的基本功能；或是大型藝文活動的參觀人次亦同，主辦單位為了要衝量而想盡各種辦法吸引大量人潮，卻忽略藝文活動的目的及意義為何（例如：各地比拼的跨年晚會及放煙火活動等）。而其泰勒主義者，強調成本降低、產量提升、科學管理、利潤最大化等特色，有其特色及優點，但是並無法完全適用於各種文化機構、單位部門與團體組織的營運方式。

2. 霍桑效應（Hawthorne effect）[4]

關心成員的情感、情緒等人性化管理，才是提升生產效率及品質的主要因素。各種文化行政工作業務執行，主要是由人而非機器的工作方式，因此，以此觀點來說，對於員工的人性化管理，應該進一步說是重視人際關係的經營，包括：持續培育文化行政同仁的專業素養、人性關懷、人與人的相處關係、上級與下級之間的工作方式，以及其他整體工作環境的經營等。

例如：許多文化行政者由於投入個人的情感及積極的態度，會激發辦理文化事務的熱情與動力，不過，其缺點卻是過於人性化管理，其用人的理性客觀將受到質疑，而且由於員工與主管之間的認知出發點不同，加上行政執行是動態過程，人性化管理到什麼程度才是最佳狀態，並無法取得平衡且因人而異。

---

[4] Google 便是強調人性管理及溝通的重要性，Google 董事會執行主席 Schmidt, E. 和前產品部資深副總 Rosenberg, J.（2014）認為 Google 的經營管理中，許多過去的管理思維已無法適用，他們認為打造優異的產品是唯一成功之道，而吸引新一代最具價值的員工——「智慧創作者」（smart creative）是組織發展關鍵。因此，Google 內部強調人才策略、溝通模式、創新之道等，形成 Google 獨特的組織文化，讓員工們能高度互動及充滿激盪的活力，因為最了解問題的是最靠近議題的人，通常不是管理階層，而領導人需要正確的溝通（Schmidt, E. & Rosenberg, J. 著 / 李芳齡譯 2014）。

二、文化行政組織「組織認識論」

文化組織之組織研究角度，可以從以下幾個不同概念進行分析：

1. 機器論

強調組織的組成、運作、生產等各項活動的理性化，如同機器般的理性、冷靜及效率導向，避開個人情感等人為因素，例如：文化行政在執行上需要秉持公平、公正及公開等做法。機器論觀點重視組織中規定、紀律、權責及無差異化執行等工作。

2. 有機論

文化組織本身的工作便是因應各種多元且動態的文化發展，因此隨著行政個案本身的特質，讓各個相關部門及關係人能一起共治、共同完成，彼此共同分享參與的經驗與專業知識等。如同有機體一樣，在外在變動的文化生態環境結構背景中，組織能藉由每次遇到的行政經歷而與成員們一起成長。

3. 工具論

文化組織作為一種特定議題的工具，尤其是以政治經濟學角度分析，即使強調客觀、理性如機器般運作的文化組織，在各種權謀及企圖之中，將還是避免不了成為特定權力擁有者的工具。尤其是執行與政治相關的議題與工作時，權力在講求理性化的組織運作當中產生作用，並且影響行政工作，理性反而成為一種工具。

4. 生態論

以系統、棲息地、循環圈、層級發展的角度，來分析整個文化組織的狀態及該組織的階層、位置與角色，以及該組織在整體文化生態發展環境中的作用與問題。

5. 行動論

強調社會倡議、文化實踐的實質行動工作，以及其行動效果、社會影響層面等，由議題引導組織運作及行為回饋調整行動，例如：特定文化議題、街頭運動、理論實踐等特殊議題的行動研究，以及一般情形為類似門市、服務台、第一線與觀眾或遊客等直接面對面的實際行為等分析。

6. 文化社群論

由各種不同的種族、文化資本、文化嗜好、教育程度、文化認同等形成的各種文化社群，像是馬賽克般的拼貼組成整體文化發展。

三、文化行政組織「組織研究方法」

針對文化行政之組織研究，可從以下幾個不同的角度切入進行分析：

1. 文化官僚機構分析

將文化組織視為一種官僚機構團體或單位，是一種傳統的文化組織分析方式，其分析重視官僚機構組織及分工、科層階級及各司其職，而負責文化財為公共財產的公共領域事務工作等進行分析。然而，由於官僚組織概念想要形成的是組織的理性與制度，行政非人情化而走向專業化，因此，需要明訂各種規則來建立體制，讓所有文化行政人員加以遵守及清楚部門分工、上下部屬關係，並講求理性管理制度之建立，讓員工有所依循、專業至上、理性生產。

2. 文化組織理論分析

重視各種理論取向的研究討論分析工作，最基礎的文化組織運作原理，包括從理論到實踐過程的整套運作，例如：理論的重點及切入角度、研究對象的問題及需求的調查分析、提出課題及因應對策、替選計畫方案評估、方案確定與執行、檢討及回饋等過程。理論的組織研究可能只是對

組織提供分析性研究，也可能以理論為基礎的行動實踐工作及提供建議，或是回歸理論檢視其理論本身修正的可能性。

3. 理性生產研究分析

重視組織的績效、品質管理、降低成本、增加產量等理性管理方式運作之分析，視政府部門類似企業概念為「企業政府」，以營運績效為最主要的考量及分析對象，找出問題並且對症下藥、提高產能。其中最基礎而普遍性出現的便是所謂的關鍵績效指標（K.P.I.）的建立與運用，只不過文化機構其行政以同一套標準的績效指標，也是為人所詬病之處。

例如：博物館的「參觀人次」似乎是一種基礎且重要的績效指標，問題是「參觀人次」並無法顯示民眾參觀的教育學習效果，或許將會誘導博物館辦理更多譁眾取寵、熱鬧卻深度不足之展覽，或是將博物館導向商業化、文創化等（例如：租借給廠商辦理外國移入的「超級大展」來增加參觀人次以作為業績等），而失去博物館原本真正存在的社會教育價值與文化發展意義。

4. 文化社群關係分析

在研究中重視人與人的關係經營，除了內部文化行政人員之間、人員與長官之間的相處及互動外，也重視文化機構與不同文化社群、藝文團體等之間的互動與相處，並包括政策執行的參與、文化機會與資源的補助與輔導等建立文化共治的友好關係。

也就是說，文化機構本身的文化行政人員及其工作，都並非只是技術性、機械性的組合及實踐執行而已，反而是社會性、文化成分的組成。例如：文化組織內部擁有小文化團體，是由不同文化社群類似馬賽克的拼圖而組成一個文化團體並加以運轉。

5. 文化生態系統分析

上述這些概念，大多將文化機構視為一種封閉性的組織來加以分

析，然而文化治理的過程中，卻並非由文化機構內部自己獨立即能完成，因此，文化生態系統的概念是另外一種將文化機構視為開放性、有機體的共治方式，因此，在各階段發展中將有不同部門的人參與、加入及退出、合作與衝突等。也就是在研究中重視政府、民間企業、非營利文化組織等各個不同部門的文化共治，在此概念下形成一種包含內外各界的文化行政生態系統組織，並且運作在不同的政治及經濟條件等社會環境背景之中，而進行各種調節、修正等組織管理工作。

並且，在實際運作時，不同的人與人、部門與部門、組織與組織、政府與非政府組織等，將由其互動的方式而產生特定的共治關係。某些文化行政工作更涉及到地緣政治關係、地緣文化圈特性等，因此，更需要以文化生態系統概念進行分析研究，更能找出其中的關鍵因素與建議對策。

四、文化組織「零和賽局」及「非零和賽局」運作理論

在組織運作方面，經常在面對各種競爭因素時陷入僵局，在零和遊戲中有許多不同賽局的類型（McCain, R. A. 著／陳建良譯，2006），以下僅分別引用「零和賽局」（為「非合作賽局」，zero-sum game）及「非零和賽局」（為「合作賽局」，non- zero-sum game）理論，分析各自的定義，以及舉例分析「擴大文化預算」及「文化資產保存」等文化政策或文化計畫等，說明其運作方式。

1. 理論概念

「零和賽局」為贏者全拿，也意味著輸者將全輸之局面，也就是勝者得到一分時，表示敗者將同時失去一分。而「非零和賽局」為雙贏（或多贏）及可能是全輸的局面，也就是參與者不論輸贏，皆是共同承擔競賽的結果（或成果）。

2. 以「擴大政府文化預算」為例

(1) 以「零和賽局」概念思考

如果是以「零和賽局」來思考及爭取預算，便會被認為每年政府總預算資源固定有限，如果將這個預算擴大作為文化使用，那麼便會減少某些重要的其他部門發展所需要的預算資源。因此如果以「零和」概念來爭取擴大文化預算，勢必遭受其他部門的排擠，或是受到社會大眾各界質疑為何沒有把預算用到更應該花費的地方。更何況，文化發展相較於工程建設較為抽象，也會被某些社會人士認為並不是社會發展最迫切的一環，因此擴大文化預算工作並不容易進行。

(2) 以「非零和賽局」概念思考

如果運用「非零和賽局」方式進行思考，擴大文化預算並非僅僅對文化發展有所幫助而已，而是從整體社會及城市的發展格局，以及以系統性思考由文化所帶動的關聯鏈（例如：文化產業鏈、文化生態鏈等）來認知文化預算的功能性（例如：巴黎、倫敦、東京等各大城市，對於文化預算都是從整體城市發展的功能來思考，包括：文化增加城市可居性、藝文帶動各國高科技公司設廠及專業人才前來進駐、文化帶動城市觀光及相關產業鏈與產值等）。因此，增加文化預算將帶動文化其他部門的整體發展，便較可能緩解上述「零和賽局」概念中各部門面對固定的有限資源，所造成輸贏競爭的對立現象。

3. 以「地方文化資產保存」為例

(1) 以「零和賽局」概念思考

目前文化資產保存工作推動不易，主要是「保存與開發」的「零和賽局」，因為文化資產一旦指定為古蹟之後，便走向保存而無法開發，因此，經常出現指定前突然出現一把無名火，以及失誤的怪手等「不慎」損毀的各種層出不窮的事件。

(2) 以「非零和賽局」概念思考

從「非零和」的共贏局面來看，古蹟需要先滿足產權擁有者其個人所擁有的開發權利，並使當地整體街區發展更具地方特色，因為具有地方特色而能有魅力的吸引相關投資與發展，因此，文化資產將與地方整體發展共生、共榮。

文化政策之
規劃與評估

第 5 章

第一節　文化政策規劃

一、文化政策規劃基本過程

依照一般公共政策而言，整套過程共有五個基本階段，如同林水波（1999）、吳定（2003）等人，認為公共政策的分析架構分別為：問題認定、政策方案規劃、政策方案合法化、政策執行、政策評估等五個循環階段。將這些一般公共政策推動的循環，以文化政策整體推動過程分析，分別為：

1. 問題認定

針對現有各個不同的文化發展狀況，分析當前各界（尤其是關係人、關係部門）對於各個文化的不同需求及其問題，並了解其形成因素等。另外，針對各個不同的文化其未來發展方面，確認在預定要達成文化發展的政策目標或目的之下，與現況之間將會面臨的問題為何等的認定。

2. 政策方案規劃

針對這些現況問題及未來目標在推動可能遇到的問題等，分析並規劃找出解決的方案。

3. 政策方案合法化

在許多政策方案中，可能需要完成立法程序才能加以推動（例如：中央政府相關的文化法律等，或是地方政府相關的文化行政命令、規則、辦法等），或是需要依照相關行政程序規定正式完成計畫方案（例如：古蹟審議等相關文化之審議委員會，或是相關文化發展委員會、諮詢委員會等，或是文化會報、行政會報等程序），將方案確認並正式進入體制內各個所屬相關部門。

4. 政策執行

由各個部門依照主管及執掌等事項進行分工，並在一定期限內推動完成。

5. 政策評估

在許多文化政策及方案的執行過程之中，加以檢視評估及修正，以及在政策推動結束時，評估其整體執行成效，作為下一次政策方案研訂時的重要參考依據。

二、不同「內外上下」關係的文化政策形成途徑及類型

1. 由上而下的外部動員

政府想要研訂某文化政策，而主動邀集外部民間相關組織及專業者，動員一起完成文化政策或計畫等。例如：臺灣 2017 年的「全國文化會議」，便是由文化部編列預算委託外部研究機構主辦，再邀集所有文化界人士，分主題及分組進行論壇等。

2. 由上而下的內部動員

政府想要推動文化政策或計畫，動員政府內部跨單位或直屬機構等，一起商討定案，也就是政府動員自己內部相關單位研訂文化政策。例如：將原本的「文化創意產業發展研究院」修改為「文化內容策進院」，為文化部自己動員相關單位進行修正，或是「行政院文化會報」是行政院跨部會協調及討論相關文化政策、計畫等事務的機制等。

3. 由下而上的外部催生

由民眾或民間團體開始，提出倡議，並邀集相關民間團體連結，動員立法委員或是議員等，在外部形成龐大壓力，促使政府需要接納其提案。例如：《文化資產保存法》等修法，都是從外部結合眾人力量提出具體法

規草案，交給政府部門研議。

4. 由下而上的內部催生

同樣是由下而上、民間發起，不同於上述之處，主要是以個案的陳情、訴求為主，在外部未連結團體給政府強大的施政壓力，而是由民眾或民間團體發起初步想法、書信、陳情案等，交由政府部門採納，並依照政府內部的法定程序，完成相關政策提案。例如：某些古蹟保存個案，是由民間文史團體發起聲援及申請保存，交由政府部門依照文化審議規定，完成古蹟或歷史建築等文化資產指定或列冊等認定程序。

三、不同「政策型態」的文化政策形成過程及類型

在實際的操作過程中，也可能同時出現幾個不同類型相互混用的現象，其文化政策形成過程的類型分別為：

1. 線型

(1)定義：屬於理論型，也就是由問題認定、政策方案規劃、政策方案合法化、政策執行、政策評估等各階段，逐一完成其步驟而產生的文化政策。

(2)優缺點：優點方面為政策研訂與執行等，能依照步驟按圖索驥進行，以有步驟的方式進行整套過程，每一個階段皆十分清楚其工作重點，並與接下來的步驟能有所連接。缺點為屬於理論型，過於理論，而政策發展的狀況，並非如完美的步驟階段且能夠逐一進行，尤其是臺灣目前的文化政策尚未完全成熟，許多文化政策並不是以此類型及按照步驟產生，而是屬於另外其他類型。但此類型為基本型。

2. 蜘蛛網型

(1)定義：文化政策由各個人所提出並交由相關部門加以完成。本類

型屬於明星型或獨裁型等，是以個人為中心的想法，擴大成為政策，並由各個部門分工加以執行。實際上，臺灣過去許多文化政策都是聘用文化明星為中心，由個人想法產生政策方案。

(2) 優缺點：優點方面由於許多文化名人、文化明星等其個人具有魅力，容易說服各界，能帶領朝向特定文化發展方向前進，強力領導的結果最終能讓城市呈現某些特定文化風格或特色。另外，在缺點方面，可能因為個人色彩過於強烈，爭議性高，所提政策容易流於片段、不全及不夠周延等問題，某些非主流文化容易因此移轉或消失殆盡。

3. 樹狀型

(1) 定義：屬於扎根型，為向下扎根後再向上茁壯的進行方式，以完全開放且並不設限議題及內容，由下往上的方式進行發展，逐漸茁壯成為一個大型的樹狀結構之文化政策。過程中有民間各參與者陳述其問題與需求等，由專業者進行整理歸納不同的問題及需求，並在由下而上盤點問題過程中，同時尋求各方認為的解決方案等，逐漸歸納成各個主題領域，最終成為具有樹狀結構的系統性政策，為文化公民參與的理想型。

(2) 優缺點：其優點方面為文化公民社會全民參與的理想，人人皆是文化人。文化政策為社會日常生活重要政策，影響社會發展，透過文化政策參與可促進公民文化素養等效果，且文化政策可突破少數菁英分子及文化同溫層結構等問題。另外，缺點方面，文化公民本身需要關心文化發展，不然僅為理想型而不易推動，或是推動時出現公民素養不足、內容空洞或無人參與等問題。因此，樹狀型的文化政策過程需要一定程度的文化環境來完成，或是運用樹狀型的文化政策過程來醞釀整體的文化公民環境。

4. 羅馬列柱型

(1) 定義：整體的文化政策由各個不同的專業者（或專業團體等）提出，例如：視覺藝術、表演藝術、文學、文化創意產業、博物館、社區等各領域的專業者，進行分工，並提出政策方案計畫等加以執行。

(2) 優缺點：其優點為文化領域涉及各種不同專業領域，往往各領域專業者對自己以外領域並不熟悉，由各個專業分工能務實及專業的發現問題，以及提出專業的政策方案等。但是在缺點方面，也由於各不同專業對其他專業並不熟悉，容易將重心鎖定在自己的專業領域中或本位主義，因而將降低政策的客觀性，且文化政策經常會需要跨部門、跨領域及專業的合作，因此，將產生各抒己見的同溫層政策現象，而政府將無法提出具有全面性、具整體發展的文化政策。

5. 向下螺旋型

(1) 定義：由高層或菁英人士針對特定主題提出政策後，再往外擴大至民間各個組織、個人的參與，一再多方蒐集意見，並加以調整，確定後定案成為政策方案。

(2) 優缺點：其優點為由於政府最清楚自己想要的政策目的及效果，因此先設定主題並提出政策想法之後，再往下擴大民間各界參與，過程中可能較能接近政策提案者原本的方向及內容。不過，其缺點為高層或菁英所提政策偏離民間需求，又過程中如果各界公民參與不足，往往使得文化政策僅為同溫層人士所關心而已，或是政策僅為少數人所決定，螺旋的過程形同形式及虛設。

6. 向上螺旋型

(1) 定義：由不同的民間團體發動設定文化議題及政策，向上擴大社會各界參與，在過程中不斷調整與修正等，並請政府相關部門與

會及說明，將政策進行法治化程序，正式進入政府部門並加以
執行。

(2) 優缺點：其優點爲由於政策起源於民間相關文化團體所遇到的課
題及需求，因此，更加務實的面對問題、解決問題，達到政策效
率及發揮實際效益。而其缺點則由於民間文化團體所提的課題以
及對於政府的需求，有時候依照現有體制及政府資源而無法實
施，或是並未受到政府高層完全採納，因此，在執行上不一定出
現預期成效[1]。

四、不同「理念導向」的文化政策形成過程及類型

在各種不同的文化政策或文化計畫形成過程中，有以下不同的理念
與主張，且各具其特色，包括：政治人物主導（威權主義）、菁英導向
（權威主義）、理論科學研究（理性主義）、文化團體參與（多元文化主
義）、開放公民全面參與（公民主義）、問題及需求導向（務實主義）、
政治決策產生（政策干預）等。分析如下：

1. 「政治人物主導」的文化政策

(1) 定義：屬於「威權主義」的文化政策生產方式。此文化政策類型
主要是在威權社會之中（例如：北韓社會等）從領導人個人產生。

(2) 優缺點：其優點爲符合領導人所需，強勢領導打造屬於特定風格
的文化發展，例如：過去在臺灣的中華文化復興運動、戰鬥文藝

---

1 在民主社會中，文化政策或文化重大計畫，皆會涉及到相關的利害關係人，這
些利害關係人本身可能是各種利益團體，前來參與或影響文化政策或計畫、法案的
研訂與執行過程。有關利益團體介入的功能性（必要性），包括：可釐清及表達公
民的訴求、塑造可行的議題、對統治者的監督、藉由互動的方式解決問題、與政府
結盟等（Lindblom, C. E. & Woodhouse, E. J. 著／陳恆鈞等譯，1998：114-118）。
不過，利益團體介入也經常出現激烈手段，其過去出現的激烈方式，包括：遊行示
威或請願、遊說、媒體宣傳（記者會、街頭表演等）、訴訟等方式（丘昌泰等，
2001：124-125）。

等。而其缺點則會產生主觀性過強且容易偏頗，容易忽視（甚至抑制）其他文化發展，可能政策的政治效益大於文化發展效益等問題。

2.「菁英導向」的文化政策

(1) 定義：意即「權威主義」的文化政策生產方式。文化政策由各個領域具權威性的文化菁英分子所共同完成，無論是文化菁英自己或組成團隊完成，或是先有議題或草案再由文化菁英參與完成等其他過程，無論過程如何，此類型皆為由菁英分子所主導的文化政策。

(2) 優缺點：優點為文化菁英經常是各個文化領域的專家，以及相當熟悉該領域的問題及需求等，因此，能有效率的提出特定政策計畫。不過，缺點在於文化菁英不容易跨越領域，也就是了解表演藝術的菁英，不會了解視覺藝術領域等現象，而文化政策通常會是跨領域的政策影響，所以，無法全面性的關注及討論，因而所提政策計畫恐過於特定甚至偏頗，尤其是許多文化菁英所提意見經常與當時留學的外國經驗有關。

因此，在臺灣經常發生由文化菁英所提政策，背離常民生活及地方文化特色等問題，有時候菁英文化政策反而壓迫了廣大社會大眾其庶民文化的發展，甚至界定並區分什麼「才是」或「不是」文化，而影響不是來自菁英的非主流文化之發展，而這些文化卻往往都是從自己的土地及日常生活中累積而來。

3.「理論科學研究」的文化政策

(1) 定義：屬於「理性主義」的文化政策生產方式。此類似於菁英導向的文化政策生產方式，但是二者相異之處，在於菁英導向的文化政策主要參與者為來自文化各個領域的實務界菁英，主要討論及提供的建議以實務工作為主，並不需要過多的理論以及科學的

研究過程等。

而理論科學研究的文化政策，主要以學校及研究單位為主，所提出的文化政策是以理論為基礎及以科學為研究方法的方式產生，在過程中也不像文化菁英們（尤其是藝術家）感性的各抒己見，表述自己的經驗與想法，而是運用較為嚴謹的科學方法，採取較為理性的方式進行研究分析。

(2) 優缺點：優點是以理論為基礎，科學方法為根據，文化政策的嚴謹性較高，其推論的過程及步驟皆較為清晰可見，也因此部分文化政策更具有說服力。例如：分析統計數據及整理為現況問題之後，針對問題提出的策略計畫，並能進一步評估出政策實施時應投入的部門及其所有資源、預估將面臨的風險、政策實現的檢核點及各階段執行度，以及政策成效等等。

缺點則因為有時候學術的象牙塔過於封閉而與實務現況脫節，或是套用精美的學術理論，或是運用大量的統計數據進行模型試算等研究，在過程中推論符合科學嚴謹性，但是卻往往不符合現實需求。也就是說，有時候學術論文只能提供理論的檢測，而不是對於發展現況提出實際的回應。

運用理論科學研究所研訂而來的文化政策，有時過於注重理論性，反而大大降低文化政策的實用性。另外，許多文化理論來自於西方社會，並無法完完全全適用於臺灣社會，有時候運用西方文化理論會忽略或反而失去臺灣本土的文化特性。

而過於理論科學的研究方式，也忽視了政治現實與意識型態等人為因素，畢竟許多文化政策一直受到許多政治及意識型態的介入，需要在「政治的夾縫之中，實踐專業」。

4.「文化團體參與」的文化政策[2]

(1) 定義：屬於「多元文化主義」的文化政策生產方式，強調過程中由各個不同的文化團體、文化社群等積極參與各項文化政策或文化計畫的制訂過程。

也就是，在各種不同的文化團體一起參與文化政策的過程中，針對此文化議題盤點產、官、學三界相關團體之名單，針對構成整體政策的各個不同階層、角色等進行分類，分析及排序在各階層中具有代表性、重要性，或關心此議題的相關團體，設計各種不同場次及討論形式，邀請各類相關團體與會討論，進行共識、歸納或結論等，並研訂成爲文化政策。

(2) 優缺點：優點爲廣納民意所發表的多方意見，讓文化政策更加務實、符合實際發展需求，多方討論中由於融入多元觀點，較能避免偏向某一特定團體利益，由於部分文化公民已經組織成各個團體，政府直接邀請可增加民間參與的效率。

---

[2] 藉由各種民間專業文化團體一起凝聚共識，爲政府來提出文化政策，也可以運用「統合主義」（社團主義，corporatism）概念來分析。有時候政府會運用「統合主義」的概念，爲了廣納文化團體意見，會召開全國性或地方性的文化會議，邀集所有相關藝文團體及專家學者進行與會討論，研議文化政策。然而在這裡文化政策的「統合主義」將分成兩種類型：(1) 一般統合主義：以藝文團體爲主角所形成的文化政策。(2) 國家統合主義的文化政策：此種方式，是政府固然可能邀集許多藝文團體進行文化政策的分組討論，但是，在文化政策最終擬定結果，還是回到政府（尤其是領導人）自己原本的意志及想法上，文化會議只是向各界藝文專業團體展開巡禮而已，表示有尊重且曾經辦理過各個藝文團體的參與過程，最後政府（領導人）還是在原有的想法之下提出自己的文化政策，而過程中文化團體反而因此被整合收編，因此，此類型可稱爲「國家統合主義」的文化政策類型。另外，由「文化團體參與」產生的文化政策，也可以是一種「政策社群」（policy community）形成的專業網絡，能針對特定文化議題或焦點進行討論、連結及產生共識，例如：聯名訴求等相互支持所關心的文化議題。不過，文化政策社群並非完全客觀理性，許多文化團體結合爲更大的共識及力量，有時候也會排除其他未加入的團體或更廣大的市民們，而所形成的政策也僅滿足了這些串連團體者的訴求，忽略甚至牴觸其他人的需求。

缺點爲參與的團體主要訴求自身利益與問題，因此，所提出的政策也可能偏離現實發展，而導致現有環境條件的可執行性偏低，或是政策過於狹隘、偏向同溫層，而造成曲高和寡不易倡議等問題。另外，團體參與也可能淪爲少數團體彼此相互結盟爲更大的力量，而影響特定政策利益及客觀性。民間團體本身也不是均等而有不同的影響力，勢力較強的民間團體容易影響政策走向；組織規模較小、影響力較弱，或是未參與討論的文化團體，其需求及意見則容易被忽視。

因此，文化團體參與文化政策是重要的方法，但是並非全部的方法，而政策形成的過程中，其他民間團體或文化公民的相關意見整合爲政策時的公平性等都需要一再注意。另外，團體參與的過程中，也需要運用「問題導向」思考，同時檢視團體參與所形成的政策，是否能有效解決現況或未來的問題等。

5. 「開放公民全面參與」的文化政策

(1) 定義：屬於「公民主義」文化政策生產方式。在事先設定分類或議題之後，全面開放給民眾進行意見發表。全民參與的方式可以分爲自由發言申論、設定問題的回應、投票選擇哪一個方案，其中，投票方式是最簡單的參與類型。

而一般民眾能提出哪些具體結果並不一定十分重要，更重要的是以文化議題引導全民參與的過程，在過程中讓民眾們能加以關注文化發展，引導踴躍參與並提出自己的想法。全民參與的媒介除了一般實體媒介，像是書信紙本、論壇活動等等之外，使用網路的媒介也可以解決現代人過於忙碌，無閒暇出門親臨現場的問題。在公開一定時間之後，將所有民眾發言等意見進行彙整歸納，並整理爲文化政策。

(2) 優缺點：優點爲透過文化議題促進整體社會發展爲公民社會，讓文化的議題發酵成爲全民關注的議題，而不是少數人的事情而

已，讓文化政策與常民生活相互結合，減少文化政策脫離社會大眾的需求而曲高和寡，也能促進「文化立國」、「文化立市」的願景。

缺點是民眾不一定對文化政策事務擁有高度關心的熱情，所以，民眾參與的活動宣傳是相當重要的工作，因為全民參與容易淪為特定階層（或社群）關注的議題而已，並不容易做到跨階層的全民動員，尤其是文化相關議題在目前臺灣的發展現狀，更是不容易讓所有民眾都感到十分興趣，因此，對外所宣傳全民參與的文化政策，實際上內部可能淪為少數階層（或社群）參與的意見而已。

另外，網路媒介參與十分便利，不過，網路使用上將因為不同的社會層級而有「數位落差」現象，某些社會階層並不擅長使用網路，因此意見將偏向網路社群。並且，由於民眾的想法相當廣泛複雜，民眾如何有效發言，以及在整理時是否能真實回應民眾需求也是重要課題，有時候民眾參與活動僅淪為形式活動。

除此之外，由於擴大全民參與的工作十分繁複，且所需時間較長，無法有效率的提出文化政策，也無法適用於需要緊急處理的文化事務。

6. 「問題及需求導向」的文化政策

(1)定義：屬於「務實主義」文化政策生產方式，由現況問題及需求導向的政策分析，在過程中多方向、多元管道的蒐集相關資料，包括：初級資料（主要為當面的問卷或訪談資料等）及次級資料（主要為相關文獻或統計等書面資料）、線上資料（主要為各種相關網路平台、社群平台、媒體影像等資料）與線下資料（主要為實體資料調查與蒐集所得資料等）、量化資料（數據、統計數字等）與質化資料（訪談、文字敘述或圖片等證據）、正方資料（贊成方說法）及反方資料（反對方說法）、問題資料（內容以

呈現問題爲主）或是成果資料（資料呈現部分已經完成的成果
等）、主要關係人（人員、部門或團體等）的資料及相關的連帶
關係人（人員、部門或團體等）資料，以及產官學三方資料等。

並且，進行現況需求及問題的歸納，以及初步研訂爲政策草案
時，將未來政策實施過程時會面臨到的問題等，也一併進行分析
並提出對策。

(2) 優缺點：優點爲文化政策以問題爲導向能發現問題、解決問題，
政策能反映現實狀況，並且實施能立即看到政策帶來的效果。

缺點爲由於以問題爲導向，如果對問題不夠了解或客觀性不足，
則將影響形成政策的結果，不僅無法解決問題，反而將製造更多
問題。另外，在調查問題的過程中，參與者及其所提出的問題也
需要受到第三方檢測，不然政策容易淪爲解決特定利益團體的問
題，而失去政策的公共性。

而在問題轉換爲政策的過程方面，因爲政策是一種決策的過程及
結果，其中，人爲的色彩十分濃厚，因此，由問題轉爲政策時，
人爲因素也是影響政策形成的重要關鍵。

7.「政治決策產生」的文化政策

(1) 定義：屬於「政策干預」的文化政策生產方式。而這應該是臺灣
目前最經常出現的文化政策生產模式，也就是中央或地方政府在
行政單位提出文化政策、法規、計畫、執行計畫的預算等，需要
經過立法院或縣市議會的審查過程，在過程中，由監督行政單位
的立法委員或議員等進行審查與協商，才能眞正完成文化政策、
文化法規（單位內部的行政命令例外）、文化計畫或是文化預算
等。立法委員或是縣市議員有時候會基於地區（選區）選民問題
及需求等利益，或是政黨本身的利益等，而提出許多基於政治考
量的意見，在地方上，許多文化政策、文化計畫或文化預算等，
實際上便是以此方式產生。

(2)優缺點：優點為民主社會中每一位監督者皆由人民所選出，因此，代表某些民眾的需求、利益等意見，透過民意機關的審查某種程度也是為人民把關，屬於「代議制」（代表人民）的民眾參與方式。

缺點則是因為政治人物有時候為了政治利益，而犧牲廣大社會發展利益，或是某些文化政策、文化法規等不具有話題性等，因此一再杯葛審查。像是許多文化法規經常送進中央立法院或是地方縣市議會後，多年皆未見正式討論或有最終結果，因而延誤文化實際發展需求。另外，政黨的意識型態有時候會介入文化政策、計畫或法規、預算等，以及因為不同的意識型態形成政黨之間的拉鋸戰，或是因為政治力介入而讓原本的文化政策、計畫或預算等扭曲變形，不僅不見成效，反而產生更多奇怪現象與問題。

五、以文化發展問題及需求導向的政策規劃流程

如圖 5-1 所示，為針對文化發展問題或需求導向現況，而進行的文化政策規劃方式。在文化政策的形成過程中，重視民間各部門及人士的大量參與，並且能於政府部門原本的文化治理概念之間進行對話與交融，依照一般文化政策規劃階段：調查需求及問題、提出目標及對策、確定方案及執行等步驟，進行政策規劃工作。

其中有關當地文化發展問題及需求之調查工作，主要有：

1. 相關資料蒐集

包括：線上（網路為主）及線下（實質資料）、量化（統計數據等）及質化（相關研究報告、書籍、文獻、報導、發展歷史資料等）等。

2. 專家學者會議

專家論壇、顧問團、專案諮詢會議、專家德菲法等。

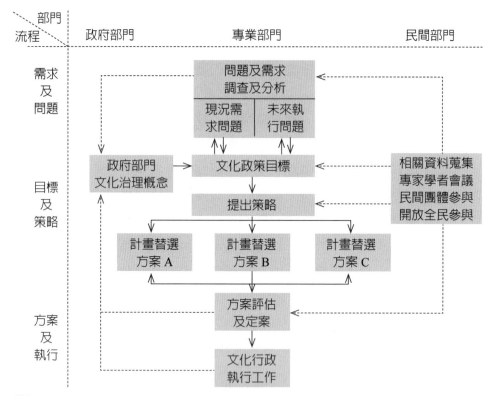

圖 5-1 以文化發展「問題及需求導向」的一般文化政策規劃流程
資料來源：本研究。

3. 民間團體參與

邀集文化政策民間關係人（團體）表示意見等。

4. 開放全面公民參與

公民投票、陳情、意見表述的各種方式，以及地方耆老、著名人士、代表人物等重要人物參與。

另外，在盤點文化發展需求及問題的同時，需要預估未來執行上所遇到的問題，而對於問題及需求之「分析工作」，一般可以採取下列原則進行分析，以提出策略及政策方案的優先序列，包括：

1. 迫切性問題及需求

當前最需要立即解決的問題及需求，為優先處理。

2. 普遍性的問題及需求

廣大社會民眾或社群所需要的或是發生的問題。將普遍性的問題及需求納入文化政策中，其政策執行的效果最大，廣大民眾們能獲得政策效益，也會讓更多人支持及有感。

3. 關鍵性問題及需求

也就是調查所有問題及需求之後，分析其問題真正的關鍵因素，篩選出關鍵問題及需求，列為優先執行的項目。而由於問題具有連動性，因此，解決關鍵性問題之同時，其效益也會連帶到其他問題。

4. 代表性問題及需求

此問題或需求是所有的代表。政府有時候無法全面處理過於廣泛的普遍性問題，因而選擇代表性的問題優先滿足或解決，之後，再視執行效果調整，之後再接續提出進一步的文化政策。

5. 程序問題及需求

某些文化政策並不只是涉及文化內容而已，部分政策涉及處理程序的相關問題及需求，例如：古蹟的提報、審議等公民參與古蹟指定的程序等問題。

6. 結構性問題

因為涉及社會結構的問題，因此，這是最難也是長期需要解決的問題及需求，例如：文化發展環境，因為是社會環境結構特質的演變，需要各種文化政策且長期的經營，才能建立自由開放、鼓勵各種多元文化發展的友善環境。

不過，在一般現實狀況，由於幾年便需要選舉一次，因此，會造成文化政策出現：炒短線、效果大、易執行、無後顧之憂、表面化等文化政策現象。然而，需要逐步的、不易立竿見影、難執行、爭議大、結構性等的文化政策，即使能解決現況最迫切、具重要性、普遍性等問題，也是乏人問津，更何況許多文化政策都是想到什麼做什麼，並無整套政策規劃生產過程。

在提出策略階段，需要一再檢視策略本身是否滿足文化發展課題及需求，以及達成文化政策目標，進而不同課題可以提出幾個不同的策略性建議。

上述是以問題及需求爲導向的政策規劃方式，在實際的實務操作中，文化政策或計畫經常不是由政府內部高層完全主導，在過程中會受到外在各界的影響，包括：外部的世界趨勢、專業者、民意、民意代表等，或是內部各級領導者的個人想法、政黨色彩、政治考量、各部門意見等，許多政治因素都直接或間接影響了文化政策，或文化計畫方案的方向與內容等。

第二節　文化政策之民衆參與及文化政治

一、文化政策之「民意」特性

許多文化政策與文化計畫皆與各界（或特定社群）的民意有關且密不可分[3]，以下引用吳定（2003）所提「民意」之概念，論述與「民意」息息相關的文化政策或文化計畫，具有以下特性：

---

3 臺灣的民主及民選社會中，在各地有大量地方派系及椿腳形成「虛擬組織」，椿腳讓黑與白成爲相互依存的難兄難弟，並形成「椿腳管理」（朱鎭明，2003：143）。在學理上都是論述一般的理論、方法等，但是在行政實務操作上，政治力經常介入而讓原有的政策理想付諸實現，但也經常扭曲原意，成爲政治利益與政黨角力的工具，尤其是法案與預算。

1. 複雜性

與民意相關的文化政策或計畫將比一般的更加複雜。因為部分群眾或民間文化團體將各自支持或贊同，當贊成者與反對者皆大量出現時，讓政策或計畫本身更為複雜。例如：對於古蹟文化資產的指定，或是對於老樹的保護等，地方民眾的意見可能分歧，不同立場社群民眾各持己見而產生更多紛爭事件。

2. 多變性

將產生更多變數。由於過程中更多人或民間團體參與其中，形成多方角力與衝突，複雜化的問題與力量，將造成政策或計畫執行時更多變動性。例如：政府對於地方廟會慶典活動的補助經費，經常受到民意代表的關切，以及各個宮廟民間團體力量的介入，進而影響補助的對象與金額等。

3. 不普及性

雖然是跟廣大的文化公民們有關的政策或計畫，但是並非人人都關心文化的發展，因此，即使是廣大民意有關的政策或計畫，在參與過程中大多是少數民間藝文團體或人士關心。不過，在日後正式實施時，當更多人發現與其切身相關之際，便會出現更多抱怨與意見等。例如：某些重大藝文設施或歷史街區保存區等都市計畫變更工作，在變更過程中召開公聽說明會，但現場出席者人數稀少，等到正式施工時，附近居民警覺到與自己生活利益切身相關才展開抗議，但都市計畫已經變更完成。

4. 不一致性

可能剛開始支持（或反對）的社會民眾或某些團體，在過程中轉換立場而產生前後不一致的情況發生。例如：某些社區藝文舉辦地點須借用鄰里的公共空間，像是鄰里公園、社區活動中心等，原本已經借妥場地，卻因為某些團體或民意代表的介入而臨時須更換場地或時間，但是藝文活動的廣告文宣已經對外宣傳或早已印製完成等現象。

5. 不可靠性

在剛開始投出贊成的意見，但是後來基於某些原因而轉為反對。例如：某些原本支持地方文化活動的鄰里長或地方代表，基於政黨意識型態不同或是特定利益等，而轉為不支持這項藝文活動。

6. 潛在性

某些民眾或團體可能一開始並未表態，而在過程中才真實呈現其意見。例如：某些都市計畫變更為歷史保存區，在剛開始時許多民眾並未關心或表態，直到發現現場正式施工時才開始表示意見。

7. 容忍性

民眾的意見是多元而片段的，許多也是從自身的意義與角度出發，政策執行過程需要傾聽與接納各式各樣的意見。例如：某些社區營造工作需要容納不同社群居民對於同樣一個議題的各種想法，需要更多且複雜的公民參與過程，才是落實地方與營造概念的做法。

二、民眾參與文化政策過程的整套社會設計

有關不同民眾進行文化政策或計畫，其參與過程之設計重點，主要可以將整套文化政策或計畫的過程進行整套分析，並拆解成幾個步驟或階段，再尋找合適的參與關係人、參與方式與參與重點等。

這也是整套文化政策形成規劃過程的基本步驟，包括：從文化需求及問題的了解、文化議題的盤點調查、文化議題的提出、研訂因應現況需求或問題的對策方案、政策或計畫方案的決策過程、方案執行過程、方案執行後的檢討等不同階段，依照當時的時空條件尋找合適的民眾參與方式，例如：直接參與（現場與會、線上或線下書信表達個人意見、公民投票等）及間接參與（代表人參與、團體組織參與、政府線上或線下進行民意問卷調查統計等）。

　　而政府的態度也由上而下分成不同的處理態度，包括：強制、參考、諮詢、溝通、匯辦、民眾自行處理等不同處理方式。另外，在當時的外在環境因素將直接影響民眾參與方式的合適性程度，包括：社會氛圍、政治因素、經濟局勢、資源供給與限制條件（例如：法規制度、時間、費用、人力等）。

三、文化政策的民眾參與類型

　　文化政策的民眾參與類型分析，主要包括如下：

1. 菁英參與

　　運用各種方法，例如：召開正式或非正式的會議、訪問等，邀集在社會上與本政策計畫相關的各級意見領袖、民意代表、專家學者、仕紳名人、地方耆老、代表人物、政策關鍵者等社會菁英人物，進行政策參與。

2. 團體參與

　　例如：直接委託民間團體進行相關政策或計畫，或是事先盤點整個文化政策或計畫推動時將會遇到的各個相關關係人（關係部門），這些政策關係人則包括：相關專業藝文、地方社區、社群團體等各個第三部門非營利文化組織，或是公司等營利團體文化企業組織，以及政府部門相關行政組織等，在過程中進行參與及表達意見之方式。

3. 民意代表參與

　　在民主社會之中，由人民選舉產生的各級民意代表，其參與文化政策計畫的意見，能代表特定民眾的立場。例如：文化相關法規的立法及修法等工作更是涉及制度運作規則，也由於其具有行政監督權及預算審查權且具有法定地位，因此，民意代表的參與也代表部分民眾的意見。

4. 大眾被動參與

可設定特定,或不設定特定領域的社會大眾為對象,而民眾角色在於被動的被告知參與及討論等。例如:政策的公聽會、說明會等,民眾處於被諮詢或告知等地位,決策過程還是由政府自行決定之方式。

5. 大眾主動參與

不只是被告知或參與討論而已,社會大眾具有決定文化政策的積極參與方式。例如:公民投票、網路票選等方式。或是,特定民眾(或個別組織)為了行政裁量不公而自己主動採取行政救濟,或委由民意代表提案、市民信箱等行動。

四、民眾參與文化政策不同的開放方式

在文化政策或計畫形成同時,開放民間參與極為重要,而由民間團體及開放全民參與各種文化政策事務的參與層次,由上而下的階層及方式主要可以分為:

1. 強制執行

不經民意而由政府強制執行,例如:臺灣戒嚴時期的「中華文化復興運動」等文化政策。

2. 說服

由政府出面向民眾展開說服工作,告知民眾政策帶來的利益及好處等,民眾不一定完全了解政策內容,但是被說服而加以執行。

3. 諮詢

民眾獲得政府部門的諮詢,將其意見納入政策內容。

4. 同意

政府所提文化政策，交由民眾來進行同意後才加以執行，例如：公投。

5. 民眾提案

由民眾自己提出文化政策方案，並且提交政府部門依照程序加以實施，例如：某些古蹟保存由民間提案申請等案例。

五、文化政策的「賦權」概念

文化政策需要適度的由下而上，才能了解或是解決現有的文化發展問題與需求，而將政策參與權下放給民眾，並且由民眾為主、專業者與政府為輔，在過程中讓不同社群民眾充分參與及提出意見之方式，為以「賦權」（empowerment）概念的文化政策或文化計畫。有關「賦權」概念的文化政策，其特性分析如下：

1. 文化治理概念

由下而上的力量，培養文化公民及整體形成一個文化公民社會。

2. 政策目標

以人民為主角、專業者為輔導者、政府為配角，各種政策協助民眾培養出具有獨立自主的文化公民素養。

3. 政策研訂方式

以自主式、開放式概念為基礎的公民參與政策研訂方式。

4. 政策計畫

由「社會設計」的不同社群民眾互動方式進行，例如：政策讀書會、公民論壇、世界咖啡館、社區公投等方式，形成數個文化計畫替選方案，並確定計畫方案內容。

5. 政策行政執行

由居民自行完成，或是由專業者協助居民自行完成，政府為權力配合單位，提供各項資源、協調與協助等工作。

六、文化政策的「辯護式制度」概念及其操作方式

以下進一步分析有關「辯護式制度」運用在文化政策或文化計畫的概念與做法等，分析如下：

1. 辯護式制度的概念

新自由市場主義，政策需要透過自由競爭、爭取群眾認同與支持而產生。政府因為民主選舉或是特定利益而產生政策偏頗問題，因此，政府不能以公權力介入干預，而是提供一個自由競爭政策的環境，以及文化政策形成過程的整套設計。

2. 辯護式制度的功能

政府不能過度介入干預政策走向，目前政府所提政策容易產生民眾無感或是毫不關心的現象，而由民眾認同及支持所產生的文化政策或計畫更能滿足地方需求或是解決地方發展問題。如果在一開始研訂政策或計畫時便展開公民參與，在後續正式展開執行工作時，將更為順暢及容易進行。也因為政策從提案開始到公投確定政策或計畫的方案，過程中容納不同群眾或團體提出各種不同觀點與想法，並且因為競爭關係，除了需要對自己的方案進行辯護之外，基於需要出動眾多公民前來投票，因此，各自提案的不同社群或團體，會自行動員民眾、向民眾拉票，進而大幅提升民眾參與動能。

因此，不同提案社群或團體將會利用自己的民間力量，來自主性的動員與號召民眾，減少政府自己出面宣傳又動員效果有限的窘境。過去由政府宣傳的政策或計畫，總是會出現公部門與民眾關係緊張、不信任甚至對

立的情況，而由民間自主提案及自行整合協調，將形成主動的力量，在政府部門及民眾之間產生連結作用，自主動員及整合不同民眾的個別意見及需求。

3. 辯護式制度的操作方式

政府執行單位事先規劃整體計畫，亦可委託民間相關專家學者及團體專案執行計畫，主要如下：

(1) 確定執行的範圍、議題或方向等。

(2) 對外正式公告整體辯護式計畫工作執行重點、方式及進度等，也需要在當地召開說明會、設置網頁等，讓當地所有民眾了解本案的內容。

(3) 由民眾自行尋找合適的專業團隊一起工作，或是政府可以事先設置本案協助的專家學者資料庫，由當地社群民眾依照自己的需求前往尋求協助，或是由政府主動事先安排各領域的專業團隊，與地方不同性質的社群進行相互謀合。

(4) 地方上不同社群民眾依照自己的需求由不同的團隊進行專業協助，專業團隊以民眾的需求進行專案的規劃設計，過程中便是透過「社會設計」的概念及各種參與的方法來進行，並以「賦權」概念以民眾為主、專業者為輔的方式協助民眾所反映的問題及需求。

(5) 政府單位規劃設定截止時間，社群所找的團隊完成自己的計畫方案，包括：方案計畫構想與具體內容、優缺點分析、預算、時程、工作等，並開始進行公開展覽。公開展覽期間開放各社群號召所有民眾前來觀看，並表示回饋意見。

(6) 在公開展覽截止日，進行各種不同社群所提方案的簡報，以及針對民眾在公開展覽期間所提出的意見進行說明，現場亦開放民眾發問及回應，不同社群並對於自己所提的方案展開辯護。

(7) 完成辯護工作後，進行公民投票（政府單位需要事先規劃投票者的範圍及類型等周延的設計）。

(8)公民投票結果，確立方案計畫，展開執行工作。

(9)政府單位亦可將範圍較大或是較為複雜的政策或計畫，分幾個階段方式進行辯護式作業。

4. 辯護式制度中政府及專業團隊的角色

(1)政府的角色：需要保持中立，並不介入各種方案計畫內容，留意整體過程的客觀性、公平性等，尤其是所有資訊的公開透明，以及投票對象的設計。而地方政府如果尚未有執行經驗，建議可從較無爭議問題或範圍較小之處著手，再逐漸擴大。

(2)專業團隊的角色：以民眾的需求及問題為主，民眾所提的意見許多都是片段或個人意見，因此，需要設計更多場合與機會來加以互動、說明與相互了解[4]。

第 三 節　文化政策分析與評估

一、文化政策的科學化

規劃一個較為理性的文化政策，其最基本的項目應至少包含：政策目的、方法、成效等，才能從事較為科學化的做法，分析如下：

---

[4]「辯護式制度」與「參與式預算」之異同。辯護式制度與參與式預算的執行，同樣都是開放公民自行提案為主，但是決定方案的方式完全不同，參與式預算是由政府及專家學者小組進行審查是否通過，由專業者判斷，但是真正的決定權不是在提案內容，反而是決定權的行使。辯護式制度是將方案的決定權還給當地民眾，才是公民社會的基本精神。另外，辯護式制度在過程中，由於方案競爭之故，因此不同社群民眾們需要自行號召及動員，反觀參與式預算提案者並無法做到較為強大的動員效果。更何況，參與式預算在執行上其預算資源優於計畫內容，市政府先編列一筆經費提供民眾爭取，然而辯護式制度的做法反而重視計畫方案內容、民眾共識。

1. 政策目的

為對於政策目的的客觀檢視，是為了達成社會大眾廣大的福利，或是僅為少數人牟取利益。

2. 政策方法

執行的過程是否可以確實實踐原本想要的目的，以及如何因應現實條件做出即時的調整（甚至是危機處理）。

3. 政策成效

擴及不同的層次效益及具體成效指標，以及事後的評鑑與回饋。

以上整個過程朝向理性化的工作方式，並能在政策研訂階段，尚未付諸執行前，已經做出上述三個階段的具體規劃、分析與評量。

二、「文化政策科學」與「文化政策不科學」分析

「文化政策科學」（cultural policy science）是將文化政策以科學精神及方法思考與分析，讓所提出的政策更加客觀、理性及具說服力。既然將文化政策成為科學，便是將政策計畫本身融入科學研究與評估等工作，因此，文化政策科學的基本研究法為量化與質化研究法，但由於一般政策屬於公共性、具廣大公眾性，因此大規模政策主要還是以量化研究法為主，例如：問卷調查。而針對政策相關的關係人，才會採取質化研究法，例如：訪談調查。

文化政策科學為提出數據、證據等加以佐證或支持政策的必要性、重要性、迫切性等，或是反之透過科學證明來推翻及修正調整原有不當的政策。將政策科學化可以運用的部分，包括：

1. 實施前期：對於先前與新設的政策之評估及分析。
2. 實施中期：政策執行所產生效益與問題的證據，以及加以修正調整等。

3. 實施後期：對於原先政策的事後成效評估與檢討，並作爲下一個政策或相關工作的參考依據。

然而「文化政策不科學」主義者的主張，則是相信各種政策是由人所訂定，因此在政策制訂及執行的整套過程中，勢必是一連串、各種的政治因素介入其中，所以，政策無法完全理性，即使其政策制訂過程如何嚴謹化、科學化，以及提出多少所謂的客觀證據，都將因爲過程中的政治力而有所改變，或是就連政策本身都是用來隱藏政治因素，或是用數據來爲政治背書而已，因爲政策一向都是由各種政治因素所產生。

三、文化政策之方案評估

政策分析是應用科學、需要科際整合的知識、應考量社會價值、是雇主取向的（汪正洋，2010：28）。除此之外，在各種文化政策或計畫的分析基礎，將主要包括以下取向：理性科學研究取向（例如：多方蒐集文化發展資料、採取量化與質化研究、透過演繹與歸納方式推論等）、發現及解決問題取向（例如：能了解不同層級的文化需求與問題現況，能回應現況或分析政策與現況落差等問題，能提出有效的文化策略與計畫等）、整體社會價值取向（例如：推動文化政策帶來的不同層級及整體社會價值之分析，或是文化政策風險、所需付出的社會成本等評估）、系統性的分析取向（例如：文化政策影響的層次、各相關部門的關聯影響分析、社會外部的連動分析等，以及文化政策對當時社會所投入及產出的系統性分析等）。

各種不同的文化政策或文化計畫，在其政策或計畫之數個替選方案（草案）提出後，其替選方案之方案評估因素，則主要如下：

1. 足量性

爲「量化評估」。文化政策或計畫應能解決現況問題或滿足發展需求等功能，因此，政策受益對象的數量、規模大小等是否足夠，是否有廣大

的民眾受惠等，或是能提升大量的產值等量化數據評估

2. 影響性

為「質化評估」。文化政策並不一定要達到大量規模才值得進行，對於文化發展的質化影響性同時也是評估的重點，而且質化的政策或許在未來多年後也會帶動龐大數量，影響性高的文化政策也是關鍵性的文化政策。

3. 可量性

政策執行過程（含效果）為可測量性，能在各階段過程中加以檢視、管理及調整，而不是黑箱作業。整個推動過程不可測量的文化政策，其政策風險極高。

4. 可及性

政策本身可以做到及不可以做到的程度之評估，例如：執行所需時間、預算、人力、物力、專業技術、相關部門的配合等資源是否能給予支持，或是外部環境之相關法規制度（是否依法有據或會違反法律等）、政治及經濟條件等是否已經完備。評估在各種現有條件之下，政策方案是否可行，還是需要事先建立可執行的環境，之後再來執行本文化政策評估，讓文化政策在推動上更加務實。

5. 風險性

評估各種政策方案在推動時，將會遭遇到的問題為何，與問題將會影響的層面為何。另外，相關問題的因應對策為何，以及因應對策是否能夠掌握或可執行。政策風險需要評估的不只是政策本身的不確定性及衝擊性，也包括對於社會、政治、經濟等因素，以及文化相關衝擊與所需要付出的成本，需要事先思考文化影響評估相關工作。

四、文化政策的政策評估基礎層次

文化政策評估之方法[5]，基本上包括：量化與質化方法、實驗設計（實驗室、社會現場實驗、單組前後對照或雙組對照等）、試辦方式（局部範圍或地區先行試辦，記錄及回饋意見修正，評估後再調整、擴大或取消文化政策或文化計畫）。

無論運用上述哪一種政策評估方法，在一個文化政策或文化計畫進行政策評估時，主要是將政策或計畫的主要關係人（關係部門、相關人士或團體等）列入評估作業，而其中政策評估的基礎層次，主要分為兩個：

1. 文化政策與計畫的研訂過程之評估

包括：政策或計畫的適法性、合理性、衝擊性等，在各研訂階段有任何法規依據，以及將所有相關關係人列入參與評估，或預測其產生的意見等。

2. 文化政策與計畫的實施成效與衝擊評估

也就是以政策或計畫實施的最後結果（或分階段執行的階段性成果）進行評估工作，同樣事先盤點該政策或計畫執行結果有關的相關關係人（關係部門、相關人士或團體），並分項進行正面效益（正向效果）及負面衝擊（反向效果）等影響評估。其文化政策或計畫的評估工作，包括：量化的各種問卷調查及統計方式，以了解影響的廣度與普遍性程度，目前在大數據的運用上將可即時反應政策或計畫的影響與調動；以及質化的各種訪談等調查方式，以反應政策或計畫的深度及個別影響狀況，尤其是關鍵的關係人其意見反而可能成為關鍵重要因素，而能與量化普遍性互補，提供政策或計畫之重要回饋。

---

5 另外，組織的行政決策方式，可以包括：個人決策、團體決策、問題本身性質決策、手段與目標連鎖決策、行動過程決策、情報蒐集決策等（姜占魁，1980：259-311）。

五、文化政策之政策評估過程各階段工作

一個文化政策或文化計畫在推動的整體過程中,其在各階段的評估工作,可以包括:

1. 在盤點及調查現況分析階段

對於資料蒐集及各界專家學者所調查與參與之內容與方式進行評估、對現況問題及需求的調查內容與調查方法之評估,以及在各階段過程中相關關係人(關係部門、相關人士或團體),參與內容與方式的評估工作,與對於現況調查之後,進一步提出之課題及因應對策項目內容的評估工作等。

2. 在政策或計畫之研訂階段

對於政策目標及需求等所研訂之各個替選方案進行評估,包括:成本、效益與效用等,以及評估各方案中將產出的各項成果、影響層面及程度、可行性等,並選出一個確立執行之方案。

3. 政策執行階段

評估已確立的政策或計畫方案,在執行現場與政策或計畫之間出現落差及問題時評估其問題,以及針對問題所因應的修正內容與方式等,其適宜性及其發展之評估工作。

4. 在政策執行完成階段

進行回溯評估,包括:本政策或計畫的整個執行過程與結果等,並檢討作為下次文化政策或計畫方案研訂時的重要經驗與參考資料。

六、文化政策評估工作類型

有關不同的文化政策或計畫，其評估工作之基本類型主要可分成：

1. 政策效益評估

對於政策或計畫未來預期可產出的內容進行評估。例如：在「文化價值評估」工作中，對該項政策或計畫在執行後，將來哪些事物對象會促進、提升，或新增出哪些具有文化價值的對象。

2. 可行性評估

對於文化政策或計畫在執行時的各項環境、所需資源、既存條件等之下，針對其可行性程度進行評估。另外，可行性評估並不僅僅針對正面內容進行評估，也包括負面內容評估，例如：風險性、危機評估以及各項負面效果等。以正反兩面了解其實際執行過程的可行性，而是否值得執行的價值性評估也是可行性評估的重點之一。

因此，可行性評估工作主要包括：正面效果評估、負面內容評估、價值性評估等。例如：在「文化價值評估」工作中，將針對該項政策或計畫所涉及的相關文化內容，在執行所需人事物等各項資源及環境條件（政治、經濟、社會或法規等），以及分期實施之可行性與不可行之處的各項分析。

3. 影響性評估

針對文化政策或計畫本身內容將帶來的各項影響範圍、影響程度等，以及政策或計畫外圍延伸而來的相關範圍及程度進行評估工作，並且再向更外部延伸進行評估，類似同心圓一再向外擴大，形成各層次的影響評估。例如：在「文化影響價值評估」工作中，針對該項政策或計畫對於範圍內的各項文化價值對象，將造成哪些對象或文化價值之促進或減損、衝擊或影響等，以及不同層次範圍內的衝擊與影響性又是如何等評估分析工作。

七、文化政策「量化」與「質化」評估指標[6]

　　爲了有效檢視文化政策在執行時，是否完成原訂政策所要達成的各項目標，於是會在政策形成同時規劃具體的政策「指標」，不只是在最後成果階段，也在各階段中設定屬於各階段的政策指標，以衡量全案執行是否有依照原訂計畫進行。而無論是各種不同項目的政策指標，其指標之基本性質包含：量化指標及質化指標，且各具特性及差異，量化指標及質化指標也各具有指標的限制或問題，有關量化與質化指標的特性及其問題，分析如下：二者應該交叉使用、互補使用，或是單一項目涵蓋多個量化及質化指標之共同使用。

1.「量化」文化政策指標

(1) 指標特性：也就是數據化、統計化，優點爲以數量計算，十分具體，例如：參觀人次、產值等。

(2) 指標問題：過於同質化，無法掌握或甚至不利於具有差異性的文化發展。例如：某些博物館並不是因爲參觀人次過少，或長年虧損而不應該存在，反而是因爲保存或具有特定社會教育意義而更需要存在，因此，不能僅以參觀人次及產值來計算其經營成效。

2.「質化」文化政策指標

(1) 指標特性：針對各種文化特質差異而產生的發展指標，優點爲不同文化有其獨特性，因而以各項質化內容來描述其發展方式，並且質化描述本身具有發展彈性。

(2) 指標問題：質化指標的問題是許多質化指標爲描述方式、敘述方

6　文化政策的研究領域，包括：(1) 文化政策科學研究：重視理論及科學研究方法，像是許多文化政策研究期刊論文等，重視政策理論的學術研究，主要爲研究論文。(2) 文化政策計畫研究：包括政策內容、制訂及執行等過程、產出效益、評鑑與評量等，以問題爲導向及提出因應的計畫做法，重視實務問題分析，主要爲技術報告。然而，上述二者都包括「量化」及「質化」的指標分析。

式的指標，不僅不夠具體且不易掌握，也容易見仁見智各自解讀。例如：本博物館朝向「本土化」發展，然而「本土化」本身僅為一種描述而本身不夠具體，因此後續在政策執行、政策管理、政策績效評估上並不容易。因此，一般文化政策本身皆涵蓋量化與質化二者。

八、文化政策分析及評估之基本方法

在文化政策或計畫規劃出草案之後，主要可再由以下方式進行政策評估工作，分為：「藍圖式」、「漸進式」及「階段式」等三種評估方式，如下分析：

1. 文化政策「藍圖式」評估方式

在藍圖式的評估方法中，主要基礎為全面、系統性的檢視方式，其中一種為「樹狀系統」分析方法，其在操作上，可以一方面展開整個政策執行的時間期限，以及標示出政策在各階段推動執行工作時的關鍵點，這些關鍵點便是重要的決策點。標示出決策點及決策事項後，每一個決策點本身可以區分為樂觀狀況及悲觀狀況等情形，再依照樂觀或是悲觀狀態之條件，列出預估將會遇到的問題，並提出因應對策及解決方式等。

例如：所需要的人力、物力、經費、相關單位配合等，進行某些因應工作，之後再往下一階段推估樂觀狀況及悲觀狀況等情形，與其因應對策等。因此，全案便是以政策推動的一定期限，評估在各個關鍵點決策時所遇到的樂觀及悲觀情形，與其所需要面對的狀況及因應對策。

另外，從另一個角度分析，政策評估是在各決策點，能協調及儘量解決各種將會面臨到的問題，以及滿足各個政策關係人（及部門）的問題及需求等，並且同時提出無法解決或是滿足需求時的風險，以及未能解決時的因應對策。

2. 文化政策「漸進式」評估方式

當文化政策或文化計畫其目標、目的或效果等並未具體明朗，或是文化政策其實施的方式及做法等尚未清晰（或是刻意採模糊方式），一邊進行一邊調整之方式，爲「漸進式」政策之特性。

例如：某些具有「風向球」特性的文化政策或計畫（或是前導口號、理念等），尚未有具體的政策操作方式等計畫，便先拋出議題讓相關文化社群及關係人（部門）產生各種開放式的不同意見，再蒐集與整理分析這些意見加以評估之後，進行下一階段的工作。

另外，由於「漸進式」具有現況及模糊之特性，文化行政者的即時評估與因應顯得更爲重要。所以，「漸進式」文化政策之評估工作的關鍵，便是能即時蒐集與評估當下實際狀況，並且即時調整工作，例如：對於大數據的分析、評估及因應等運用。

3. 文化政策「階段式」評估方式

「階段式」的文化政策評估適用於採階段性的文化計畫執行方式，「階段式」的文化政策評估方式是結合上述「藍圖式」及「漸進式」等二者特性的政策評估方式。

「階段式」政策推動與評估方式，是將原有全面藍圖的政策區分成：「分段」（議題）、「分期」（時間）、「分區」（空間）等方式加以實施，在該階段期間內的政策評估方式如同「藍圖式」，因爲政策目標及政策效果等較爲清楚，所以政策評估指標也更爲具體。在該階段文化政策或計畫執行告一段落的同時檢視、分析、調整，並作爲下一階段研訂政策的目標、計畫內容等重要參考，在此就如同「漸進式」的依照現況回應並加以調整之方式。

而「階段式」的政策評估如同「藍圖式」，具有清楚的關鍵績效指標作爲參考依據，在各階段會邀集相關政策關係人（部門）及產官學專家學者等召開會議表示意見，或是委託民間專業團體進行研究評估，也是現階

段在臺灣經常使用的政策執行及評估方式,而這也與民主選舉首長僅有數年任期有關。

九、文化政策之政策「評估機制」

無論是文化政策、文化計畫等,在執行前的評估、執行中的檢視、執行後的檢討等,都可以運用以下方式進行:

1. 業務執行單位自行評估檢討

由於業務人員處於第一線,對於政策或計畫推動所遇到的任何情況與建議較為實際,由下而上的自行評估或執行中的檢視工作,較能反映實際問題及需求。不過,由於文化行政人員的素質、態度及客觀性等皆會影響結果,或是會產生問題盲點,或是無法針對問題提出有效因應對策等情況。

2. 專家學者會議

由業務執行單位研訂文化政策或計畫之討論議題,並邀集與議題具有相關經驗的產官學等專家及學者,以專案會議的方式與會共同研商,並能檢視更廣泛的問題層面以及提出更多因應對策。不過,專家學者所接觸到議題及會議討論的時間有限,因此,所提的意見可能較為理想性或過於個人主觀想法。

3. 專案研究

以政府採購方式委託民間專業團體組織,進行專案的政策或計畫之評估及研究,如此時間較長且研究過程較為完整,但是受限於投標單位其研究人員的專業素養、態度及價值等,皆會直接影響整體內容及品質。另外,由於專案研究需要一定時間完成後才能提出完整意見,可能無法因應各項正在發生又必須要立即回應的政策問題。

4. 文化智庫

事先針對文化政策及文化計畫發展所需要的各領域專家學者，進行盤點調查、蒐集名單成為資料庫，透過定期或不定期的活動聚會等，能比一般專案的專家學者會議有更進一步緊密連接的各項活動，而不只是一個名單資料庫而已。

例如：民間各種文化政策主題、領域相關的團體，便是一種民間智庫的組織，或是由政府邀集成為智庫而能在聚會中提出政策回饋等意見。然而，目前政府某些「文化委員會」或是民間的董事會（理監事）等也是一種智庫的組織，亦能善用。或是由政府直接委外產生文化智庫等，因此，文化智庫不是只有一種單一的形式。

5. 專案辦公室

政府直接委託民間專家學者，在自己的政府單位部門中成立文化專案辦公室，進行相關文化政策與文化計畫的研訂與評估、執行與檢討等工作，並且政策評估者與政策執行者等二者合一，不像前面專家學者進行政策檢視與評估，而政府業務單位負責政策與計畫推動執行等二者分離之情況。只是專案辦公室由於委外設置，因此也具有一定程度的風險性，研究者本身的專業素養及態度等皆影響內容及品質。

十、文化政策的效率及效能評估

在此引用 Peter Drucker 曾經提出的效率（efficiency）及效能（effectiveness）概念（Drucker, P. 著／許是祥譯，1997）來評估文化政策[7]。文化政策需要進行效率及效能二者評估，效率是如何降低各種成本

---

[7] Peter Drucker 曾經說：「管理就是把事情做對；領導就是做對的事情。」（Management is doing things right, leadership is doing the right things.），然而，二者經常產生衝突、無法並存。許士軍（2015）表示：追求效率（efficiency）與追求效能（effectiveness）分別是二種不同管理典範。追求效率的管理重視內部保持穩定、維持現況；而追求效能的管理重視外在變化、追求創新。企業想要同時追求二

（經費及人力等資源成本、社會成本、政治成本、其他機會成本等）而完成政策計畫，也就是「效率」（efficiency）是「把事做好」（do the things right），且其主要工作在於如何有效率的執行完成工作，也就是說，文化行政執行如何使用最有效的方式履行文化政策計畫。

然而，效能（effectiveness）是「做對的事」（do the right things），也就是文化政策與計畫的方向與內容是否正確。站在社會大眾的立場，效能關係著文化政策是否為當前最符合需要或最能解決問題的政策計畫，不過，許多在位者經常站在政黨或個人政治利益角度思考，效能就會變成對於政黨或是個人政治生涯產生的功用，並未產生真正的政策效能。

另外，原有的文化組織分工與人員、法規制度等結構，也將影響效率及效能二者執行。像是許多文化首長為政務官，在上任後提出的文化政策或計畫，無論這些政策或計畫是經過客觀研究而成，或是個人的文化政見等，在現有的組織結構中可能產生衝突。另外，又例如：主計的繁瑣細膩的核銷作業或是僵化的人事制度等相關規定，與所提出的文化政策計畫有所限制或衝突。因此，在政策評估上，需要務實面對目前環境條件下的可行性或是需要突破之處。

中央及各地方政府文化行政者，需要運用自己的地方特性去規劃及執行具有「效率」與「效能」兩大「雙效」指標的各項文化政策或計畫。例如：在效率方面，分析並執行其花費最少成本並且能獲得最大效益的政策或計畫；或是在效能方面，分析並執行達到民眾所需或解決現況問題的政策目標或目的。

然而，目前臺灣是民選政府制度，在任期有限之下，喜歡講求立即讓人民有感的政策效果，於是許多有關文化底蘊及文化永續發展等文化基礎建設與計畫，被輕輕帶過或乏人問津，而不利於文化扎根及文化多元生態發展。因此，政策效能應該站在廣大市民、整體文化發展的角度，而不是

者，卻沒有意識到其實二種管理思維南轅北轍，以致創新與結果不如預期，是當前一個很大的問題。

助長個人或特定人事的效能，而當效率與效能產生衝突，亦須留意客觀的文化政策其「效能重要於效率」，以免一再出現文化基礎計畫與基盤建設無人打理，且造成許多短線政策不利地方文化長遠發展之現象。

十一、文化政策的「成本評估」[8]分析

各種不同的文化政策或文化計畫，其成本的類型並不只有經費成本而已，由於政府機關本身並不是營利單位，因此有時候經費成本反而是最不重要的成本類型，分析如下：

1. 執行業務機構之內部成本

(1) 執行成本

執行本項文化政策或計畫時所需要的預算經費、相關人力、物力、時間與薪資、物資等，如同生產一項產品所需要投入的成本。

(2) 排他性成本

在單位內部的總經費及所有資源固定及有限的條件下，在不往外擴大或是能擴大的規模十分有限之下，執行本項文化政策或計畫勢必排斥其他文化政策或計畫的執行資源。因此，除了計算政策或計畫本身的所需經費及各項執行資源之外，也同時需要注意及分析其他業務執行時受到的影響，而這些影響也是一種所需要付出及解決的成本。

---

[8] Hughes（2006）則認為「有些政策分析所使用的實證方法，包括：成本效益分析（在沒有機率性的方案中，得出最佳選擇）、決策理論（在或然機率性的方案中得出最佳選擇）、最適水準分析（尋找最佳的政策，其中過多或不足皆不可取）、配置政策（最適最小成本分析）、時間最適化模型（決策系統的設計可使時間消耗極小化），而各種作業研究及決策分析技術，包括：線性規劃、動態規劃、決策樹、風險分析、等候理論（queuing theory）、庫存模型（inventory models）等。」（Hughes, O. E. 著／呂苔瑋等譯，2006：166）

(3) 風險成本

也就是執行此政策或計畫其失敗的機率、失敗時所需要付出的代價、風險管理方式、危機處理策略等所需要的成本。

2. 執行業務機構之外部成本

(1) 政治成本

除了業務單位本身執行該政策或計畫需要付出相關經費與資源，才能完成執行任務之外，業務執行單位其外在政治成本也同時需要考量，其不僅是不同政治意識型態的干預所產生的政策或計畫之不穩定性及問題，也由於民主社會需要受到議會、立法院等監督者的影響，經常在刪減（除）預算及資源、介入或質詢其政策或計畫內容等。

(2) 社會成本

文化政策或計畫不僅是本身的成本，其執行同時會連動整體社會，例如：政治、經濟、教育、社會氛圍等等，整體社會也會因為一項文化政策或計畫需要付出成本。

3. 社會大眾的成本

(1) 機會成本

社會大眾選擇參與這項文化政策或計畫時，需要在同一時間之中放棄參與其他活動的機會，因此為社會大眾的機會成本。

(2) 參與成本 [9]

社會大眾前來參與此文化政策或計畫時，所需要付出的抵達之距

9　臺灣各地方政府辦理節慶及藝術活動之問題：從「成本」角度分析，在各地方政府的文化行政人員，需要在地方政府有限的預算金額、人力及物力之下自辦或委辦同質性高的藝文活動，除了文化行政單位需要付出各項內部成本，也需要付出一定的風險成本，例如：天災或是因為人員疏忽、計畫不周詳或不精彩等造成的負面事件與危機等，並且由於不同縣市首長有自己的政治色彩，活動本身可能有政治意識型態的介入而複雜化等。而且目前許多文化政策或計畫都僅僅考量自己的內容，

離、工具、時間、安全性等交通成本，以及民眾在參與時需要付
出的相關成本等。除了具特定主題吸引特定民眾的藝術或文化活
動之外，對於一般民眾而言，通常參與成本愈低則參與的意願愈
高，也就是交通的便利及可及性愈高，其參與度愈高，以及參與
的門檻愈低（例如：民眾不需要準備太多服裝、道具、工具或前
置作業等）則愈容易參與。另外，目前臺灣各地方政府喜歡在同
一個「時間點」舉辦各種相似的大型活動，例如：跨年晚會、中
秋晚會、端午龍舟競賽、928 教師節孔子聖誕活動等等。

十二、文化政策之「政策研究方法」

文化政策研究方法，至少可以包括：[10]

而忽視對於社會發展可以帶動的整體效應，大多只是稍縱即逝的表面活動。而社會
大眾在生活中到處都有各種有趣的活動，如果政府這些活動不夠精彩，或沒有前往
的必要性，民眾會去付出機會成本相對比較少，且是自己想要從事的活動，並不會
前往政府的這些活動。更何況，各地方政府在同一時間內，所規劃及辦理的大型活
動其性質大多相同，例如：跨年在各地會同樣出現煙火，中秋節各地舉辦烤肉及
歌唱晚會等，各地方的民眾便會選擇自己想要去又容易到達之可及性較高的活動，
於是，同樣都是跨年煙火秀，臺北市的吸引力便相較其他城市有更多民眾參與。因
此，以各項成本概念進行分析，便會了解各地方政府其實不需要在跨年花大筆經費
施放煙火，因為其成本過高，應該盤點調查城市的地方性，突顯自己地方特色的活
動反而能降低成本。

[10] 文化政策也可運用「政策週期」加以分析，文化政策在執行過程為一個「政策週
期」，因此在整個週期的過程之中，使用「政策監測」（policy monitoring）方法，
運用資訊來輔助政策的執行、評估、提供回饋、重新制訂或調節修正相關政策與計
畫工作等功能，具有評估、追蹤及管制等功能。再進一步分析，「政策監測」其主
要功能，分析如下：(1) 順服（compliance）功能：文化政策或文化計畫工作，在執
行過程有多少人配合的執行成效等。(2) 審計（auditing）功能：政策目標原鎖定的
對象是否有效獲得政策的文化資源、機會或利益等。(3) 會計（accounting）功能：
文化政策或計畫在執行一段時間之後，整體文化環境、政治與經濟之整體社會環境
背景之變化情形。(4) 解釋（explanation）功能：分析說明各個文化政策或文化計畫
方案在實施前、中、後等各階段過程的優劣及利弊等分析，並適時提出回饋調整原
訂政策與計畫內容或進行方式等。在政策執行週期過程，政府單位則經常是由研究

1. 「文化功能系統」研究

為政策體系研究，在整體文化發展中需要各個不同系統分工與運作，因此分析研究對象其整體文化發展的分工體系、各體系對哪些文化發展提供哪些功能、文化系統在分工上或運作上產生哪些現象與問題、新的文化發展現象對原有文化分工系統中產生的問題或變遷等，以系統觀點思考整體文化發展，或是對某特定文化領域（例如：視覺藝術、表演藝術或影音等）其運作上整體系統、主系統，以及分支系統之間的關係與問題，分析並提出改善建議。

例如：文化法規體制研究，各個相關母法及子法為各自系統及運作、整體文化法制系統是由哪些法規命令所共同構成及運作（例如：《文化資產保存法》系統的母法及子法，以及其所牽涉的其他相關法規）。或像是「文化生活圈」是以系統及分工運作概念，分析地方各項文化空間資源系統，例如：文化資產、文化建設、文化設施等數量、規模大小及距離等，檢視要滿足一定程度的地方文化生活而需要哪些系統及其位置、面積及類型等功能。

2. 「文化生態環境」研究

架構在上述系統研究方法的基礎之上，更進一步以生態概念關注於文化發展環境的現況分析、問題及建議等，也就是部門分工系統並不只是平行發展，也具有垂直分工關係，因此，各個不同文化系統在分工及合作中，共同建構出整體文化發展結構與系統運作狀態。除了分析上述的分工

考核單位進行該項工作，讓實際文化行政業務承辦人專心進行政策執行工作，而研究考核行政人員則進行文化政策與計畫推動時的監測工作。然而，如此的業務重點及科室分工方式，好處是各自專心做好自己分內的工作，但是缺點是，研究考核單位與業務單位的立場、觀點有所出入，業務人員第一線的資訊與研考人員蒐集的資訊有所落差，或是研考過度著重一般通用格式，而無法套用在具有各種特色的文化政策與計畫之上，反而流於形式與應付，讓政策監測工作出現目標轉置等現象。因此，如何運用網路工具，設計並提供一個便利、即時、無負擔等，又能反映政策計畫效果的關鍵資訊與整體環境，才是真正能否落實文化政策監測工作的重點。

系統情形之外，以「文化棲息地」概念檢視及分析，在現有的各項發展環境中，其與垂直上下游、水平左右分工系統之間的關係、特性及問題，並以生態永續發展概念重新檢視原有的發展環境，是否有助於該文化的發展，並在文化生態鏈的各個相關環節中，分析哪些是缺少、斷裂，或尚未提供的系統與功能等，進而提出改善意見，將其補足，健全整個文化生態環境，而有助於該文化的永續發展。

3. 「投入產出分析」研究

在上述整體文化發展是由各個不同部門一起分工運作，以及整體文化發展環境是一個文化生態系統的概念下，「投入產出」研究為先調查及分析整體現有哪些部門一起分工運作，分析並找出整體運作下的關鍵部門及其關鍵因素。

例如：如果運用「投入產出」分析過去臺灣的文化創意產業政策，便能找出錯誤之處，因為過去過於重視中小企業外移及產業升級，進而大力提倡各個中小企業能從零組件代工、設計代工中產業升級，能自創品牌及以文化加值（故事加值）等策略，但是能夠提升的產值在多年來卻十分有限，不僅自創品牌須投入龐大經費，一般中小企業無法負擔，並且因為自創品牌需要長時間來打開在市場上的品牌知名度、品牌識別及印象、消費者的品牌忠誠度等，故而緩不濟急無法解決產值低落、廠商外移等問題。然而，反觀韓國以打造流行文化（「韓流」偶像劇等影視流行文化、「K-Pop」全球流行音樂文化等）的文化政策，反而因為偶像及流行文化而帶動整體文化產業。

「投入產出」分析是整體資源為有限的狀態之下，找出究竟哪一個部門投入最為關鍵且投入較少，即能造成整個文化創意產業鏈（或整體文化生態鏈）最高產值，或一再擴及產生最大影響。如同醫生治病，事先了解各器官運作系統及特性，並分析病徵等後找到關鍵點，進一步對症下藥以獲得最高效果。

4.「文化行為」研究

上述幾項為整體宏觀角度。「文化行為」研究主要分析政策計畫在執行時，各參與者對於該政策或計畫的參與情形，通常使用問卷調查來反應一般民眾的活動狀況，或是以訪談方式深度調查民眾看法，並以觀察法、記錄法等輔佐不同民眾的行動。例如：博物館常設展或主題特展的觀眾學習成效、藝術節慶活動遊客的參與行為研究、展演設施（音樂廳或演藝廳等）觀眾滿意度調查、文化觀光旅遊旅客體驗成效，或各項文化政策（例如：博物館卡、文化消費券、藝文補助等）其政策滿意度調查等，並且找出問題，提出政策建議。

5.「文化政策比較」研究

找出國內外或世界各地相關政策案例，設定相同的比較項目，進行比較研究分析。但是，基於各地的文化環境特性及歷史發展脈絡有各自的獨特性，也就是各個看似類似性質的文化政策與計畫主體，其實是在不同的、屬於當地自己的歷史環境背景客體之下，所互動形成而來。因此，在分析時不能只分析一般比較項目，如此反而忽略了當地的特殊因素，這也就是說明為什麼許多政策在當地執行時相當成功，可是換到其他地方實施就不一定成功，甚至造成更多問題的主要原因。因此，需要分析是在哪些當地特殊的環境背景及歷史因素等，與其文化政策或計畫之關係。

十三、文化政策的「政策決策分析」方式

Dye（2016）曾經提出公共政策決策分析的方式，亦可引用作為文化政策及文化計畫的重要決策參考，將其轉用於文化政策決策方式，分析如下：

1. 機關組織決策論

文化機構屬於政府公共行政部門之一，文化行政權是治權之一，因此由文化機構所研提及訂定的文化政策便有合理性及公共性，因此，文化政

策可以由文化機構內部自行決策。

2. 團體決策論

文化發展牽涉在整體社會中，各個不同的文化公部門、私部門、第三部門等組織團體的關聯發展，因此，在文化政策決策過程中由各個關係部門的文化組織來加以互動參與，集合各方意見，產出具有一定共識性的文化政策內容，如此，相較於機構內部自行決策能更爲客觀，更重要的是在政策執行過程中獲得較多組織支持及降低推動阻力。

3. 菁英決策論

文化涉及的領域相當廣泛、多元又具有各自的專業，例如：視覺藝術、音樂及表演藝術、文學、社區、古蹟保存等皆涉及不同專業領域，因此，在社會大眾並無此專業的文化素養深度，以及無法讓所有全民皆能參與的廣度之下，邀集各領域專業的專家、學者、業者、名人等菁英代表，參與文化政策的決策。

4. 理性論

透過各種決策參考的數據、證據等作爲依據，加以判斷並提出政策，在過程中以理性科學爲主，例如：文化統計、文化指標、文化大數據等的分析及運用，或是進行現況調查等，以這些爲政策依據之基礎，來提出當前所需並能解決問題的文化政策內容。

5. 漸進論

以隨時的適度調整等方式，取代上述的理性科學之決策模式，強調政策應該是隨時調整以符合現況需求，因此，文化政策應該是動態的政策性質，針對現有的文化政策進行不斷的修正，以符合實際發展需求。因此，在文化政策研訂時，其計畫執行時間是以短期爲主，並將配合推動現況彈性逐漸調節修正，例如：早期文建會（文化部前身）曾經實施「滾動式」

文化政策計畫。

6. 掃描分析論

兼顧理性論與漸進論之決策方式，將文化政策目標、文化願景等，與現況之間做出整體綜合掃描，以提出最佳決策方案。

7. 博奕論

正式對外公布的文化政策，其形成過程通常是文化理念與現實實務之間的相互競爭，也是政策分析研究者與政治決策者等各種關係人，在競爭及取得優勢時所決策的政策內容。文化政策是由各參與者的競爭決策而來，例如：立法院或議會的委員或議員之組成，其政黨政治色彩及人數多寡等因素，便影響文化相關法規的走向，或是在威權時期的決策偏向於個人主義的政治色彩，而民主社會卻偏向於過於討好選民的政策計畫。

8. 公共選擇論

在文化公民社會之中，社會大眾每一個人皆有其平等的文化公民權，文化公民可以自由的選擇參與各種文化，因此，由公共市場來決定，不需要過多的政府干預。政府只要在某些基於市場失靈、特定因素（例如：式微文化、少數族群文化，或保障弱勢階級的文化參與等）進行政策介入，以及維持文化發展的公共秩序即可（例如：申請程序、公共規範等）。

9. 系統論

在系統論方面，可以再進行以下兩方面分析說明：

(1) 系統論在理論方面

文化政策是一連串的文化計畫所形成，不僅如此，整體文化發展環境也需要文化政策的「投入」，以「產出」更大的文化發展效果。因此，以全面系統性、各個關聯性方式進行思考，找到關鍵

性因素作為文化政策，由關鍵點投入後便能產出擴大的外部效果，進而帶動相關文化發展。

(2) 系統論在實務方面

政治本身也是系統化的成為政治系統，例如：地方派系便是各種政治系統，也就是政治系統來自於民意支持及意見回饋，因此文化政策內容反應出政府與民間之間的系統性關係與特質，文化政策的決策者本身及決策方式等都與民意有關，治理者與被治理者都成為決策系統，例如：某些地方補助或是特定族群文化補助內容，是來自於政策買票及討好選民，並不是真正有助於該文化的有效發展。

十四、文化政策的「政府失靈」分析

以下引用「政府失靈」（government failure）（McKean, 1965）概念，來分析在臺灣造成文化政策的「政府失靈」現象及其因素，如下：

1. 中央及地方首長選舉產生政府失靈

由於民主選舉之故，某些候選人所提文化政見只是為了討好選民獲得選票，因此，其所提出的文化政策與文化計畫並不是最好的內容，反而是為了特定選民利益而產生。如此，會造成政策偏頗及執行後反而造成文化資源、文化機會不公等現象，或是許多大型文化設施，例如：演藝廳、美術館、族群博物館、文化中心等部分因為選舉的政治利益急著興建及完工，而可能淪為蚊子館，造成建築不良、經營品質不善及經費無底洞等問題；或是因為政府失靈產生社會成本及影響整體市場的運作，例如：政府借貸過高、只分政黨意識型態而不分地方是否需要等問題。

2. 中央或地方民意代表選舉造成的政府失靈

同樣的，不只是政府單位部門而已，由於代議制民主選舉選出的議員、立法委員等，受到特定少數團體的介入而關心特定政府計畫，迫使少

數人獲得大多數人納稅的資源，例如：影響在選區當地設置各種大型文化館所等行爲。

3. 政府文化單位內部造成的政府失靈

爲文化政策及文化單位本身的問題，例如：文化首長更換，但在單位中遺留且累積歷任個人的文化政策與計畫，造成政策複雜不清又業務量過於龐雜，文化行政人員們即使致力完成後，從外部卻見不到政策效果。另外，臺灣政府過於重視主計單位，其以主計觀點發展的各種上網公告、發包、核銷等行政程序過於繁複，也造成一切過程完全符合主計規定，但是無法呈現文化專業的現象，也是一種政府失靈的文化行政現象。

4. 政府整體官僚制度造成的政府失靈

政府由於行政分工、組織特質、行政素質不佳或緩慢等因素，造成地方文化發展失調之現象。像是在臺灣過去以主流文化所形成的文化政策與計畫，卻忽略了地方原本的文化特色、發展問題及地方需求等，直接忽視或是植入自己的文化政策，反而不利於地方多元文化發展，或產生不同地方其文化資源與發展機會的不公平性。

十五、文化政策的「政策失靈」分析

不只是「政府失靈」現象，中央或地方政府許多文化政策或文化計畫本身，在實際推動執行上也經常產生「政策失靈」（policy failure）之問題，以下分成文化行政「單位內部」及「單位外部」等兩方面進行分析：

在「單位內部」發生阻礙，而造成執行不力的主要原因可分爲：

1. 由上而下

監督者身分的行政主管等，認爲承辦人員產生政策或計畫推動不力之因素：承辦人員專業不足、態度不積極、業務不熟悉、法規不了解等問題。

2. 由下而上

業務執行的承辦人員，認爲單位主管造成政策或計畫推動不力之因素：政策內容模糊、長官裁示不清、協調（會議等）過多但無具體結論、需要承擔過重法律責任、業務過重而時間不足、所需要相關資源並不到位、工作分配不均等問題。

另外，在「單位外部」造成政策計畫阻礙的因素，分析包括：

1. 水平分工過雜

文化政策或計畫本身跨越過多單位，使得在整合及協調上過於複雜。

2. 垂直層級過多

科層組織的階層區分過細，例如：一份公文蓋章或是計畫決策與指示需要層層表示意見，而曠日廢時與意見眾多。

3. 本位主義缺乏溝通

包括：上與下不同階級的對話與了解，以及水平相關單位的共識，因爲本位主義產生各自主觀及擔心負責的問題。

4. 缺乏周邊相關資源

例如：行政裁量權不足或其他尚未健全的相關法律體制，以及所需要的人力、物力、經費、資源等尚未到位。

5. 整體社會發展未成熟

文化政策或計畫過於超越社會現況，社會大眾的接受度尚未成熟。

十六、文化政策的「市場失靈」分析

在文化政策與行政工作上，有別於上述的「政府失靈」及「政策失

靈」，另一個概念為「市場失靈」（market failure）。然而，並不是所有的文化政策或計畫都需要朝向經濟市場進行考量，與市場有關的只是部分文化政策之中與文化經濟相關的產業，例如：影視音等各項文化產品、出版業、文化觀光等等，或是與遊戲、動畫、漫畫有關的數位產業等等。我國文化政策中與市場產值有關的是「文化創意產業」政策及其推動計畫。

臺灣地區從 2002 年開始，正式推動文化創意產業政策與相關重大發展計畫迄今，其市場失靈有關的現象及因素分析如下：

1. 市場失靈現象

整體文化創意產業的產值並未大幅提升。

2. 市場失靈現象造成因素

(1)市場規模太小而遲遲無法突破，尤其是文創產品的出口市場過小，出口的產值不足，文創產品大多是國內消費市場。

(2)產業結構不完整，許多文創產業業者移出臺灣，造成上中下游產業鏈供給不完整。

(3)部分文創產品製作成本過高。

(4)供給量大於需求以至於價格與利潤無法提升。

(5)缺乏文化創意產業經理人才，來協助各類創作型人才打開市場知名度及銷售量。

(6)無法帶動文創潮流來擴大流行商品市場。

然而，一般認為市場失靈有時候是因為政府以政策干預市場正常化發展所導致，但是在臺灣地區現階段的文化創意產業發展現象，在目前社會大眾普遍喜好歐、美、日、韓等地區的文化商品之前提下，反而需要政府出面以各種文化政策與計畫來引導文創市場發展，其做法如下：

1. 對內方面

(1)政府應該扶植臺灣優秀的文創業者進軍國際。

(2)打通及串連跨界的文創產業鏈。

(3)實施文化創意產業經理人制度。

2. 對外方面

(1)以「文化例外」概念保護臺灣文化，進行國際締約、談判協商等。

(2)以政府的資源及力量，行銷臺灣整體文創價值品牌。

(3)補助及協助優秀文創業者將產品推銷至國際市場的各項做法。

(4)串連文創業者、出版業及各種媒體共同合作，行銷流行文化相關的影視音及數位產品，創造臺灣文化流行世界風潮。

(5)發展地方文化觀光的國際市場。

十七、文化政策「目標轉置」及「相對剝奪感」問題

無論各種不同的文化政策或計畫，在進行政策規劃或評估工作時，最基本要留意的是對於組織內部是否產生「目標轉置」（goal displacement），以及對於外部社會是否產生「相關剝奪感」之問題與現象。

1. 目標轉置

中央或地方政府文化相關單位，其部門有專業分工及執掌權責事項，意即不同的文化單位有該單位應進行的政策，或計畫之規劃與行政執行工作，整個組織本身的編制方式、員額數量等皆是基於該單位成立時的業務執掌而產生，然而，這個組織基於該目標所形成的組織編制、任務及政策目的等，在組織運作過程時卻產生與原政策目標偏離、衝突，或產生窒礙難行等無法發揮原有功能之現象，稱為「目標轉置」。

目標轉置經常出現於宏觀方面：組織過於龐大、分工過細、運作無效等，或是在微觀方面：個人專業不足（例如：由於組織固定編制及員額，總會發生某行政人員升遷至自己專業無法因應的工作職缺等），或整體工作氣氛或個人工作態度不佳（例如：多做多錯、不如不做等現象），以及政治力的介入干預（例如：聘用人力背後的政治關係，或是政治力過度干

預文化政策或計畫等），產生形式主義或官僚自我保護的本位主義等等問題，並且造成政策或計畫的效益與效用不彰，甚至違背原本組織設立宗旨等現象。

2. 在文化單位外部的「相關剝奪感」

在有限的文化資源之下，對於社會大眾不同的社群，如何產生公平性的心理主觀感受，借重於文化行政研究者能運用各項數據、理性的科學評估方法。然而，即使如此，要讓不同文化社群皆感受公平性是極不容易做到的，因為每一個社會及不同的文化藝術領域皆有其動態的、發生中的各種問題及需求。雖然文化資源的公平性是不容易做到的事情，但是要避免的是，文化社群對於政府文化資源分配或照顧的「相對剝奪感」問題。

例如：最容易發生的是藝文、社區等「補助類」的文化政策或計畫，每一年都是在有限的文化預算資源之下，對於社會大眾的補助對象，究竟是要人人有獎的雨露均霑補助方式，或是選擇少數卻具有潛力的優秀對象進行菁英補助方式，長期以來一直是文化行政無法解決的問題。因此，對於中央及各地方政府的藝文補助工作，其公平性、公正性、客觀性、必要性等問題，歷年來皆爭議不斷也無法完全停止。

而民眾最大的問題來自於「相對剝奪感」。也就是未受到補助的對象，在比較獲得補助的特定對象之後，認為政府的文化資源分配不均、補助不公平或不公正等問題，並不是自己條件不夠、專業不足或是不夠努力，而是來自於「歧見」或是令人困惑未明的「黑箱作業」等因素，因此，便會產生「相關剝奪感」的認知現象。面對如此現象的解決之道，中央或地方政府需要擴大爭取更多的文化資源，也就是「把餅做大」增加文化預算，讓更多人可以獲得相關資源，或是在申請、審查及執行等過程中，將一切資訊對外公開透明及說明。

文化政策之
行政管理

第6章

第一節　文化政策之行政組織管理

一、文化政策之基本行政組織運作及管理方式

有關一般的文化政策，其行政組織運作及管理方式主要出現的幾種基本類型，分析如下 [1]：

1. 專業管理

由於文化藝術的不同領域相當多元，例如：視覺藝術、音樂及表演藝術、文創產業、社區營造、古蹟文化資產、文化園區等，專業管理強調尊重每一個領域的專業，包括：合適職缺專業之承辦人、組織分工及編制、組織運作方式等皆以專業導向。除了組織內部專業導向及專業管理之外，也引入外部之產官學等專業，例如：諮詢（委員）會議、委外專業廠商執行、專業案例觀摩、組織專業學習、鼓勵同仁進修等做法，以及知識管理方式進行案例存檔、資訊化及網路分享等方式。

2. 效率管理

像是在降低成本、提升效率方面等管理工作。對於政府文化部門而言，金錢成本只是所有成本之一，像是社會成本、政治成本、危機成本、環境成本等都是重點，因此，政府單位的效率管理遠比一般只是追求營利的民間企業更加複雜。

---

[1]「新公共管理」的困境：文化財是公共財，公共管理的管理對象是公共財。但是組織運作方式採取企業管理的精神，講求效率、負責及品質管理，取代原有傳統公共管理過於重視組織倫理、官僚色彩、本位主義及效率不彰等問題，尤其是在民主政治中有其任期限制，需要在任內表現績效成果。然而，新公共管理主義面對公務人員為國家考試進用，具有一定的工作保障，文化事務本身有許多工作無法立竿見影，而文化行政範圍涉及眾多不同專業領域，人員調動相較不易等條件之下，並無法完全適用一般企業精神來經營文化組織。

3. 協調管理

各種公私文化單位屬於多人的組織編制，在編制內工作經常需要上、下、左、右的各項協調，因此容易產生會議過多及毫無效率等問題，所以，授權與會者、組織扁平、主持人決斷能力等能增加會議效率。尤其是進行大型專案計畫時所牽涉的部門更爲龐大，因此，面對大型跨部門的計畫時，有必要成立專案計畫工作協調會，固定各單位與會人員，甚至成立專案辦公室，各局處派員集中在一處內工作，像是當時臺北市辦理國際花卉博覽會時便成立專案辦公室。

4. 專案管理

組織運作中所執行的各項業務，許多都是例行性業務，但是部分卻是重大計畫，例如：重點發展計畫、列管之施政計畫等，組織運作並不一定要運用同一套標準進行各項業務計畫的列管工作，反而針對某些特定專案進行重點式的管理，除了對特定專案進行行政監督、品質及期限等管理之外，也協助在執行過程中所遇各項問題的解決方式及所需相關資源等。

二、文化政策之特定行政組織運作及管理方式

以下再分別分析幾種適用於文化行政組織運作時，「特定」的行政管理方式，如下：

1. 比較管理

在文化行政管理中的「比較管理」，其做法主要如：讓文化行政者能進行國內外相關案例之研究、觀摩及學習等，利用相關文化政策或計畫之成功或失敗之案例，讓所有人看到具體願景及他人做法，學習個案或反思自己的差異特色，突破自己具體朝向特定目標前進。或是，看到其他案例本身失敗的原因、問題及因素等作爲借鏡及反例。

2. 權變管理

由於文化與社會發展等因素皆非靜態性而具變動性，因此，在文化行政執行過程都是需要因應當時各種因素產生的變數進行調節。權變管理也是調節管理，以減少產生危機及更符合實際需求、即時因應現況問題。

3. 危機管理

危機管理並不是等著危機出現後的處理工作，其本身應該分成危機前、危機中、危機後等三個時期。「危機前」為計畫分析工作為「預防」思考，也就是風險評估及事先因應對策，沒有危機事件就不用進入下一個處理階段。「危機中」的處置為快速及準確要領，一切以避免危機擴大為要件，也就是「抑制」思考；另一個處理方式並不是以儘量縮小危害範圍方式進行思考，而是「轉換」思考，將危機化為轉機之各種策略，假設危機如同野火，「抑制」處理如同滅火，「轉換」處理如同將野火轉作為有利自己的燃料。「危機後」階段則作為組織的個案經驗及「知識檔案」。

4. 文化生態管理

文化行政工作重點並不需要與民間文化企業爭利，或是自己舉辦各種首長個人造勢的大型藝文活動，反而需要調查、規劃、復育、修補等，有關當地文化發展的整體生態環境，建構合適各種文化發展的環境底蘊，思考合適創作的整個藝文生產鏈，發展文創的整套文創產業鏈、市民日常生活的文化生活圈、社區生活與文化公民權等各項所需工作，目標為建立以文化為主的整體生態環境的各項文化行政工作。

三、文化行政之組織管理問題及因素

在組織管理上出現問題與組織成員的不參與之間關係密切，組織管理的問題與現象，亦可從：組織結構、組織系統、組織組成、個人因素等進行分析。

1. 組織結構問題

屬於整個組織的結構性問題，例如：科層系統過於龐大，將造成組織運作缺乏效率的問題，也會因為結構不健全造成組織功能運轉不全（例如：缺少整體運作所需的其中一個部門等）。

2. 組織系統問題

像是在組織分工上模糊不清，或是部門功能疊床架屋，或是多頭馬車等，分工不清容易造成部門之間相互推諉、權責不清、不利考核績效。另外，某些政府文化機構本身設置年代較為久遠，其組織系統分工情形並無與時俱進，還停留在過去年代的需求，因此，無法因應社會文化實際發展所需而產生問題。

例如：過去認為建築工程人員應該屬於工程職系（都市發展、營建管理等），並非文化局處所需，因此，在人事編制上並無建築工程職系，但是與日俱增的古蹟、歷史建築、歷史街區、大型文化設施（博物館、音樂廳、表演廳、藝文中心等）、文化園區（藝文園區、文創園區等）需要建築專業人員，因此，剛開始運作時出現許多爭議與問題，許多局處其預算執行不力、工程延宕、驗收瑕疵等問題，都是因為並無建築工程專業背景，所以，中央及各地方政府才逐漸重視文化硬體工程人員及其專業，逐漸納入正式編制之中，正式成立工程相關部門。

3. 組織組成

每一個文化組織的組成人員將形成一個組織的整體特性，因此，由各個人員組成的整體特質將影響組織運作效能及氛圍。就如同在各地方政府中，每一個文化局處或文化機構都有自己的組織特色，整體反應出組織的專業能力、對文化事務的積極態度等，形成工作環境背景及工作氣氛。

4. 個人因素

文化組織是由人所組成，無論是首長、幹部或承辦人等皆會影響運作，

不僅是承辦人的專業素養、人際相處及其處事態度等，或是幹部的分層授權、權責督導、責任分工等及其個人專業與態度等因素，單位主管本身的領導方式更是影響組織氛圍及工作方式。尤其是目前民主社會基於選舉，經常更換文化機構的首長，文化單位首長是政務官，除了將隨著政黨輪替而改朝換代，也因為需要兌現文化政見或受到政黨色彩利益的影響等因素，使文化行政變得不再只是以專業為主。在臺灣，中央及各地方政府的政治力介入行政事務之中，不是以文化發展為主體，反而沾染文化政治因素。

例如：容易立竿見影、滿足特定政治利益、具強烈意識型態、討好選民的各項補助及建設、淺層表面文化等事務盛行，反而以文化主體、文化扎根、重要深層卻不能立即見到成效的文化發展環境等工作，未被加以重視。尤其在民選社會中，不僅是文化首長受到政治人物派用，也受到議會等單位監督及備詢，議員在質詢時也會夾帶意識型態並影響組織行政。

四、文化行政組織的「次文化系統」

一個文化組織本身除了擁有一個正規的、權責賦予的、主要或主流的文化系統，例如：文化局處本身的組織架構、分工、人員組成等，由一個科層組織來正式引導及管理地方文化發展，在此正式組織中具有特定的正式文化（例如：行政程序、行政倫理等），而其同時也是由許多文化次系統構成，而這些文化次系統本身也影響組織運作。以下分析文化組織的文化次系統，主要包括：

1. 文化規範系統

(1) 正式規範

在文化組織中各種明文法律、規定等形成的正式制度規範，其嚴格程度及規範範圍影響組織運作。

(2) 非正式規範

像是道德規範、禮節及風俗規範等，不一定要是正式明文的法

規，而是非正式的規範系統，例如：工作服裝、對長官及同事之間的語言及用詞等風俗、禮節、道德等，形成組織內的文化次系統。

2. 文化價值系統

對於目標、計畫、工作態度、組織的價值、認同的次系統。

3. 文化知識系統

各種不同藝術、文化領域的知識系統之了解及人事物組成的次系統，例如：各類工藝、地方戲曲、地方歷史、文化資產，或社區營造的知識專門化系統。

4. 行政支援系統

專業藝文科室或部門等次組織以外，支援專業行政的相關行政系統，例如：主計單位內部是會計、作帳等明確又細膩的財務管理工作，但是其主計文化也影響整體組織運作，或是其他的人事單位、政風單位，同時也在組織中相互分享並共同產生組織文化氛圍。

5. 資訊系統

運用網路及各種資訊設備等，有助於組織運作的效率、減少時間、降低成本等支持組織運作的系統。

6. 文化社群系統

由種族、教育、信仰、風俗、文化偏好、文化資本特性等，在組織中各成員其文化特性將產生次級的文化社群系統。例如：由根源依附產生的原鄉社群、相同的宗教信仰，或是相同的文化嗜好等，在組織中產生各種內部小團體。

7. 文化統合系統

上述這些不同的文化次級系統，在組織發展中會融合及交互影響，進

而產生文化組織內特定且將一再變動的多元、多重的次文化系統。

五、文化行政組織中「內外團體」及「初次級團體」系統

　　在文化行政中可以初步分成：靜態的組織型態（組織結構，組織的機制、架構、分工方式等）及動態的行政工作（組織行動，各項業務的執行作業、行政管理等），其關係為交互相連且互有影響。然而，二者存在或設計的目的，在於如何實際完成政府所要達成的特定政策目標。因此，亦可從政府特定的政策目標去檢視現有組織，或預視組織在未來的行政效能與問題。

　　而在組織分工與行政工作運作多時之後，會在組織中產生「外團體」及「內團體」之成員心理特質。成員將組織視為「內團體」會更加認同組織、個人身分等，並且產生組織的凝聚力、向心力等心理作用，增加組織的團結性及工作效率及效能。不過，在一個組織當中有特定部分成員組成多個「內團體」（組織中的小圈圈），將對於非「內團體」之組織成員產生「外團體」的排他性，並不有利組織運作。

　　另外，文化組織決策者亦可從「初級團體」及「次級團體」概念進行領導。將文化組織視為「次級團體」，與所有行政工作人員之間的關係比較正式，在人員進用上以專業、理性思考，在績效考核上亦同，部門分工及個人工作職責具體明確，行政人員之間的互動較為疏遠、較有距離。或是，將文化組織視為「初級團體」，人與人之間的關係較為親切與緊密，彼此之間比較不像是員工，而像是朋友與家人的互動對待方式，認同與情感是組織運作的重要因素。二者用於組織，將產生不同的性質及效果。

第二節 文化政策之行政組織成員管理

一、文化行政組織上下級「成員互動關係」模式

文化政策決策者與文化行政者之互動模式，也就是上級對於下級的相處模式包括：命令、指導、討論、決議（僅於會議中裁示方向）、掛名等。然而，上級決策者與下屬的關係及其扮演的角色，也可以分為以下類型：

1. 師徒關係

決策者比較像是有經驗的師傅帶領學徒一起完成工作，傳授各種過去實際的工作經驗與技巧。師徒制的關係比較緊密，但是規模無法過大，由於師傅本身的經驗與技術較為特定及專門，面對該領域有時候可能過於個人主觀意見，也由於特定及專門化，故僅能用於某一特定文化領域，其他領域可能需要其他方式進行。

2. 威權領導關係

決策者本身強勢領導，下屬行政人員僅負責執行，雖然能有效率的執行決策者本身的意志，卻易與下屬產生緊張關係，第一線的實際情形不易傳達給決策者，決策者負責主要成敗。但是通常這種威權關係，容易發生高層居功諉過之現象，也較不適用於處理文化政策計畫等文化相關事務。

3. 教練與球員關係

共同作戰的一個團隊，決策者如同教練指揮整個團隊、適時指導個別球員的技巧，以及負責整體對外作戰的策略與戰術等，有時候教練也會站在第一線與球員共進退。

4. 協調關係

由於部門分工過於眾多，在業務分派、計畫整合、工作協調等需要決

策者邀集相關行政人員一起完成，因此，決策者與行政執行者之間屬於一種協調關係，讓組織運作能更爲順暢、有效。

5. 掛名關係

決策者受限於自身能力，僅負責宣示某些屬於大型、高遠的計畫目標，其餘皆由幕僚行政人員完成一切工作。像是某些德高望重的文化名人，本身不一定屬於此專業或是有能力實際參與執行，而是掛名爲組織的高層而已。

二、文化行政組織之科層階級「決策運作」方式

文化組織成員可以分成決策者及執行決策者，而二者角色也會相互重疊，意即：執行決策者本身在某些行政工作，也同時是政策決策者。將文化組織行政人員與管理者在決策互動之模式，依照態度差別，分成以下幾種模式，形成組織的行政文化，影響行政效率及效能，其類型分析如下：

1. 服從決策者

軍令如山，下屬幹部及業務承辦同仁對於上級命令完全遵從。

2. 回饋意見給決策者進行調整修正

行政人員將現場情形等資訊通報上級，回饋意見，並適時修正所進行的工作內容。

3. 教育決策者

由於文化專業領域廣泛，有時候業務行政人員對於特定政策計畫有所看法，但是上級決策者尚未完全了解，因此，行政人員蒐集分析相關案例、替選方案、理論概念等等來教育上級決策者，讓上級決策者更加專業以掌握問題及對策，做出更準確的決策方向與重點。

4. 說服決策者

同上述，但某些時候決策者並不一定能在短時間內完全了解該計畫的專業、理念、問題等等，而是採取直接說服的分析方式。例如：不一定要討論專業理念等，而是先了解決策者本身所關心的因素（例如：推動時間、成效等）進行分析，進而說服。

三、文化行政組織「領導者權威」類型

有別於政府其他部門單位的官僚性質，政府文化單位的局處首長較為特別，同樣的在一般民間的藝文團體組織也是如此。無論市政府或是民間藝文團體，其單位的文化領導人的權力或成員信服的權威，來源分別如下：

1. 「卡理司瑪」權威

屬於個人魅力類型，像是許多著名的文化人、文化明星、受到社會所公認的文化領袖等，其所倡導的文化政策與文化計畫等具有一定程度的理想性，在展開行動時將受到支持者的追隨與參與，並形成一股文化發展的力量。

2. 傳統性權威

某些偉大的傳統文化、藝術、文學、戲曲、音樂、技藝等大師或名流的後代或傳人，同樣受到特定社群的愛戴，因為這些人代表著這個文化源流，因此，這些人也受到特定社群成員們的重視，也容易領導這些人一起振興、發揚這些文化源流。

3. 合法性權威

屬於依照一般法規及制度所產生的文化領導人，例如：政府文化單位的首長、民間藝文團體的理事長等，透過法規賦予角色及其權力，具有任期制，尤其是政府單位的首長由於是透過指派而來，更是需要注意到所

有行政官僚系統整體運作的和諧性，以及上層的指示與命令。因此，合法性權威若用人不當，則容易形成文化官僚、文化政策與計畫成爲政治的工具，以及文化單位成爲偏向於某些政客特定目的及意識型態的國家機器。

四、文化行政人員「協調溝通」運作及溝通障礙

文化行政人員經常需要進行單位內部及外部成員的各項協調活動，其類型及發生之障礙等分析如下：

1. 行政溝通的類型

實質的行政協調工作並不只是在於正式會議，也包括非正式的意見溝通，例如：私下拜會或邀集個別人士事先討論，因此，行政溝通類型可以分成：正式及非正式、對內及對外（單位內部及單位外部）、向上及向下（階級、階層）、單向與雙向（命令或回饋）、封閉式或開放式（是否設定議題、達成共識、具體結論）、線上或線下（網路或當面）、直接或間接（書信或直接面對面）。

2. 行政溝通的障礙

造成行政溝通的障礙問題，主要因素包括：不信任感（尤其是涉及人民權利部分，民眾對於政府具有戒心）、議題敏感（例如：許多涉及不同的政治意識型態等）、議題模糊不清（造成各自想像空間過大，無法聚焦）、資訊不足或錯誤資訊（例如：溝通前事先準備資料不足，或是接收許多錯誤消息而產生誤解）、刻板印象（民眾等關係人其過去類似經驗影響本次行政溝通協調問題）、文化差異（不同族群的文化不同，例如：語意、禮節等等不同，而在溝通時容易造成誤會）、場所不合（溝通場所本身的環境性質也影響溝通的有效性，例如：環境氛圍、環境吵雜）。

五、文化行政組織「組織參與」及「組織不參與」

有關在文化行政組織管理工作中，將出現成員個人的「組織參與」以及「組織不參與」之現象，而影響組織運作，其分析如下：

1.「組織參與」

文化行政組織之成員在「組織參與」方面，至少可以包括：業務方面的專業參與權及建議權、員工生活有關的工作權（例如：工作及休假權、薪資及福利權等）、個人人權（例如：自由信仰權、言論自由權、性別平等等人權）。

2.「組織不參與」

而在「組織不參與」之現象，是說明成員在某些行政事務上養成的價值感及態度，也就是消極態度，如此不僅組織本身無法有效執行業務目標，也會擴大逐漸影響整個組織的氛圍，降低成員們對於組織的認同及凝聚力。

造成組織中成員「不參與」之因素，分析如下：

(1) 組織結構

像是由法規等形成的組織制度、體制等特質，或是形成的上下階層結構等因素，例如：內部的科層過多、過高則組織結構複雜，或是組織人員過多等，皆不利溝通及各成員共同參與。

(2) 組織系統

組織依照專業的分工情形，產生部門之間的陌生或隔閡等，形成不同部門之間不會相互參與的情況。

(3) 組織組成

組織內部由各種成員所組成，因此，其組成的成分特質影響組織氛圍，例如：教育程度、專業領域、性別、文化資本及文化差異等因素。

(4) 組織動能

組織在管理上，對於成員行為產生的鼓勵作用及積極的效果，像是設計各種開放平台以及平等機制等，有助於成員參與其中。

(5) 個人因素

與成員個人自己的特質有關，例如：情緒、個性等因素。

六、文化行政組織「需求層次理論」管理方式

在文化行政組織管理中，對於成員的管理，可引用馬斯洛的需求層次理論（Maslow's hierarchy of needs），進行人性化之管理方式，其做法如下，而這些都是組織成員可能的需求：

1. 生理

例如：加薪、獎金、放假、度假、工作時間等各種待遇及福利。

2. 安全

執行的安全性、保障工作、職位升遷、延續聘用、考績獎勵等，以及在未來人生前途有發展機會等。

3. 社交

同事之間的相互友愛及關懷，人際關係愉悅相處，對組織的認同及凝聚等情緒。

4. 尊重

受到尊重及肯定、被眾人引以為傲、作為榜樣等鼓勵方式。

5. 自我實現

有成就感，能實踐自己的專業、理想及抱負等。

七、文化行政組織成員「賞罰管理」（蘿蔔鞭子原理）

「蘿蔔鞭子原理」是組織管理經常使用的利誘及威脅二者並進之設計方式，一方面設計各種獎勵、激勵措施；另一方面，同時設計各種處罰的方式，共同引領員工前進。例如：某一文化計畫的時限前達成 K.P.I. 指標（例如：人次、金額、規模等數量，或是一定以上水準及品質等）給予物質獎勵或非物質的表揚等，另一方面則限定如果不到最低標準時將會受到各種處罰（例如：考績、獎金、續聘與否等措施）。

在一般組織皆會運用「蘿蔔鞭子原理」來設計各種組織管理、提升工作產能、增加營運績效等方式。不過，在運用於中央或各地方政府單位時，公務人員屬於國家考試及格進而聘用，具有特定工作保障，因此，並無法像民間企業般大力推動利誘與威脅措施，而政府的約聘僱人員由於一年一聘之故，相較能適用此原理，但現實狀況皆因礙於組織工作氛圍、人情及人際關係等因素，其實際成效也不如一般民間組織，尤其是以營利為主的各種文化企業。

八、文化行政組織成員「人性化管理」方式

各種不同類型文化組織往往重視人性化的管理，所以，在文化行政人員個人專業方面的管理之外的人性化管理，需要處理的內容，可以分成：人（個人）、人人（人際關係）、人人人（從眾關係）。如下分析：

1. 人（個人）

個人本身的情緒、感情、性格、態度、品行、價值及觀念等處理。

2. 人人（人際關係）

個人與他人的相處問題，例如：平行同事之間相處，以及上下階層間之關係。

3. 人人人（從眾關係）

人與整體組織之間的相處，例如：個人與他人共同形成的內團體，將產生認同凝聚及效能，以及對於外團體有一定的排他性。但是小團體太多也會影響整體組織有效運作，某些成立年代過於久遠的文化機構，經常資深同事形成內團體結構，新進同仁需要適應各種潛規則，反而成為組織進步的阻礙，因此，將資深同仁進行跨單位輪調，避免形成固定結構，進而阻礙組織動能，是經常使用的方法之一。

九、文化行政業務管理「新泰勒主義」及「文化泰勒主義」

「泰勒主義」是古典的理性管理理論，以工廠及生產線概念進行在當時所謂的「科學」管理，減少人為及其他個人經驗等不確定因素，對於生產過程及生產品質等干擾，實施提高效率的各種措施，例如：不同工同酬、按件計酬、獎金制度、工作時效最佳方法等，類似於機器模式的生產線運作方式。但也因為缺少在工作上扮演重要角色的人性及情感因素，而受到各界的批評。

然而，在 1990 年保留此主義的優點及修正缺點之後，興起了「新公共管理」學派的「管理主義」（managerialism），也就是「新泰勒主義」（neo-Taylorism）。Pollitt（1993）認為政府的公共管理需要泰勒主義的講求效率，政府代表國家管理群眾，對外行使公權力應該具備公正、客觀、理性及公平正義，內部管理應該是理性、效率化及兼具人性的方式，以因應當前的社會文化變遷。

在此所提出的「文化泰勒主義」（culture taylorism）則架構在此基礎概念之上，是講究「文化因素」在組織及行政中扮演的重要角色及作用，例如：語言、族群、民俗、社會關係差異等。尤其是面對當前另一個社會發展特性，組織經常是由全球化跨國團隊人員的組合而成，具有不同文化特色，以及各種多元社群媒體形成的網路資訊社會之特性，人與人關係本身形成交織複雜、社群重疊、多種身分認同、近距離文化交流及多元

文化接觸與差異等特性，應在講求效率之下保留文化因素需要的彈性。

尤其是文化組織的行政工作，不僅人員組成及業務接觸上可能是不同文化社群、族群及種族、國家等文化差異特性，行政工作其事務本身就是文化對象，在行政工作上不僅因文化的異同而產生對彼此了解的興趣，進而增進或改善人際關係提升效率，在文化事務工作中事先了解對象的文化特質，更有助於做對事情而提升效率。例如：一般藝文工作者本身的資金較為缺乏，通常都是以自身的興趣及專長從事藝術創作工作，可是一般政府不了解藝文創作者處境，為了保險起見在藝文採購時，要藝文工作者事先繳納一筆可觀的履約保證金等要求，因為保證金使得許多有潛力但缺資金的專業者卻步，實無法提供藝文創作發展的良善環境。

或是，政府將藝文採購視為一般桌椅、設備等採購，而未了解文化因素，經常出現按件計酬及低價得標等問題，使得原本藝術無價卻變得低廉而不利發展。或是，辦理音樂及表演藝術（演出、藝術節等）、視覺藝術（工藝、美術展覽等）、古蹟保存等皆各具文化差異特性，如果對該文化領域不熟悉，其行政工作將經常處於事倍功半甚至錯誤的狀態。

另外，在臺灣某些地方政府的原住民族文化事務局處（委員會）中，會辦理「原住民族聯合豐年祭」，可是在臺灣的原住民族有十幾族，具有不同的文化差異及自己的特色，並不是所有族群都有「豐年祭」，即使阿美族、邵族、排灣族等幾個族群有豐年祭，其舉辦慶典的月份、儀式及重點等皆不盡相同且具有文化差異，然而講求效率化、工作時效的政府以「新泰勒主義」概念來管理業務及行政工作時，便會發生集中、統一以求效率的「聯合祭典」，不僅失去各自應辦時間及具意義的祭儀等原有味道，也讓原本要發揚及傳承各原住民族文化的想法，在行政執行時反而將其同質化、模糊化了。並且由於「新泰勒主義」強調政府具有公權、公平、公正的形象，使得「聯合」的行政作業傳遞給所有社會大眾的訊息是所有不同的原住民族都是同一族，此種不特別重視文化因素的行政，更加促使該文化逐漸走向式微及沒落。

「文化泰勒主義」是架構在新泰勒主義概念中，認為政府應該扮演理

性、效率化、公正廉明的形象及行政工作，不只突顯出員工個人情感及人際相處關係狹隘的文化，而且各種文化本身的多元差異特質，才是組織運作及行政效率的關鍵因素。

十、學習型文化組織之運作方式

文化組織需要一再學習成長，文化行政工作才能與時俱進地往更好的方向發展，文化的學習使成員、團體持續前進，運用各種策略使得學習與生活、工作等各層面相互連結，使得成員的潛能被開發，整個團體組織擴大其原有力量，並且讓成員將個人不斷學習、組織共同學習成為習慣及整體氣氛，實現各個文化政策與計畫目標。

因此，我們借用 Senge（2018）在《第五項修練》（*The Fifth Discipline*）所提的學習型組織概念（Senge, P. M. 著／齊若蘭、郭進隆譯），將這些概念運用在文化組織成為文化學習型組織，可包括如下：

1. 建立共同的文化願景

透過組織動員所有成員一起參與討論及共識，成為個人及整個團體想要朝向的文化政策目標。

2. 團隊學習

由於文化領域相當多元且有各自的專業，成員個人亦有其自身的優點及缺點等特性，透過所有成員們一起集中思考及分析，例如：共同討論文化發展的現況需求、問題及其所需要的對策等，做出較為正確的文化政策計畫，在未來的執行工作上能持續及時討論及調整。

3. 改變心智模式

改變個人舊有思維方式，透過工作坊及許多課程等，發現個人的潛能、團體一起成長，以及改變個人及團體的心智模式，才可能有更創新的突破。

4. 自我超越

討論出成員個人及組織要達成的目標，給予協助以超越原有自我的設限，例如：提供專業課程培訓，或其他需要的人力或物力資源等。

5. 系統思考

盤點及調查目前所有的文化、藝文等相關資訊，了解文化發展的問題及需求，和整體全盤的思考及決策，了解問題的本質及其因果關係，提出具有整體性的文化政策與計畫方案。

另外，組織學習並不是個人的事情而已，反而需要一起致力建構一個整體組織的學習氛圍與機會，才能與時俱進的吸收知識，增加組織運作更大的動力。尤其是文化組織，文化發展本身強調多元、開放、創造的環境，文化組織需要營造一個學習環境以啟發成員的藝文專業能力與文化自信，共同邁向組織想要打造的文化願景等目標。

在政府文化機構中如何從官僚文化轉為學習文化，提升政府文化官員的文化素養及專業素質等，以及文化企業組織中成員吸收新的知識及突破自我設限，從傳統中小企業成長邁向國際品牌等，或是打造文化非營利組織的文化學習環境與氛圍。例如：社區文化協會中讓成員願意自我學習，將同時有助於組織要達成的目標等。而其中經常使用的方法，包括：知識檔案建置及分享、參訪、讀書會、網路及數位運用、鼓勵及獎勵學習機制、個人成長模式輔導等方法，各種做法的主要目的有二：為在文化組織中建構出一個學習環境，以及促進成員自主展開各種學習行動。

十一、終身學習概念的文化行政組織運作方式

Delors 及聯合國教科文組織曾經在 1996 年提出「終身學習」理念，倡議終身學習的重要性並提出：學習共處（learning to live together）、學習去知道（learning to know）、學習去做到（learning to do）、學習去成為（learning to be）（Delors, 1996），之後又加入學習去變（learning to change）等理念。

對於文化組織而言，終身學習激勵社會大眾對於藝文的學習、文化素養的培養、文化活動等的更多參與。因此，反應在行政工作之上，將組織理念帶入終身學習概念，民眾參與文化活動的年齡層變得更寬廣，更重視各種不同階層民眾參與各項藝文活動的近便性及可及性，加強藝文資訊傳播。

例如：各種網路、社群媒體等數位平台及行動載具的運用，促使藝文資訊能即時與快速傳播，對於組織業務工作需要注意高齡、少數、式微及偏鄉等弱勢文化社群的文化參與機會與資源，由公、私及第三部門等各種文化組織一起打造一個文化發展的終身學習型社會。因此，聯合國教科文組織所倡議的終身學習概念，文化正好在其中能扮演重要角色，發展出一個由文化所引導的終身學習型社會。

第三節　文化政策之行政業務管理

一、文化行政業務「決策類型」

執行文化政策之行政工作過程中，在各階段一定會發生各種需要決策的分支點。分析文化行政在決策上有以下幾個參考的決策類型：

1. 理性論

運用各種數據或資料作為理性決策參考之用，以符合社會大眾最多數的利益，或是基於公平正義原則、符合原訂政策目標，以及更適合文化發展的最大價值等，所進行的決策判斷方式。

2. 專業論

以理論及模型為基礎，透過學術及專業研究作為行政決策之參考依據，例如：魚骨法、計畫評核術等。

3. 法規論

依照法令規定進行決策依據，例如：政府有關的採購方式及過程，便是依相關法規進行，讓不同的行政人員有相同的採購作業標準及方式。

4. 權力論

在文化行政的實際操作過程中，由於文化組織具有階級之分，因此，行政的決定權在上層長官，所以坊間才會出現有所謂「官大學問大」之說，權力高層的決策往往大過於專業判斷方式。

5. 政治論

在民主社會之選舉活動及不同的政黨色彩之下，許多文化行政受到政治意識型態本身的影響，尤其是跟隨首長的政務官，其決策思考有時會以政治因素作為決策判斷。例如：在臺灣各地許多客家或原住民族的文化館、展演廳等，其為何興建的原因，大多不在於民眾真正需求，反而是為了表達對於特定族群文化的重視而興建，因此也產生很多興建後乏人問津的蚊子館問題。

6. 本位論

受到自我保護及本位主義之影響，許多文化政策的問題並不是政策本身或政策概念本身的問題，而是在執行過程中因為各階層或不同部門之間過於自我保護，而產生扭曲變形或是窒礙難行。

二、文化行政業務管理基本方式

文化行政業務在推動時其基本管理方式，主要可以分成：藍圖式管理、階段式管理、自主管理。分析如下：

1. 藍圖式管理

為全盤式、計畫式的管理，也是由上而下的管理方式，事先由上層制

訂計畫內容項目、執行期程、績效品質等，往下分工交由相關部門共同完成，並統一由一個研考單位進行過程管考，回報執行進度、品質以及落後問題等。例如：某些中央或地方首長在競選時，所提出的文化政策（白皮書、文化計畫、競選支票等），上任之後為了要兌現承諾，進而由上而下展開執行工作。

2. 階段式管理

事先勾勒完整的藍圖，但是藍圖只是參考，而將整個藍圖分期、分階段、分區或分計畫進行，並且在進行上一階段時檢討，並修正作為下一階段的執行依據，因此以漸進方式逐漸達成原有的目標，但可能與最早當時的藍圖不盡相同。

例如：計畫本身過於龐大，或是具有延續性的文化政策、文化計畫等，會採取分期或分區等分階段方式進行。藍圖式管理也會因為計畫過大而採取分期及分區進行與管理，然而，藍圖式管理的關鍵績效指標從一開始至最後皆不會變動，有效執行上層的構想與意志，但漸進式管理檢測執行績效的關鍵績效指標，將會依照每一階段發展而有所漸進調整。

3. 自主管理

為由下而上的管理方式，由文化行政承辦人自主性的管理行政工作之品質與數量，往上層提報確定後，成為關鍵績效指標及檢核的項目內容。不僅只是一般例行性工作，例如：出勤的自我管理、公文辦理等，也包括專業意見、專業觀點等提出及執行。地處偏鄉及規模比較小的單位，容易採取如此的管理方式。

例如：在各地方有許多非常小型的博物館、文物館、演藝場所、社會教育機構等，反而更加需要專業且有經驗的文化行政人才，但事實上目前在各地所發生的現象正好大部分都是相反，也就是愈是偏鄉愈留不住專業人才。

三、文化行政計畫執行之推動與管理方式

有關文化組織在政策或計畫推動執行時，其計畫管理方式及類型主要分析如下：

1. 藍圖式執行

屬於「封閉型」，像是官僚組織分工架構、系統、部門及上下科層制度，或是法規制度的建立。法規本身便是一個行政執行時整體的藍圖、架構及規則。

2. 階段式執行

屬於「成長型」，以各種計畫方式針對現況需求及問題，進行計畫性的推動方式，下一個計畫又針對上一個計畫所執行時的問題及新的需求等，再次進行分工、分期或分區、調整及修正、配合或銜接等持續進行，以計畫推動及帶動修正調節方式進行組織運作及管理。例如：每一年編列的預算及推動計畫，或是分年期長期進行的文化行政工作等。

3. 參與式執行

屬於「有機型」，在各個行政執行過程的階段中，開放相關計畫關係團體、關係人、社會大眾等進行參與，設計行政執行的夥伴關係、參與機制及成果。由於開放的參與式行政執行方式，各種與該行政工作相關的各個關係人等，隨時可以加入及退出，以及開放各種參與管道及參與內容等，就像是一個成長的有機體，屬於動態、隨時修正、調整的行政執行參與方式，有時候反而參與的過程重要於行政成果及行政績效。

例如：許多社區營造的行政工作，反而因為社區民眾的熱情參與，以及產生的地方歸屬、社區凝聚力、文化認同等功能，重要於行政成果。因此，參與式執行其方式與藍圖式、階段式等不同，藍圖式及階段式相較適合於重視行政執行成果及績效的操作方式。

4. 發酵式執行

屬於「種子型」，由於預算不足或是相關文化資源有限，需要先行分析判斷及找出要達成最大效果的關鍵因素，將關鍵因素投入行政工作後，能在當地或特定對象中持續往外擴大效果，便是「發酵式」的行政執行方式。其目的在於只做關鍵點，並事先預估能持續產生發酵作用，因此，需要事先全盤調查、分析現況問題及需求，以系統性、層級圈及生態鏈（或產業鏈）的方式進行分析，找出關鍵點及分析其擴大效應、連動關聯性等，以最少的執行能獲得最大效果為目標。

例如：目前中央及地方各個藝文補助案件，僅針對申請者本身的過去績效、執行能力、計畫與政策關係、計畫重要性等個案處理，但是，在有限的藝文補助資源預算下，無法所有申請者皆雨露均霑，而個案補助成效有限甚至惡性循環，造成愈補助卻品質愈低落等問題。因此，更應該找出關鍵點為何並打通關鍵點，才能活化整個藝文創作發展（例如：分析該藝文團體經由補助之後，將會系統性牽動哪些團體，以及往外擴大產生哪些進一步波動的外部效益）。

四、影響文化業務「行政執行力」因素

無論是哪一種類型的文化工作，其執行力的因素，主要分析如下。也就是，要提升業務行政能力需要注意及管理以下相關因素：

1. 行政體制因素

像是執行環境的資源及限制條件、法規等制度化情形、環境氛圍等，皆會影響文化行政的可執行性及成果。

2. 組織執行因素

各部門分工情形，不同部門之間的整體整合、配合、協調或衝突情形等因素，將影響文化行政的成效。

3. 系統執行因素

組織的科層狀況、系統分工情形、在行政執行時所需的人力、時間、物力等因素。

4. 個人執行因素

專業職能、個人文化素養、專長發揮情形、工作態度與工作價值等因素，以及個人與組織之間的認同、人際關係等因素，皆會影響個人對於文化工作的熱衷程度與績效。

五、文化業務之「行政協調」

由於專業領域不同，加上政府部門分工的職掌事項不同，以及文化參與除了政府以外亦含其他重要的營利或非營利團體等關鍵關係人，因此，文化事務的行政協調工作經常發生，也就是我們經常見到政府的相關文化單位與文化機構，經常召開協調會、諮詢會議等。

然而，無論是文化政策、文創園區、文化資產保存及再利用、博物館等文化建設、社區營造、藝文演出等，各類型所需要的協調內容皆不同，在文化行政協調中，最怕的是「議而不決」，邀集各界召開協調會議沒有結論或再議，如此將造成無數的會議，不僅行政效率不彰，並且容易受到各界批評。因此，無論是哪一種議題及內容性質之行政協調會，需要重視以下幾個重點，以免造成「議而不決」等問題：

1. 完整邀集會議相關關係人

事先調查及盤點執行本次文化行政工作，所需要與會表示意見（或被諮詢）的相關關係者（或利害關係者），其產官學各界的相關單位、部門、關鍵者、意見領袖、代表者或專業者等，以及大部分關係者可以出席會議的時間。須避免漏邀重要關係人與會，某些會議曾經因為少數關係人不在現場而無法議決，造成要續開下一次會議。

2. 清楚具體的會議議題

在設定清楚具體明確的會議議題時，需要事先研究並準備相關與會資料說明，以及提供與會者會議前之閱讀與參考。會議中過於模糊的討論議題，往往造成不同領域與會者的各種不同想像而各說各話，無法清楚聚焦或達成共識。

3. 會議議題的分進合擊方式

如果過於複雜，應先分別召開各議題會議並達成共識。某些會議並不是議題不清楚或是事先資料準備不足，而是因為要討論的議題過於複雜而無法在同一次會議中解決，因此需要分進合擊一一達成結論。不過，議題過於分散的會議將造成會議次數過多的問題，因此，可以事先完整規劃整套所需議題，再來分析及區分最少的會議次數即能達整體成效。

4. 選擇適合行政協調的場地性質

除了場地本身的容納量、安靜及減少干擾的需求之外，環境現場特性也會影響協調，例如：會議議題相關的活動現場、事件現場、歷史現場等，將直接有助於會議進行。

5. 會議主持人的決斷力

會議主持人的決斷力也是造成「議而不決」的關鍵因素之一。會議主持人本身的專業特質、個性及工作態度等皆會影響會議的進行步調。

6. 減少政治力介入會議[2]

有時候政治力的介入也是造成「議而不決」的重要因素之一。某些會

2　有時候，政治力並不只是介入行政會議而已，而是召開會議本身就是政治因素考量，例如：某些會議的目的是以會議時間來換取空間（例如：許多利益協調、談判本身便是如此，刻意延後具體結論而換取籌碼等），或是某些基於選舉或政治因素考量，不得不對外界交代有在進行，也就是實際上如果有任何具體決策，都會因為反對方而產生巨大衝擊，因此便是向各界交代正在處理。但是，實際上是以會議時

議因爲政治力的介入變得十分複雜，但是在民主社會中，政治力的介入又無法避免，例如：議員的關切等。回到文化專業及文化法規等二大領域，將減少政治力的干預，並能對外在各界說明行政決策的立足點。

7. 會議的具體結論

在召開會議過程中，需要具體、清晰及確切的會議結論，才能作爲後續辦理的明確依據。

六、文化統計、文化指標、文化大數據之功能與內容

文化政策與行政皆需要運用數據進行分析，輔佐政策與行政工作的合理性與正當性，因此，在文化行政中參考文化統計、文化指標、文化審計或文化大數據等，有關其功能、內容項目，以及目前使用率偏低之原因等，分析如下：

1. 運用於文化行政與政策工作之功能，主要如下：
   (1)作爲擬定文化工作的重要依據。
   (2)作爲修正文化計畫（或政策）的重要參考。
   (3)作爲文化預算編列的重要佐證數據。
   (4)作爲重大文化計畫說服監督單位、議會、社會大眾等各界的重要證據。
   (5)作爲整體文化治理的重要基礎資料。
2. 文化統計、文化指標、文化審計或文化大數據，其調查內容應涵蓋之項目：
   (1)文化經濟。例如：整體及各類型之文化創意產業，其產值、就業人數、公司數等，以及其相關政策、計畫等。

間換取決策空間。面對如此情況，底層文化行政承辦人決策能力似乎有限，因此需要將會議結論儘量書寫具體明確，來降低「議而不決」的風險性及後續將帶來的問題。

(2)文化資產及保存。例如：有形文化資產之古蹟及歷史建築數量及分布、無形文化資產之數量及分布、保存及再利用方式、現況問題等。

(3)文化素養。例如：民眾參與藝文、影視、閱讀等活動之時間、次數、教育、居住地分布等。

(4)文化消費。例如：民眾之購買類型、消費金額或次數、不同社群之興趣喜好等。

(5)藝文展演活動。例如：傳統藝文、現代藝文、展示活動、演藝活動等之類型、數量、人次、時間等。

(6)藝文設施。例如：博物館、音樂廳等展示設施、演藝設施之數量、規模、座位數、演出場次等。

3. 文化統計、文化指標、文化審計或文化大數據等使用率偏低之因素，分析如下：

(1)功能未受到重視。文化統計目前僅有中央及臺北市等地方進行調查研究，各縣市政府長期以來並不重視文化統計調查工作。

(2)各縣市大多未提出地方文化政策。縣市文化單位首長大多並未提出文化政策，故無需文化統計數據資訊基礎的協助。

(3)調查項目與地方需求之間有落差。文化統計中的許多項目與地方文化發展需求有所落差，因而無法反映地方文化需求。

(4)調查項目過於靜態。一年一度的文化統計工作，其中許多統計項目過於靜態，無法即時回應於文化工作與計畫。

(5)受限於統計項目需要與國際其他地方連結以便比較分析，又需要反映地方特殊差異，故經常二者無法兼顧。

(6)文化統計工作的客觀性問題。文化統計過程之嚴謹性、客觀性值得再次加強，避免灌水或與現實不符等問題。

七、文化大數據、文化統計、文化指標之比較分析

我們經常使用各種統計數據、指標等作爲政策管理及行政的重要工具，其中包括了文化大數據、文化統計、文化指標等三者，然而此三者有相同及相異之處，分析如下：

1. 三者相同處分析

無論是文化大數據、文化統計、文化指標等，三者都是呈現文化現況發展的資訊與情報。

2. 三者相異處分析

(1) 文化大數據

「文化大數據」是透過網路管道蒐集的即時性、變動性的快速統計訊息，是讓施政單位能即時了解現況、隨時監管等，並且更重要的是能讓文化行政組織能即時修正原有或是即時性的提出對應措施。

文化大數據由於是透過網路管道所獲得，因此，大數據的限制來自於無法使用網路傳遞與即時性觀測、或無相關設備的文化場域或對象。簡言之，就是數位落差地區或領域，無法統計與蒐集的相關資訊。另外，對於不常使用網路的民衆社群，也不易調查，而不同網路資訊來源平台的相互開放及使用規格，也會影響大數據的資料獲得程度，不相容或未開放的網路資訊，將使得大數據的資訊片段不全而無法有效參考。

(2) 文化統計

「文化統計」是建立一個全面性、系統性的調查項目，用以彰顯整體文化發展的現況特性，文化統計可以分爲一般長年期統計項目，以比較分析其逐年變化程度，以及針對當年度特定議題進行調查，因爲每一年的文化發展總有其不同特性，而針對當年需求

展開統計項目及調查分析。

另外，也可以將文化分為文化生產及文化消費等二者，文化生產部門將涵蓋政府、文化企業、第三部門等行政組織及創作人員等各種生產活動與成果，文化消費則是各地區、各階層等社會大眾對於各項文化領域的參與情形。

(3) 文化指標

「文化指標」與文化大數據不同之處在於：文化大數據是即時、快速及簡單的網路資訊情報；文化統計是為了解或建構一個文化發展環境，而全面性、系統性的選擇某些項目進行統計調查；文化指標則以「指標性」意義為主。

此三者除了在調查的時間、空間、議題上有所差異之外，特別在「文化指標」應該屬於具有指標意義的項目，也就是可以進一步再將「文化指標」分成三大類：

1. 現況指標

是目前已發展現況的指標，與文化統計項目及功能相近，用以了解目前文化發展現況。但是文化指標項目不需要像文化統計項目如此眾多，而是將文化統計的某些關鍵項目作為文化指標，並能進行指標之間的相互比較。

2. 門檻指標

是水準指標，定義或設定在各階段的發展門檻及條件，各個門檻本身即為發展程度指標，達到此門檻表示達成該項指標。例如：過去由國民生產毛額等經濟水準，來認定開發中國家及已開發國家，或是依照聯合國標準或自行定義來設定文化發展程度等級，作為判斷發展等級之依據。另外，發展指標的功能可作為判定是否完成，以及不同時空對象相互比較之用。

3. 政策目標指標

是政府組織的文化績效指標，也就是對於特定文化政策或計畫想要達

成的特定目的所設定的指標，並可以作爲政策監管執行過程與結果成效。

八、文化行政管理「關鍵績效指標」項目及做法

「關鍵績效指標」（key performance indicators, K.P.I.）作爲政策或計畫在執行後的績效指標，但是實際上，政策監控的關鍵績效指標也可以用在推動過程中，在過程中規劃幾個重要的檢測點進行研考監測，避免全案偏離原政策目的，或是到最後才發現執行成效問題而爲時已晚。

一般關鍵績效指標是核對政策目標及政策效果之必須被監控的項目，被監控的關鍵性項目，可事先由業務執行單位自行提出，或是再召開相關會議（必要時可邀集外面專家學者與會表示意見）進行確定，並由另一個平行單位（通常都是研究考核單位爲主），或是業務承辦單位的上級單位，或是該預算經費之來源單位等，依照業務單位所提指標進行審核確定，並依照這些指標進行成果的檢視及考核工作，以確保政策或計畫執行結果的品質、時間點等，以及預算使用狀況。

然而與民間文化組織不同之處（尤其是營利爲主的文化企業組織），在於民間組織一方面降低成本、一方面提高產值及收入，以增加組織的獲利盈餘，而政府文化單位對於預算的考核，在於有沒有在規定的期限內把錢用掉，也就是預算執行績效、預算執行率之檢討。

因此，文化行政人員大多擔心預算執行不利，所以，文化行政工作變成預算執行率重於專業品質，以及是否符合當時發展需求與解決眞正問題。特別是預算來自上級或其他機關補助提供時，由於需要提撥的時間，進而更加壓縮計畫眞正可以執行的時間，一到年底同樣要檢討預算執行率，而更是無法要求計畫執行品質。

如此現象，到了明年又要重新來過一次，如此惡性循環，產生今日臺灣所見到文化政策或文化計畫執行品質不佳，對於文化發展現況改善有限的窘境。尤其是面對社會大眾，例如：社區營造等計畫，總是每一年固定、膚淺又表面的執行各種計畫，且周而復始一再重來，不僅無法解決當時問

題，反而帶來更多問題，從原本透過計畫要擾動社區逐漸變成擾亂社區。

關鍵績效指標的項目，至少需要包括以下四個基本層面：

1. 內部執行指標

依照每一個政策計畫性質之不同，最基本的關鍵指標例如：時間（各完成時間、執行期限等）、參與人次（藝文活動類、博物館及文化園區等）、數量（文化資產指定、修復及再利用類等）、產值及就業（文化創意產業類、地方創生類等）、預算金額（文化預算類等表示重視程度）等。

2. 外部社會指標[3]

(1) 主觀指標：主要是政策計畫對象的個人觀感程度等，例如：民眾滿意度、民眾各種意向性、民眾學習成效等。

(2) 客觀指標：主要是社會的宏觀數據資料，例如：媒體聲量、各項參與率、人數、教育水準、產值或就業人數等。

3. 必要指標及參考指標

(1) 必要指標：就是一定需要達成的項目，也是基礎指標。

(2) 參考指標：為儘量完成或是輔助必要指標之項目。

4. 定性指標及定量指標

另外，關鍵績效指標亦可分為：「定性指標」及「定量指標」，分析如下：

(1) 定性指標

主要為描述性、敘事性的指標，例如：運用文字形容所要表達的情境、風格等等，或是對於特定品質的描述等（例如：展場須以

---

3 行政院主計處會在每年公布「社會指標」，依照其《社會指標系統理論》（1996）將指標初分為：人口、家庭、健康、教育與研究、社會安全等。並且描述各個指標的定義、範圍、議題、指標選取方式等。

「工業風」或「普普風」爲基調等），其爲質化指標。不過，質
化指標容易因人而異，其精準度較低而不容易進行政策監督及管
理，因此，需要儘量能將質化文字內容改以量化數據方式呈現。

(2) 定量指標

以數量及統計方式描述所要達成的程度，明確的數字比較容易被
政策監管及考核，不過，有時候數字只能突顯出表層狀況，對於
文化事務本身的深度較爲不足，需要質化指標相互補充。

九、建構文化環境的文化統計項目

文化部（2019a）在「文化統計」工作以這些項目來建構出一個「文
化環境」，因此，將「文化統計」區分爲「文化與行政」、「文化與教
育」、「文化與社會」及「文化與產業」等四大主要構面，來了解整體文
化環境之發展現況。

1. 文化與行政

文化行政組織及人力（政府及第三部門文化行政組織及人力）、文
化經費（政府、國家藝術發展基金會及第三部門文化經費、企業贊助經
費）、文化法規（新增、修訂及廢止法規）等。

2. 文化與教育

政府人才培育（中央及地方人才培育）、學校人才培育（高等、職
業、國人出國留學、外國人來臺學習）、社會人才培育（社區總體營造、
社區大學、推廣教育中心、第三部門、華語推廣）等。

3. 文化與社會

文化資源（博物館、文化設施、文化資產、環境資源、公共藝術）、
藝文展演與節慶（表演藝術、藝術節及節慶、視覺藝術）、人文與出版
（文學、書籍與出版、圖書館）、影視與流行音樂（電影、電視與廣播、

音樂錄製與流行音樂）、文化交流（國外活動辦理與參與、來臺重要藝文活動辦理）、文化參與及文化消費（大眾傳播活動、視覺藝術活動、表演藝術活動、文化環境機構設施、文藝民俗節慶活動、觀光）等。

4. 文化與產業

文化創意產業（產業產值與附加價值、產業受僱員工數、文創活動概況）、文化貿易（文化產品進口、文化產品出口）等。

文化部（2019b）多年來針對「文化統計」相關領域進行調查及研究，其領域至少包括：

1. 經常性統計

文化資產保存（年鑑）、文化創意產業（年報）、公共藝術（年鑑）、影視廣播產業趨勢（電影、電視、廣播等逐年分項調查報告）、出版業（年鑑）等。

2. 專案性統計

攝影藝術產業、傳統藝術生態、工藝產業、傳統表演藝術消費、流行音樂產業、六都大學生（及青少年）流行音樂消費行為、文化觀光，以及其他文化趨勢報告等。

十、文化行政業務「計畫評核術」管理

「計畫評核術」（program evaluation and review technique, P.E.R.T.）原用於火箭發射之案例，因為過程的變項因素過於複雜及不確定性高，因此，在計畫的推動過程中，每一個決策的節點（或分支點）以最樂觀、最不樂觀、最可能等三者進行評估。

在大型或過於複雜的文化政策或文化計畫推動時，同樣會面對各種變動因素的加入，因此，在推動之前需要事先做好計畫評估，才能準備好因

應對策方案。尤其是政府單位由於相關資源都較爲固定，許多經費在使用上都要先編列預算，依照程序核撥才能使用，所以更是需要進行事先的規劃，以及編列相關經費預算之工作。

十一、文化行政業務之「知識管理」

行政人員將過去所承辦的各項行政工作的經驗，彙集成爲知識檔案並且進行管理與分享，便是文化行政的「知識管理」（knowledge management, K.M.）。文化行政知識管理的另一個目標，便是將屬於個人的、師徒間口耳相傳的「隱性」知識，調整爲組織內部成員可以彼此分享的「顯性」知識，也就是將組織內的「非正式化」知識調整爲「正式化」知識檔案，並加以使用與管理。另外，如果要將文化行政經驗以知識管理方式進行，組織內部需要事先盤點及定義出屬於組織本身的知識類型、如何建置的管道及方式，以及如何交流及使用這些檔案知識等。有關文化行政的知識管理方式，分析如下：

1. 知識的定義及類型

(1) 一般行政文書類型

所有公務及一般組織運作所需要的各項公文、文書類型等書信文本內容。

(2) 一般行政程序類型

所有例行性行政的程序、作業流程等，例如：與工作程序有關的S.O.P. 等，方便新舊承辦人了解前後步驟的關係。

(3) 個別專案類型

某些重要經驗案件、特殊案件或是研究案等，以專案方式建置，提供行政者承辦該專案時的重要參考，不需要將其分散反而能完整的呈現，例如：大型藝術節活動專案、古蹟修復專案等。

2. 建置管道

要成爲正式的知識需要建置及檢視是否正確的雙重機制，可以針對一般行政經驗豐富者及專案承辦人等二者分別進行，建置的管道亦分爲：線上及線下兩種，也就是線上的數位檔案及網路串連，以及線下的原始資料檔案儲藏方式與編碼等工作。

不過，無論如何，皆需要事先討論某些基本的格式，尤其是線上的檔案能建構爲「開放式資料庫」（open data），日後才能讓各種數據、資料等相互流通與分享使用。另外，「大數據」（big data）的非結構化且即時大量的數據，其各種來源的管道及如何獲得、內容的分析及運用等，更是重要的知識管理工作。

3. 交流與運用

無論是線上或是線下的知識檔案，皆需要設定個別資料的使用權限，設計各種知識檔案的開放性、便利性、即時性的交流方式。除了一般檔案儲存及管理之外，主題知識的分享會亦是知識交流及傳承活動中有效的做法。除此之外，也需要進一步盤點及設計在組織所有的文化行政工作之中，有哪些能被廣爲運用的場合與機會。

因此，文化行政的知識管理，需要行政人員的參與、整套建置及交流使用方式、整體知識管理機制，以及知識管理的組織氛圍，並且在組織內部一再生產出「知識螺旋」（knowledge spiral）[4]效應，並能藉由各項知識管理工作促進組織邁向一個學習型組織，同時累積個人與組織整體的「知識資本」（knowledge capital）。

---

[4] 「知識螺旋」是一個知識循環模式，Nonaka及Takeuchi（1995）提出一個S.E.C.I.模型，也就是隱性知識與顯性知識處於社交、外部化、結合、吸收的一再互動循環。由此模型一再的交互運作過程中，進而累積成各種更爲豐富的知識經驗，並成爲個人以及整體組織重要的知識資本。

文化政策之
行政執行

 第 7 章

一、文化行政執行與決策之關係

　　文化組織經常是部門分工且有其角色職責，有關文化政策與文化計畫其決策與執行工作之間的關係[1]，分析如下：

1. 決策工作與執行工作密不可分，相互影響、互為因果關係，通常決策影響如何執行，而執行狀況又影響下一步的決策。
2. 決策點不宜牴觸之前的執行狀況，如此將導致執行無效，且打亂陣腳等問題。
3. 決策點過多將影響行政品質及可執行性。

二、文化政策計畫決策者與執行者之互動關係與方式

　　然而，無論政府的文化行政工作是由政府內部人員進行，或是將文化行政以專案計畫（或是專案辦公室方式）委外由民間專業者執行，有關文化政策計畫決策者與文化行政執行者之關係，其基本互動關係如下：

1. 主從關係

(1)特性：計畫規劃及決策者為主要關鍵者，行政工作執行者只是依照其完成工作的上對下關係，或許能在執行過程中提出第一線的問題及意見給決策者參考，但是效果十分有限。

(2)優缺點分析：優點為能確實執行出計畫原本的想法及決策者的意志。缺點為因過於重視由上而下之關係，執行者只是執行工具而無法表達意見，容易讓計畫與現況問題或需求脫離，也容易形成

1　組織的行政決策方式，也可以包括：個人決策、團體決策、問題本身性質決策、手段與目標連鎖決策、行動過程決策、情報蒐集決策等（姜占魁，1980：259-311）。

與雇主的緊張關係等問題。

(3) 適用場合：此種上對下的主從關係適用於現場行政人員所進行的工作是屬於低技術性、可標準化的工作。例如：現場問卷調查工作，或是許多政府採購委外研究或規劃的各種標案等，行政人員通常無法自己進行重大決策，而是需要由長官或召開會議來決策等工作方式。

2. 從主關係

(1) 特性：從主關係與上述類型相反，計畫以第一線的行政從業人員為主，需要現場的高度專業技術、即時應變能力。或是工作現場狀況並不清楚，文化計畫只是一個大綱或是原則性的概要，而由文化行政者現場完成的工作。

(2) 優缺點：優點為保留現場執行彈性，能即時因應變化。缺點為無法有效掌握執行成果是否能呼應原本文化政策計畫或決策者的既定目標，並且對於文化行政經驗不足、專業或技術不成熟者，將造成更大的問題。

(3) 適用場合：第一線需要高度專業技術之工作，可以保留執行彈性的文化計畫。例如：現場訪談調查工作，或是許多藝文獎補助計畫案，原計畫僅訂定大綱條件，而在收取申請案件中，在現場謹慎完成評選工作等。

3. 夥伴關係

(1) 文化政策計畫與文化行政工作者是較為平等的工作夥伴關係，主要由專案組成工作團隊一起決策、共同執行，進而完成計畫任務。

(2) 優缺點：優點是較無階級高低之分，團隊彼此更能真實面對現況問題及需求等，提出對策計畫及執行工作。例如：以「臂距原則」（principle of arm's length）概念，邀請專業文化團體完成特定任務，而政府部門協助相關跨單位所需協助或協調的事務等，為政

府與藝文專業團體以夥伴關係之合作方式。缺點：文化政策計畫
到最後還是需要由決策者概括負責一切計畫成敗，然而，以此方
式進行的工作，如果在角色及定位並不清楚的情況，或是政策計
畫擬定與執行其權責分工不清之狀況下，執行不力時，較容易產
生權責不清等問題；執行具有高度成效時，又可能發生特定人士
收割所有參與者一切成果之現象等。

(3) 適用場合：像是許多文化政策或文化計畫的諮詢會議、委員會
等，邀請專家學者一起提出問題、需求及建議等，與文化行政單
位一起完成文化政策計畫案、審議案、諮詢案等工作類型。

三、文化政策或計畫之執行過程及做法

文化行政是一種任務導向、技術至上、理性、中立及客觀的工作態
度，是以在一定期限內達成交辦事項、管理計畫品質及成效等任務為工作
基本態度，因此各個文化計畫在執行文化行政工作時，應留意以下重點：

1. 訂出整體行政工作計畫或基本的標準作業程序（S.O.P.）

計畫工作之決策點與執行工作關係，可以規劃及分析出在執行整個工
作過程中，不同決策點與執行方式的標準作業程序，預估幾處需要重大決
策的點、這些點在不同的決策可能遇到的幾個分歧方向，以及這些方向的
因應對策等，作為在行政工作上執行的藍圖。

2. 各個計畫需要有整套清晰的步驟、程序及完成的方式

文化計畫整體工作應具清楚且可按步驟完成的程序性、系統性，在每
一個程序中清楚知道可具體決策及了解執行之重點。

3. 各個步驟中需要有清楚且不能太多的決策點

每一個計畫階段的決策點不宜過於複雜，過多的決策點容易產生執行
時的不確定性，以及計畫執行品質的不穩定性。

4. 計畫者與行政者儘量一致

編列文化計畫為相同的文化行政工作人員，其優點為執行時清楚知道計畫的重點與關鍵，缺點為較無法在過程中有不同調整的意見，計畫編列與行政人員不同的優缺點則反之。

5. 計畫執行需要統合者及整合工作

文化計畫如果需要過多跨部門單位的協商及整合，或需要更高的層級進行統合及指揮決策，則無法僅依賴單一文化部門完成。

6. 行政決策及執行需要兼具量化及質化的指標

文化行政執行過程及最後成果等不同階段，其決策的評估依據，需要兼具可量化的關鍵績效指標（K.P.I.）以及質化的效益分析為依據，而不能只是定型化的量化指標。更何況每一個文化計畫其性質有極大的差異，固定量化反而容易造成目標轉置等執行問題。

7. 行政效益重要於計畫效率

留意文化行政對於實際文化發展的效益，遠比計畫效率更加重要，有時候往往訂出執行期限及最後成果，反而因為揠苗助長而得不償失，也有可能最後事倍功半，或是形式上完成計畫而對於實質卻無幫助等現象。

四、文化行政「P.D.C.A.」執行應用

在各種文化行政的「P.D.C.A.」執行應用上，所謂的「P.D.C.A.」主要包括：

1. Plan（計畫）

調查分析問題狀況及需求，事先蒐集相關資訊及意見，研訂目標及策略，預估要達成的政策效果，分析所需要的行政工作人員分工架構，訂出執行所需期限及各檢核點的時間，以及所需要的行政協助、相關人物及物

力資源等，完成幾個替選的政策方案並加以評估，選出一個最佳的政策計畫方案。

2. Do（執行）

依照計畫正式開始進入行政執行工作，注意計畫本身在現場執行時的工作品質與效率等狀況。

3. Check（檢核）

一段時間後及在正式的檢核點中，檢視在執行現場所有人事物等各種狀況，對於計畫本身原理想性與實際狀況之間的關係，是否有更好的做法，或是執行現場是否出現新的問題、需求等，而與原政策計畫之間不同，必須要檢討改進之處，須一再檢視並作為政策計畫之回饋。

4. Action（改善行動）

經過實際執行之後，對於原有的政策計畫進行改善，以更加符合現況的實際需求，或是更進一步對於政策背後的生產機制進行調整。

「P.D.C.A.」一再循環的滾動式執行、回饋、調整、修正之方式，促使原先的政策計畫與行政執行之間產生互動，降低出現文化行政執行時，各種內部推力及外部拉力所造成的目標轉置等不正常現象。

五、文化行政「行政執行力」影響因素

在一個文化組織中，影響文化政策或文化計畫之行政執行成敗的執行力因素，分析包括以下：

1. 文化政策內容的問題

文化政策或文化計畫本身的目標過於模糊、過於理想性、不符合文化現況的實際發展需求，或是政策內容本身不夠明確等問題。

2. 政策主要影響對象的數量及素質

文化政策有具體指出對應影響的團體或民眾等數量，將影響其執行的穩定性及成效，有對應團體或民眾數量的文化政策或計畫，其政策落實過程之難度較高。

團體或民眾的素質本身也是重要因素，然而，這並不是表示政策對象的團體或民眾的文化素養不足，而是政策性質的契合度，政策性質與主要受眾對象的性質較相近，則政策計畫的接受度較高，文化行政工作也相較容易進行。

3. 整體社會環境的因素

文化政策或計畫經常是帶領社會往特定文化發展邁進，不只政策主要的受眾是主要成敗因素，整體環境的政經條件、法規與體制、資源及技術、社會氛圍等因素，皆影響當時行政執行的難易度。

4. 文化行政本身的因素

文化行政人員的數量、素質、態度等，組織的分工及運作方式，或是文化政策執行所需相關資源等，都是行政執行單位本身的重要因素，直接影響文化政策或計畫的執行品質與成效。

六、文化組織的「行政動能」（行政效率）分析

文化行政人員的專業結合態度才是個人的工作能力，工作能力結合各種激勵方式是個人工作潛力，工作潛力加上外在環境因素的支持或限制，為個人實際的行政執行力，結合所有人的個人實際行政執行力才是該單位的組織動能。也就是要提升文化組織的行政動能，需要有以下不同的因應對策：

1. 尋找合適該工作業務的專業且態度積極、有抱負之人才。
2. 有效的激勵措施，包括：物質激勵（加薪、獎金等物質酬勞）、非物質激勵（表揚、肯定、鼓勵等，滿足其心理存在感、成就感、榮

譽感等）之各種方式。

3. 支持行政工作的外在環境體系，例如：工作氛圍、人際關係、其他人物力等各項資源、法規體系、上級高層支持等。

4. 組織規模管理，行政人員編組的人數規模影響組織動能，員額編制過少或人數過於龐大，在整體組織運作上將影響整體動能及效率。

七、文化行政之「機械行政」與「專業行政」分析

文化行政執行時的「機械行政」與「專業行政」，二者的特性與問題分別分析如下：

1. 機械行政

講求行政方式如同機械般具有執行效率，對於文化業務本身的處理為標準化作業，對於民眾案件及各種不同場合的態度具一致性，對於上級的命令具有執行力，為理性、標準、效率、統一的行政方式。而為了要執行機械行政則需要建立能機械化操作的環境，包括：建立各種明文化的正式規定，各種法律、命令、行政規則、作業辦法等法規制度，才能讓各種人員遵守。

另外，也須建立讓不同人員可以在生產過程中加以依循的各種標準作業程序（S.O.P.），以方便讓業務品質具一致性，以及方便進行類似品質管制的檢測及考核工作。不僅如此，機械化行政需要遵從法規及作業標準以外的上級命令，以完成命令所指示的執行任務。

然而，文化事務本身具有各種專業領域及彈性，機械式的行政方式，其好處如同上述的品質一致、理性、效率等，但是容易造成行政人員的法規主義、個人保護主義、機關本位主義、目標轉置、上級威權及不符現況需求等問題，或是過於重視機械般的控管及考核文書及程序，讓文化行政人員須花費龐大時間一再處理文書，而無法專心辦好文化核心事務等問題。

2. 專業行政

文化行政領域是由眾多不同的專業所構成，例如：文化外交、視覺藝術、音樂及表演藝術、文學、文化資產、社區、文化建設等皆是不同專業，因此，文化行政相較一般行政作業更是需要各種專業核心素養，才能具有更高的業務執行品質與執行效率。所以，文化行政人員不應該只是從事一般的機械性行政工作，反而應該架構在某些機械般的行政環境之上，重視不同專業其各自的核心領域，才能在行政工作有更準確及效率的表現。

然而，專業行政經常會發生承辦人員在前線工作時遇到各種問題，而與內部上級長官的執行命令相互牴觸，需要相互溝通及協調。某些事務其處理的方式，在不同位置及角色的人所切入之觀點並不相同，因此在權力不對等的情況下，承辦人經常需要服從上級指示執行任務，進而工作態度逐漸轉為消極。因此，建立討論、溝通的環境、機制及工作氛圍，在文化行政組織中更加重要。

而且，也由於文化行政屬於專業行政，整個文化組織不同層級的同仁一起成長及共識，相較其他行政更為重要，也就是因為文化專業之故，更需要發展成為一個「文化的學習型組織」及其行政作業方式。

八、文化行政「行為過程」理論

文化行政人員在執行各種不同的業務時，其行政行為基本過程，主要可分為：

1. 外部化

行政人員將自己原有內在的想法、價值、意義、觀念、重點等認知，展現於外在的行動表現，像是各種業務的執行，或是與民眾、同儕或長官的互動等。

2. 客觀化

由於外在行動與周遭人事物等產生互動，因外在周遭事務的回應，使得行政人員修正、調整其原本的認知。

3. 內部化

將客觀化後調整的認知，與自己相關知識背景整體融合，內化成為自己的經驗，成為下一個外部化的內在認知基礎。而影響文化行政人員的行為，也可包括：法規導向、長官指令導向、民眾意見導向、專業知能導向、個人生涯導向等，依此出現不同的行政方式與情況。

九、文化行政「內外作用力」分析

文化政策執行的作用力模式有「內部張力」與「外部拉力」等二個因素，進而造成政策理想性經常與現實執行之間產生落差，或調整、位移之現象：

1. 內部張力

行政承辦人員專業素質及態度、組織分工方式、部門相互協調程度、政治干預、相關資源的協助與配合狀況等。

2. 外部拉力

例如：外部的各種政治經濟因素、社會觀感問題、新增修相關法規命令、政治局勢改變等各種力量，促使行政執行工作受到這些因素的影響而出現變化。

十、文化行政「經驗知識」類型與特性

文化行政的經驗也可以是一種知識，是由實際執行業務彙集實務經驗而成的知識。這些由行政經驗而得的知識，可分成：隱性知識及顯性知識。

1. 隱性知識

經常是第一手（第一線）的實務經驗，由行政人員辦理業務多年所累積的經驗。這種經驗不只是對於業務本身的某些行政訣竅、關鍵點掌握等而已，也包括在工作職場上對於所有人事物等應對進退、待人處事、與長官及同事相處等經驗，或是某些特定的潛規則等。

然而，這些經驗並不會正式化成為明文、檔案或規定，就如同「師徒制」中，便是師傅將自己過去自身的經驗累積為許多隱性知識而教給學徒。隱性知識彌補顯性知識的遺漏之處，因為並不會皆以顯性知識形式出現，但是，隱性知識出現許多個人化經驗，並不一定準確客觀且帶有個人色彩。

2. 顯性知識

為公開化、正式化、明文化、建立檔案等的知識，例如：建立機關內部各種辦理業務的 S.O.P. 標準作業程序。S.O.P. 本身便是一種顯性的知識型態，為針對某項業務將過去辦理的相關經驗重新彙整而成，用來作為不同行政人員在辦理此項業務時，指導其工作的流程、各階段的步驟、工作方式及重點等。有時候，我們將過去辦理經驗完整的蒐集、整理出來，建置成為各種行政人員在日後辦理相關業務時可以參考的知識案例，也是一種顯性知識。或者，法規命令及行政規則本身也是在規範一個特定事物對象的遊戲規則，其本身也屬於顯性知識的一種形式。

目前，由於網路科技及行動載具的便利性，知識建檔方式朝向無紙化、隨時可觀看的雲端電子儲藏形式，建置時可加入幾個重要關鍵字或是全文搜尋方式，讓網路的顯性知識使用上效益更高、更多人使用、更加快速且便利。

十一、文化行政執行的「變項」方式分析

可將整個行政工作過程分別運用各種變項，加以思考及評估文化行政

工作，並且能加以管理或監控其品質與效率，分析如下：

1. 行政的「自變項」（independent variable）

包括：計畫本身的經費及相關物力之多寡、行政人員的人數等，以及計畫執行的時間與工作項目等將會影響行政作業的因素。

2. 行政的「依變項」（dependent variable）

包括：所有一切受自變項影響所牽動的變項因素，包括政策計畫的成果、各階段的進度及品質、過程需要配合各種自變項再次投入或修正的各種資源，以及跟著改變的各種因素。

3. 行政的「中介變項」（intervening variable）

不同行政人員專業素質、能力等，尤其是行政人員的態度、價值、習慣等個人主觀心理意識也會影響工作品質及效率，然而，這些並非是可以事先掌握的自變項，而成為介入並影響工作效率及品質等成果的重要因素。例如：同樣的文化政策或文化計畫，但是在各地由於行政人員的態度或價值觀之不同，影響執行的成果及效益。

4. 行政的「可控制變項」（control variable）及不可控制的「混淆變項」（confounding variable）

在執行過程中，許多混淆在自變項的各種因素中，不易完全釐清卻又會影響依變項成果的變項為「混淆變項」。特別是文化政策計畫屬於開放性的性質，無法封閉在象牙塔內自我完成，尤其強調文化公民積極參與等情況之下，在執行過程中不可能事先完完全全的預測及掌握住各種變動因素，例如：執行過程中遇到政治力的介入、民眾或團體的陳情或抗議事件等。若能將這些過程中會發生的各種情況加以掌握，這些原本的「混淆變項」便會轉為「控制變項」，也就是我們在執行工作時，事先對於各種「混淆變項」的掌握，將有助於計畫執行最後成果的達成率及品質的穩定性。

5. 調節變項（moderator variable）

某些政策計畫在執行過程中，原本的自變項與依變項之關係轉變，例如：某些計畫本身在執行階段中因爲某些因素而產生重大的改變，必須重新調節成爲自變項；某些重大的文化政策或計畫，可能在執行一半時發現政策本身有問題，而需要重新修正原有的政策方向；以及需要重新編列預算及執行人力等方式，進而調整並重新執行。在過去一些一邊執行同時一邊調整的文化政策或文化計畫等，或是滾動式的政策等，大多是屬於調節變項的行政類型。

然而，文化行政人員對於政策計畫認定的重點及出發點不同，其自變項、依變項等相關變項便會有所不同，因此，究竟是由政府部門爲主的由上而下施政，或是以民意爲出發點的由下而上方式等，其採取的觀點與角度便會形成不同的變項，以及變項所需盤點分析與提出的因應對策。

例如：以地方文化觀光帶動地方文創商店的政策計畫，以政府爲主的文化觀光政策爲自變項，而在地方上與本計畫有關的商家爲依變項，將依照政策內容牽動而受到影響。但是，如果是考量地方文創商店對地方文化觀光計畫的影響，將會事先盤點調查地方相關商店的特質、規模數量、意願、問題及需求等等因素作爲自變項，所擬定的文化觀光計畫將是受到這些地方商店的影響。同樣的，其他像是中介變項、調節變項等亦是如此產生不同的因素。因此，政策目的及行政採取的觀點也是影響變項的關鍵因素。

十二、政府文化行政過程「民間參與」方式及類型

在中央或是各地方政府文化部門，其在從事各種不同性質的文化行政業務時，在過程中能讓各種不同的「民間參與」之方式及類型，分析主要包括如下：

1. 諮詢

尋求有關聯或關心之民眾提供問題需求及意見，或是邀集專家學者進行諮詢之方式。

2. 委外參與

在專業性方面，委託外面的學校、公司、財團法人、社團法人、其他文化團體或個人進行專案的委託調查、分析、規劃或設計、執行工作等。在例行性方面，除了一般的研究或規劃設計專案之外，許多例行性而非涉及專業技術性的工作，由於屬於例行性工作又無涉及人民權益等問題，亦可委外進行，例如：文化園區、博物館、演藝廳等保全安全管理、衛生清潔管理等工作。

3. 公民參與

由公民參與整套或部分相關文化政策或文化計畫，民眾參與的工具至少包括：民意調查、個別訪談、資料蒐集、公聽會或說明會、公民會議及公民論壇、辯護式制度參與等方式，並不是形式性而是實際的辦理民眾參與相關活動。

4. 政策引導

政府許多文化政策與計畫是要引導及影響社會發展，因此，並非所有事情皆能由政府獨力完成，而是需要民間各個力量一起完成。因此，政府經常會在特定政策目標之下，研訂獎勵、補助、輔導等各種政策計畫，引導民間相關符合條件之對象，例如：個人、社團法人、財團法人、學校、公司等前來申請，一起完成政策目標，包括：各類藝文補助、社區營造及地方創生，或是提供「文化卡」等給民眾進行藝文消費。

或是，運用特許或優惠政策計畫進行政策引導，例如：為了促進文化創意產業發展，而排除從事文創業者或經費捐贈者等的免稅上限額度，或是運用特別法排除一般法的規定，擴增基於某些政策目標下之特許的使

用，例如：以特別法及相關措施（例如：《文化資產保存法》、《文化創意產業發展法》等）排除適用一般法（例如：《都市計畫法》、《建築法》等），而特許特定文化之發展或文化資產保存，以達成政策目標。

5. 政策強制執行

由於文化財屬於公共財，爲公共事務，因此政府可能基於公共發展需要進行私人財產等處置，需要在某些引導政策之各種做法外，研訂較爲強制性的各種做法。例如：古蹟保存的指定或是歷史建築的登錄，許多涉及到個人的私有財產，但是因爲這些私有建築的重要性達到一定的「公共性」（例如：達到公共的集體性、歷史性、美學性、代表性、重要性等），進而被指定或是登錄爲古蹟或歷史建築，並且將影響其建築興建或修建、使用方式等。

6. 民營化參與

此參與方式就是「文化事業的民營化」做法，將某一個文化設施或文化事務工作等交給民間廠商加以規劃或設計，或是經營與管理等方式。將文化設施或特定文化計畫視爲一種公共建設類型，開放民間廠商參與投資與經營管理等工作，其法源依據目前至少有：《促進民間參與公共建設法》[2] 以及《政府採購法》[3] 等法規條文內容皆有其規定。

2　文化政策或文化計畫以《促進民間參與公共建設法》（全國法規資料庫，2018）之辦理依據。其「第 1 條」載明「爲提升公共服務水準，加速社會經濟發展，促進民間參與公共建設，特制定本法。」而文化事業本身也是公共事業之一，因此適用本法之相關規定。另外，在「第 3 條」中規定「本法所稱公共建設，指下列供公眾使用且促進公共利益之建設」其中「六、文教設施」便是屬於文化設施，且在其他共 14 項的公共建設類型中，在符合其他法規規定之下，例如：觀光、運動、公園等，也能興建地方所需要的重大文化設施。

3　文化政策或文化計畫以《政府採購法》（全國法規資料庫，2016）之辦理依據。在「第 99 條」載明「機關辦理政府規劃或核准之交通、能源、環保、旅遊等建設，經目的事業主管機關核准開放廠商投資興建、營運者，其甄選投資廠商之程序，除其他法律另有規定者外，適用本法之規定。」該條內容爲「等建設」，而文化建設

　　而一般在委託民間期間較長者比較會使用《促進民間參與公共建設法》進行委託，尤其是需要民間廠商付出更多經費或重大文化設施時，例如：興建建築或重大工程建設等。如果委託業務對象範圍較爲清楚且時程不需要過長（例如：不超過 8 年以上），則可使用《政府採購法》（第99 條）之規定，由於公開招標文件十分明確，且過程中比較不用與廠商進行協商，反而因此更加清楚且容易執行。

第 二 節　　文化政策之行政執行問題及對策

一、文化行政衝突之「個人衝突」問題

　　在從事文化行政工作中，也可能會發生至少以下三種衝突層次與現象：

1. 人際關係衝突

　　一般人與人之間的相處及在情感上的衝突問題，不僅在文化組織而是在所有組織的內部中皆會發生，因爲由各種成員組成故無法避免人際關係衝突，一般的人際關係有時是重要的基礎，也會影響專業判斷。

2. 行政法規衝突

可進一步再分爲三種類型：

(1) 對於各種法規之間的見解不同而產生的衝突。

(2) 現有法規內容與現實所辦理的文化工作內容之間產生衝突。

本身亦可適用於此條規定。將原政府要投資興建、營運等政策或計畫之工作，設定委託條件，包括：民間出資興建或修建工作、開放公眾方式、經營管理項目、租金與權力金、年期、設備及人力等，以及相關依照專案所需的條件進行設定，並且公開徵求廠商依照採購法相關評選規定等，展開評選工作，並且減少因爲使用《促進民間參與公共建設法》時，在程序中有二次公開上網招募及與廠商議約討論的複雜程序所帶來的困擾及變動性，直接設定條件、上網公告、評選、得標、簽約等工作更爲明確且簡易。

(3)由於法規內容模糊或法規制度尚不健全，而使某些業務無法依循，進而依個人判斷產生衝突情形。

3. 專業衝突

由於文化行政涉及各種多元不同專業領域，例如：視覺藝術、表演藝術、古蹟、社區營造、博物館、文化建設等各專業領域，因此，相較於一般行政組織更容易產生專業的衝突情形。然而專業衝突在文化組織之中其實是好的現象，表示行政人員對於同樣的文化事務有個人不同的專業見解，這是作為一個專業文官，以及對於事務積極的工作態度會出現的問題，尤其文化組織屬於專業組織。

因此，整個文化組織需要接受專業衝突，鼓勵以專業為行政導向的行政方式，設計具有專業彈性、允許發生專業衝突，以及能有效溝通協調專業衝突的機會與整套機制。

二、文化行政衝突之「組織行政衝突」問題

有關在行政衝突方面的組織與組織之間的部門衝突，分析如下：

1. 部門衝突的形成因素

由於文化組織的專業分工，而產生不同的部門，不同部門之間針對相同的業務工作對象總是會存在衝突，最常出現的便是單位與單位之間基於「觀點」的不同所產生的衝突。例如：博物館、音樂中心等大型文化建設是否要蓋，不同單位會堅持自己的立場而有所衝突（例如：應座落的位置、規模及性質需求、興建經費來源、興建後的營運、人事組織及經費為何等等）。

然而，這些不同的「觀點」至少包括：各單位其組織業務性質不同、對法規解釋不同、堅持自己單位立場的本位主義、需要付出的責任不同、所需處理的事務龐雜度不同、單位人員的行政態度及積極度不同等，部門衝突將影響全案的執行進度與品質。

2. 部門衝突的解決方法

要降低部門衝突的問題，至少有以下做法：

(1)上級跨部門協調：針對特定跨部門業務，由更上級的長官或部門來進行分工及協調工作。

(2)部門首長及人員的輪調：將屬性相近部門的長官及人員進行輪調，彼此了解各部門的業務重點等，以相互了解及降低部門衝突機會。

(3)成立各部門業務了解及整合平台：像是常態性的、由各部門一起共同與會的各種行政會報，或是針對跨局處的大型專案設置專案辦公室等方式，並且彼此之間有聯繫窗口及方式，成立具有各部門業務整合協調功能的平台。

三、文化行政衝突之「民意衝突」問題及政策行銷

文化行政與「民意衝突」，來自於無論是中央或是地方政府的文化政策或文化計畫，經常偏離民眾的需求或現況問題的民意。例如：政府高層喜歡興建演藝廳、博物館、文化中心等各種大型文化場館，但是民眾的需求及使用率偏低，而造成國內許多大型文化設施淪為蚊子館之現象。因此，政策或計畫的研訂過程需要貼近民意，以社會大眾需求及解決現況問題為導向。

除此之外，政府想要推動文化政策計畫之「行銷」（marketing），也成為現階段文化行政的另一個重點工作及趨勢。而以社會大眾目標導向（或進一步說是「市場導向」）的文化行政作業，便是借用「行銷」的概念來思考。文化行政工作可將政府部門的各種文化政策、計畫、活動等重要文化事務視為一種「產品」，以及政府本身是一種「品牌」的概念來加以經營，政府的各種文化活動，是用來中介與嫁接政府與民眾個人之間更加緊密的關係。

因此，文化行政工作是政府與人民的橋梁，以及如何讓民眾對於文化

施政有感，尤其適用於各種與民眾直接接觸的文化事務，文化行政人員如果過於站在政府本身的角色及地位，便會讓民眾對於文化施政毫無感覺，甚至會覺得過於官僚及不知民間疾苦等。例如：各地方政府所舉辦的各種藝術節慶活動，經常會讓民眾覺得放煙火、政客作秀、浪費納稅人的錢且毫無意義。分析其根本原因便是施政角度過於由上而下，而這些各種文化計畫及活動本身，應與市民之間產生重要的中介作用及聯繫關係。

除了上述行銷概念的行政方式之外，另一種是「公共關係」（public relations）導向的文化行政方式。「公共關係」的行政概念是由於政府本身是在特定發展的環境背景脈絡之下，部門內部的領導人、部門分工、員工素質與數量、預算與資源條件等，以及外部的整體社會氛圍、民眾素質及數量、現況問題與需求、法規制度等完全不同，文化行政作為政府與民眾的溝通、維持或促進關係的各種作業方式。

因此，公共關係概念的行政作業方式，除了以現有資料進行問題、意見及需求等分析之外，也蒐集分析民眾在各個管道所表達的訴求與意見，或是以問卷調查方式進行民意測驗，或是邀集不同的政策計畫關係人及團體等，進行分組、焦點會議參與討論，形成公共議題、施政重點、方式及各種關鍵要點。積極面為藉由文化計畫活動拉近距離與產生緊密關係，並讓文化施政人民有感，即使在消極面，也能減少危機事件的發生。

四、文化補助行政對文化發展的優缺點分析

中央各部會（文化部、客委會、原民會等）長年補助各地方藝文發展，讓各地方政府及藝文團體提出申請，在審查後獲得經費補助，這些申請補助藝文發展的做法，對於地方藝文發展產生不同優點及缺點，分析如下：

1. 優點方面

(1)彌補地方政府財政不足

地方政府預算經常不足，尤其是文化預算，中央補助使得地方許

多文化事物推動工作更爲順利。

(2) 消弭各地城鄉差距，減少地方文化資源不均等問題

中央亦可全盤檢視各地方政府預算總額，並調配文化預算之補助經費，進而消弭地方文化資源不均等之問題，讓各地方文化發展的機會及資源等能較爲均等。

(3) 以計畫引導地方政府發展方向，避免地方政府胡作非爲

各地方政府的文化工作計畫，其程度高低水準參差不齊，中央預算計畫將能有效誘導各地方文化發展重點及方向。另外，由於地方政府受到中央補助，因此，中央可以前往各地方檢視其執行成效，減少地方政府不正當的文化發展狀況。

(4) 建立臺灣的藝術文化發展之整體性

由於地方文化單位才是文化發展眞正在地方執行的單位，因此，中央在各地進行整體計畫補助，有助於中央想要建構的臺灣整體文化發展方向。

(5) 中央與各地方文化發展成爲團隊

藉由經費補助讓地方與中央能有機會交流、互動等，良好的關係能促進中央與地方形成一個文化整體發展的團隊，具有相互彌補與相互支援等功能。

2. 缺點方面

(1) 地方文化同質性發展的問題

中央政策計畫加上補助，使得全國各地文化發展同質性過高。

(2) 地方文化預算惡性循環而愈來愈少

由於地方長期受到中央補助，逐漸依賴中央預算，使得地方政府不重視自己的地方文化預算。

(3) 透過補助卻讓地方逐漸缺少自己的文化差異特色

由於要申請經費獲得補助，因此誘導地方朝向中央方向前進，並逐漸失去自己的在地文化特性。

(4) 中央經費核銷時間不足進而品質過於粗糙

中央政府受限於立法院審查，再核撥給地方政府文化預算時間過晚，地方又受限於年底結案的時間，故而快速上網招標徵求廠商，一方面又太快結案，往往執行品質過於粗糙，僅形式性的完成工作。

(5) 地方文化無法深耕

地方政府由於要中央政府補助，故僅作容易執行又成效亮眼的計畫工作，因此，地方文化工作受到中央補助卻無法好好在地方深耕。

五、文化行政的「鄰避設施」及「迎臂設施」分析

文化行政工作執行特定業務時，將會遇到文化資產保存或是新的文化建設、文化建築等，其附近居民的「鄰避設施」或是「迎臂設施」之現象，進而影響行政的過程與成效。因此，不得不事先了解是否有此現象之發生，並將其納入行政執行過程的變項因素。有關「鄰避設施」或是「迎臂設施」二者的比較，分析如下：

1. 特性分析

(1) 文化的「鄰避設施」

主要為附近居民及相關關係人在生理或是心理上否定且排斥的相關文化設施，像是在過去某些地方上的古蹟保存，會受到附近居民的反對，這是因為某些文化資產一經指定為古蹟時，便經常變成廢墟或淪為蚊子館[4]。或是某些大型戶外演唱場地、巨蛋、文化

---

[4] 早期各地許多文化資產，經常因為依法進行指定為古蹟之後，任意荒廢、無人照顧而造成地方上居民生活危險或不便之處，因此，某些居民並不樂見住家附近建築物被指定為古蹟，而產生支持保存與反對者不同聲音。例如：臺北市的齊東街日式宿舍群，在文化資產的指定過程中便出現不同的聲音，而就當地人褚陳寶貴女士奔走搶救，且指定為古蹟及齊東日式宿舍區歷史建築群之後，發生破壞事件：「齊東街日式宿舍雖已被指定為古蹟，卻仍然無法阻斷惡意的破壞。去年 10 月，居民發

觀光街區、文創園區等，由於人潮眾多之故，附近商家因為生意更興隆而歡喜，但是住家因為過於商業化、吵鬧、擁擠等而影響居住品質 5。或是某些大型文化活動，在活動進行時也因為影響居民的生活，造成不便及困擾等而反彈，如果是經常性的舉辦將受到附近居民抗議 6。

(2) 文化的「迎臂設施」

文化資產保存、大型文化建設或是藝文活動等，附近民眾相當喜歡而積極歡迎前來設置或舉辦之相關文化設施等。某些少數居民或社群歡迎將其附近具有保存價值的文化資產指定為古蹟，或登錄為歷史建築，甚至喜歡住在附近有文化資產聚落園區之處，這是因為指定為古蹟或登錄為歷史建築之後，能提升自己的居住品質，被認定為當地發展的重要資產，而不是成為「鄰避設施」的地方負債7。同樣的，許多藝文活動等亦受到附近居民的歡迎與接受。

現有人潛入古蹟內部鋸斷支撐的樑柱，偷竊舊建材，市政府因此聘請保全全天候看守。」（張岱屏，2010）。

5　大型文化設施成為「鄰避設施」之案例：臺北小巨蛋及臺北市大安森林公園戶外表演場地。臺北小巨蛋附近住戶曾經抗議當演唱會時，自己家中建築物的地板及窗戶都會跟著震動等問題：「今年 4 月，歌手張惠妹在臺北小巨蛋『烏托邦』演唱會，歌迷情緒沸騰，隨著音樂跳動，興奮不已，不過事後，小巨蛋收到了上百件附近民眾的抗議，所以從明年起，將實施管理辦法新規定，希望能平息民怨，要求演出時，不得帶動觀眾跳動，如果震動超過 63 分貝，引起民眾反應住屋有共振，一首歌罰 10 萬，可連續處罰。」（公視，2015）。另外，因為在戶外的大型演出活動，大安森林公園戶外表演場地，附近居民曾經抗議演唱會等聲音過吵等問題：「人氣樂團五月天今晚在大安森林開唱，一路嗨翻 2 個多小時，不過，因粉絲及演出太過熱情，環保局今晚就接獲 3 起噪音陳情。」（張議晨，2017）。

6　大型藝文活動成為「鄰避設施」之案例：臺北市的保安宮及其保生文化祭。臺北市重要古蹟保安宮，因為香火過於鼎盛，祭祀圈的香客及遊客數量過於龐大，與生活圈內附近居住的民眾相互衝突，尤其是大型活動、密集的遊覽車團客等，都造成附近居民生活的不便、環境汙染及噪音等問題。

7　大型文化資產成為「迎臂設施」之案例：臺北松山菸廠文創園區附近形成「松菸文創聚落」。「1937 年在此地區興建臺灣總督府專賣局松山菸草工廠，並在 2001 年指定為第 99 處市定古蹟，其中辦公廳、製菸工廠、鍋爐房、1 至 5 號倉庫為古蹟

2. 文化「鄰避設施」或「迎臂設施」產生原因

就上述所分析，同樣都是歷史文化資產、大型文化設施或藝文活動等，卻會產生附近居民大力支持與爭取，或是反感與抗議等不同情況，其原因除了當時整體社會文化發展背景之不同條件，以及附近居民的文化素質程度、對生活品質的要求等因素之外，更重要的是，附近民眾在過去日常生活的文化經驗，反而影響了居民有了先入為主的想法。例如：在過去一再出現經指定的古蹟建築未加以好好經營，而淪為地方環境負債之經驗，便不容易支持古蹟指定工作，反之亦然，對於附近民眾帶來好處，則便會大力支持。

3. 如何將「鄰避設施」轉為「迎臂設施」之做法

(1) 在過去已實施的文化政策計畫案例方面，對於民眾來說，將會透過親身經驗來判斷是「鄰避設施」或是「迎臂設施」，因此，針對現有的文化設施等之經營管理品質便是關鍵。

(2) 在現在執行中的文化政策計畫方面，如何將民眾嫌惡之處進行調整及改善，減少負面情況的出現，過程中的民眾參與為重要基礎工作，能了解附近居民的問題及需求。

(3) 在未來將執行的文化政策計畫方面，「政策行銷」及民眾參與是基礎工作，以有效溝通來降低民眾疑慮，或是以國內外成功的具體案例提供民眾有清楚的文化願景圖像，並在計畫中加入民眾意見，減少真正執行時的抗爭與衝擊等做法。

六、政府大型文化設施委託民間經營之問題

政府的各項文化建設、文化設施等，例如：演藝廳、博物館、美術

本體、蓮花池、運輸軌道及光復後新建倉庫一併納為古蹟保存範圍，並在 2011 年以松山文化創意園區正式對外開放。」（松山文創園區，2019）。並在附近街區逐漸形成一個特殊的松菸文創聚落（黃信捷，2017）。

館、古蹟文化園區、舊酒廠改建爲文創園區等大型文化設施，這些文化設施主要需要兩種經費，分別爲：興建（修建）費用，以及完工後日常經營管理費用等二者。

　　一般興建經費可以地方政府財政編列方式，或是不足部分由中央政府進行補助方式進行，匯集成爲一筆建築費用，因此，只要政策確定且一筆財政經費到位，即可動工興建。然而，這些演藝廳、博物館、大型文化園區等大型文化設施，比較困難的是興建完成後的經營管理經費。要維持專業品質的經營管理工作，需要大量人力、物力及財力等各項資源，在興建完成之後，經營管理單位除了要籌組經營團隊之外，更需要在每年編列一筆龐大金額預算，來支付上述這些經營管理所需要的各項費用，如此地方政府勢必面臨長期的財政負擔，加上這些文化設施在目前臺灣的文化發展狀況下並不會取得收支平衡，也就是營運方面的財政績效不彰。

　　然而，文化財屬於公共財，文化建設屬於公共建設，雖然文化設施是財政績效不彰，但是站在文化及社會發展的角度，文化設施還是需要持續擴大，因此，無論是中央或地方政府，皆將政策走向委託有意願的民間廠商來加以興建或經營。只是，民間廠商、公司行號等皆是「營利單位」，是以營利爲主的商業組織，即使是「非營利團體」的基金會或社團法人等，也無法忍受年年虧損的財政缺口。

　　因此，政府原本的美好想像，以爲只要找到民間廠商即可解決自己的財務問題，然而民間廠商其實比政府更重視利潤、盈餘，因此走向過於商業化且複雜化的營運品質，造成政府一方面委外之後還要再行編列部分預算、無法收取廠商權利金、營運品質下滑、文化場館園區過於商業化、到處充斥風格餐廳及咖啡廳、文化公共性不足，以及無法達到原訂政策目標等問題。

七、政府委外經營但廠商「先期資金缺口」問題及對策

　　政府委託民間經營古蹟等文化資產或其他文化空間（例如：圖書館、

演藝廳、博物館、歷史街區、文化園區等），在資金（成本）項目上基本分為：先期資金（固定成本）、經營資金（變動成本）等二者，分析如下：

1. 先期資金（固定成本）

無論是使用《促進民間參與公共建設法》或是《政府採購法》（第99條）進行委託經營管理工作，廠商在得標之後勢必準備先期需要投入的資金，包括：權利金及租金等使用費、各種所需家具、室內裝修及消防設備、電腦及所有工作所需設備、人員聘用及訓練等費用。

2. 經營資金（變動成本）

在平日經營時所需要的各項費用，包括：水電費、薪資、每月租金、活動開銷等。

其中，單筆最大費用在於先期所需要投入的資金。當所需設備齊全之後，才能對外開始營運，此時經營廠商才會開始有收入，也就是說，委外經營時幾乎都會面臨一個重大的問題，讓有專業或有意願的民間廠商卻步不前，就是當得標正式經營初期，便會產生先期資金缺口的重要問題。

也因此，在公開招標時前來的廠商，可能是原本不缺資金、財務計畫模糊，或並未仔細盤算收支的廠商，而某些在政策目標想要委託的該領域專業者，卻因為財務的問題（尤其是在先期即要投入龐大資金卻尚無法回收）而作罷，或是某些廠商得標簽約之後，因為資金調度問題而現場遲遲無人員進駐及正式開幕，或是現場裝修及設備過於簡陋等問題。這些因為先期資金缺口所形成的各種現象，造成政策目標無法達成，或被廠商扭曲等問題。

由於政府單位已經將場所委外經營，不僅不能給予金錢補助，甚至一旦簽約便要開始按月收取租金等費用，否則將會遭到主計單位（會計室等）及監督單位（議會、立法院、監察院等）的質疑與質詢，因此，產生目前臺灣各地許多古蹟及館所委託民間經營時的實務問題。

面對此問題的解決方式，可以將原古蹟或館所等委託經營對象區分成

兩大工作事項：委外經營工作、開幕活動。運用開幕活動的開辦費，公開委外辦理，例如：常設展或主題特展、活動導覽、記者會、開幕活動、藝文表演、媒體文宣等費用，雖然無法補助某些資本門的設備費用（像是家具、電腦及電器設備等），但是將會有所盈餘，而能協助廠商一起度過先期資金缺口，並且因為政府指定開幕日期之故，進而讓得標廠商需要配合辦理，而解決廠商拖延開幕日期等問題。

因此，政府單位可將開幕活動與經營管理兩個業務分開陳述，並且一起上網公告，其做法為可將「委外經營」及「開幕活動」二者放在同一個標案之中，共同一起公開上網公告，讓廠商完整清楚整體盤算。或是基於某些因素（例如：主計要求、長官指示等）需要將兩案拆開上網招標時，建議先上網公告需要「委外經營」方面的工作，在完成遴選廠商之後，再進行「開幕活動」的上網公開評選工作。由於開幕活動的場地已經先由某廠商得標，開幕活動需要在此場地內進行，因此，通常都會是委託經營的廠商獲得開幕活動的標案經費，比較不會出現兩案有兩個不同廠商，造成政府需要協調不同廠商的工作與時程等，且又無法協助經營者部分經費的困境。

如果是先「開幕活動」上網遴選得標之後，可能造成後面上網的「委外經營」工作並無廠商有意願前來，不僅無法如期委外，由於場地尚未成功委外經營，進而就連「開幕活動」的日期與場地等皆受到影響，而二項業務皆無法如期達成的問題。

因此，最好的委託行政作業方式，是將「委外經營」與「開幕活動」二者分別具體、清楚的明列工作事項，並放在一起成為一個標案同時公開招商，如果基於某些因素無法如此，則需要先進行「委外經營」標案再進行「開幕活動」標案。不過，無論是正式委託經營或活動的前一年，便需要依照程序事先分別編列及通過執行本案的相關預算。

八、面對「新」文化事務的行政執行態度與做法

對於全世界各種藝文發展出現快速及大量的「新」事務，臺灣的法規長期以來大多是以「正面列舉」（或正面概括）方式規定，以方便執行、明確管理。

所謂的「正面列舉」（或正面概括），是法規內容明文規定「可以」的事項，行政人員依照法規正面列舉「可以」的事項進行審查，而不是「反面列舉」事項，也就是法規明文舉出哪些「不可以」，而行政工作上只要審查這些被列舉「不可以」的事項，這些「不可以」以外的項目就是表示「可以」的事項。

但是這種正面列舉的剛硬法規，將過於僵化而無法因應各種新的、即時的文化事務。例如：過去 live house 在各地逐漸出現時，政府居然沒有相關法規可以依循辦理，或是更早以前臺灣各地在 KTV 大量興起時，也沒有相關法規可以依循辦理，甚至一度將 KTV 淪為特種行業（酒店業、溫泉業等）的管理方式。如今像是 VR 等高科技、數位藝術等各種「新」的展演型態、媒材、技術、營業項目及其他等，國內的藝文法規也大多是「正面列舉」方式陳述。

因此，對於法規未載明部分，在文化行政上如何處理及因應，以及如何同時方便民眾並有效的推動各項文化發展工作，參考做法分析如下：

1. 有法依法

再次查閱本案件現有各項規定是否完全沒有規定。

2. 有例依例

如所有法規並未有任何規定，查閱過去是否有類似相關案例之處理方式，而更重要的是，某些過去案例至今已經時空變遷，需要重新檢視其適用的可行性。

3. 積極協助

如果法規及案例皆無從依據，站在政府為民眾服務的立場，鼓勵多多參與文化事務，應該要積極協助辦理。

4. 單一窗口

由於新興案件需要各個單位共同審閱，應該協助統一協調，整合相關單位意見，避免民眾多次來回，可增加便民服務及政府效率，例如：專案協調會、專案窗口等行政工作。

5. 修訂相關法規及制度

因應實際發展需求，進而重新檢視相關法規及制度。

第三節　文化政策之行政責任、行政中立、行政倫理

一、文化決策者與行政執行者之行政職責與關係

文化政策或文化計畫的決策者與行政執行者之間的角色與關係，可從以下分析：

1. 功能論

文化政策的決策者與執行人員的分工有其必要性，由於分工清楚因此職責清楚，亦能做好自己的分內工作，由於組織分工可以各司其職，發揮自己的功能，而能有效率的運作來推動各項文化政策計畫工作。

2. 衝突論

有時候決策者與執行者之間的專業背景，或對某文化計畫之觀點不同，容易造成推動工作上的問題，尤其是政府部門的官僚系統作業，由於

科層組織過於龐大，有許多上級決策者的意見不盡相同，皆讓承辦人員無所適從，業務推動過程曲折，進而耗費心力、事倍功半。有時候由選舉而來的政務官決策者，其本身的專業、價值、興趣或政治考量因素等，常與原本的事務官及行政人員之間大不相同，進而產生衝突。

3. 象徵互動論

一般文化政策計畫的決策者總是處於上級的位置，而業務承辦人員像是員工的角色，決策者的組織資源較多，像是辦公空間較大、設備較多等。因此，象徵符號顯示出此文化部門或文化組織，其決策者與行政執行者的互動方式，例如：一般政府文化機構的文化首長辦公室空間都較大，且位於較高的樓層，象徵組織階級與地位。

二、政府文化行政人員的行政責任

有關政府部門文化行政人員的行政責任，將包括如下：

1. 法規責任

行政相關法規、民法、刑法等相關法律及規定，用以界定合法與否及行政辦理的基本依據。

2. 職務責任

行政人員例行之日常出勤及請假、廉潔操守等職務紀律，屬於在職務崗位上應盡之基本責任。另外，由於政府部門組織分工且各司其職，每個職務位置有其應盡的工作責任，承辦人有承辦人應盡的責任，長官有長官應盡的責任，並依此進行考績評比等工作。而其中，因選舉活動由當選人調派而來的政務官，比一般事務官多出一個政治責任。

3. 專業責任

是否對得起自己的專業水準、品質要求、專業訓練等。

4. 道德責任

個人的工作道德、工作價值、工作態度等個人道德相關責任。

另外，法規責任及職務責任屬於正式責任及客觀責任，一般文化機構皆有其相關明文規定，專業責任、道德責任屬於非正式責任及主觀責任，由行政人員捫心自問及自我檢討，為自我認定的心理觀感。也可從另一角度區分，法規責任及職務責任屬於消極責任，也是屬於基礎責任，如果過於重視二者的責任而忽略其他二者，則行政人員將傾向保守、本位之狀態；專業責任及道德責任屬於積極責任，偏向二者能提升行政作為。

因此，理想上我們應該奠基在消極責任的基礎上加入積極責任，四者兼具。因為，四種行政責任的功能為：

1. 法規責任讓行政人員有各種辦理之依據，因此，不會產生違法亂紀及過度自由心證的問題。
2. 職務責任讓行政人員明確知道哪些領域是應完成的工作範圍及程度。
3. 專業領域讓行政人員精準且有效率的執行工作。
4. 道德責任則提醒行政人員對自己的工作態度及道德良知負責。

三、文化行政中立之功能與提升

有關政府文化部門在中立行政的能力十分重要，文化行政工作需要保持中立，行政中立至少表示以下幾個要項，並應時時刻刻提醒檢視自己的工作：

1. 消極面

(1) 政治中立：不介入各種政治意識型態的中立（其實也應該包括宗教意識型態），不介入各種選舉活動及政治議題。
(2) 行政為公平、公正、公開：不僅依法行政、不貪贓枉法等，在執行過程公平、公正及公開，能受各界檢驗。

2. 積極面

(1) 專業導向：文化行政涉及眾多不同的文化專業領域，在工作上以專業導向，減少其他長官、民意代表、民眾等意識的干擾，以專業論專業才能彰顯出文化行政工作品質。

(2) 為社會大眾謀求最高利益：基於文化行政是公共行政的其中一環，以及文化財是公共財等二者，文化行政工作的目的在於謀求社會大眾最高的價值與利益。

另外，在文化行政組織中如何提升政策行政倫理的方式，可以包括：力行知情同意的決策風格、擺脫工具取向的決策思維、遵守公共規範的決策過程（衡量公民權利、符合倫理與道德標準、透過民主過程、應用專業知識、分析非預期成果、重視共同利益、反應民意、過程公開）、形塑決策人員的倫理行為、建構負回饋迴路以利調適（林水波，1999：11-14）。

四、一般行政倫理之類型

一般行政倫理基本概念分為：公正、公平、民主等，行政倫理基本要素分別為：行政理想、行政態度、行政作風等，而行政倫理的主要工作則可包括：行政良心、行政人格、行政榮譽、行政責任、行政紀律、行政監督及評價、政府信任關係等（張康之、李傳軍，2003）。

行政倫理原本是社會倫理體系中，有關行政行為的價值觀念及品德等，可以分成如下類型：（許南雄，2004：222-223）

1. 個人倫理

例如：盡忠職守、熱忱服務、保守機密、清廉公正、不營私舞弊、不圖利他人、不收賄餽贈、不請託關說、不擅離職守等。行政倫理也指出公務人員的義務與責任，包括：遵守公務人員相關法規的義務、執行公務的義務、遵守組織工作指派等。

2. 群體倫理

例如：信守公眾利益、公平正義、社會公益等，並以最大多數人為最大福祉。不僅如此，由於受到現代管理思潮的影響，行政倫理也涉及：社會正義、多元參與、專業發展等，形成整體性的公共政策倫理，包括：法制、政策、公益、公德等精神層面。

五、文化行政倫理之類型

文化行政倫理的類型及特性，分析如下：

1. 公眾倫理[8]

文化財是公共財，文化行政需要符合社會大眾的利益公共性、行政公正性、公平正義、過程公開性等，從事各項行政工作提升各種類型的文化之公共性價值。

2. 法治倫理

為公務人員依法行事，建立完整的法規制度，提供行政人員有法規依循，避免擴權、濫權，或是卻步不前，影響效率等問題。

3. 專業倫理

以具專業能力作為文化行政業務推動處理依據。文化本身涉及各種不同的專業領域，例如：視覺藝術、音樂及表演藝術、工藝及文學、影視音產業、文化資產保存及再利用、建築及展演空間、文化園區等不同專業領

---

[8] Rawls（1999）曾提出《正義論》，認為社會正義有兩大原則，分別為：自由及平等，而此正義論點正好也適用於文化政策與計畫之上。各種文化政策與文化行政工作要建立的是一個具有文化自由及文化公平發展的整體環境，也就是對於各種不同文化，無論是多數或少數文化、主流或非主流文化、強勢或弱勢文化等，都需要一個各種文化都能自由創作及自由消費之發展環境，以及兼顧各種多元文化發展的公平性，尤其是少數或式微文化的保護，或是對於弱勢文化地區或群體，其文化資源及文化機會的分配及參與，是政府文化組織及其文化行政最基本的要務。

域，因此，尊重專業才能做出較為正確的執行作業，尤其是文化機構的首長等領導人更是需要尊重各專業技術，減少因為各種政治因素干預行政所產生的問題。

4. 職位倫理

在政府組織中基於分工及「各司其職」，因此，每一個職位本身有其應盡的責任與權限，例如：下對上負責、上對下督導等，而形成一個整體的組織及其運作方式。

5. 決策程序倫理

法規經常成為行政決策的基本且重要依據，在沒有相關法規可以依循之下，基於其他倫理（例如：公共倫理、專業倫理、職位倫理等）應積極展開工作。一般如無法規之下，將參考過去其他相關的判例或案例等，如無其他參考，則在決策過程中依照上述其他倫理方式積極進行行政工作，提供專業意見由決策者決策判斷並同時承擔應盡的責任與風險。或是設立各種行政協商機制進行決策，例如：會報平台、會議、會勘、公聽說明會等，在會中決策以確定業務持續往下推動之方向及做法。

6. 行為倫理

為遵守紀律操守、工作態度積極等方面的倫理，例如：工作態度、辦公室作息、待人處事、服務禮節等。

在不同的社會發展階段中，對於上述這些項目的排序便會完全不同。例如：在威權的文化行政環境中，職位倫理、法治倫理等會放在優先位置，而專業倫理的考量卻在最後面，其優點為整體行政體系用來執行上級命令而達到最高效率，或是依法行政保障人員安全等。但是其缺點會造成嚴峻的行政組織運作方式，毫無生氣並逐漸建立停滯進步的階級結構及本位主義，尤其更不適合使用於文化行政工作。但是即使到了今日，部分政府的文化機構都還是存在著這些問題，而被坊間戲稱「官大學問大」及

「不做不錯、多做多錯」現象。行政倫理是爲了實務而建立，行政重視行動實務但不是將行動當成工具性，爲了達成目的反而失去行動本身的價值，也可能爲達成目的而失去了道德與社會規範（Harmon, M. M. 著／吳瓊恩等譯，1993：249-250）。

　　同樣的，在自由開放多元的社會中，則是以專業倫理、公眾倫理爲優先，尤其是文化行政涉及相當多元的不同領域及各種專業，例如：視覺藝術、音樂及表演藝術、古蹟及歷史文化資產、社區營造、文化園區規劃、博物館、文化創意產業、文化外交、公共藝術等，皆需要各種專業人才。

六、文化行政倫理之行政裁量及行政管制

　　各種政府部門行政人員皆擁有法定的行政裁量權，由於行政裁量權屬於法定的行政自主權，因此，需要以法規進行授權，賦予其合法性與正當性，並同時規範其權力範圍界線，以避免發生自行擴權及濫權之情形。

　　行政裁量權的需求，來自於實際執行業務時有其自主行政的需求，例如：面對民眾的各項申請案件，判斷其是否合乎規定或需要退回；研訂法規或及其他行政規則的各項內容；上級機關（或上級人員）裁量下級機關（或下屬）的業務督導權，或是判定特定對象違法並加以處分等行政權力範圍。

　　行政裁量權（尤其是涉及人民權力的行政範圍）是否有不當行爲出現，最基本的判斷依據爲相關法規，也就是以是否有依法行事作爲基礎判斷依據。行政裁量會出現的問題，主要可分爲三大部分：

1. 法規認知不同

　　許多爭議是由於各個人員或單位對於相同的法規有不同觀點，因法規見解與解釋不同，造成行政工作處理因不同解釋而有所差異。尤其與民眾權益相關的事務，一般因應方式都是會同法規單位（或法治人員）表示相關意見，愼重處理以降低法規認知不同造成的行政裁量不當等現象發生。

2. 無法規依據

在文化行政工作中，由於文化的發展性質相當多元又有許多創新的事務，許多時候原有相關法規內容並無明文規定，需要行政人員依照權責自行處理而非毫無作為。解決此情況之方式，一般可以邀集相關機構內部人員及外部專家學者等共同與會，召開諮詢或協調會議等，並做成記錄成為藉此辦理的依據。

3. 自行擴權

相關文化行政人員或其長官等，對於法規不熟或是為了特定目的而刻意擴權，例如：某些獎勵民間參與文化設施，原本應向民間單位收取權利金與租金，卻因為特殊原因而減收或免收，或是反之增收，進而產生爭議事件。

因此，為了減少行政裁量權不當使用的問題，而產生行政權管制及相關措施。為了協助及監督文化行政權是否擴權或濫權，在許多文化機構內部皆設置有法規單位或人員，來協助文化行政人員推動業務，以及設置政風單位來監督是否有行政裁量權使用不當，或其他有違行政風氣之問題。同樣的，民眾對於行政裁量不公亦有相關單位可以進行申訴及重審，甚至國家賠償，例如：市民信箱、政風單位（處）、監察院，或至行政法院提起行政訴訟等方式。

七、民主選舉之文化政務官其行政倫理分析

由於民主選舉之故，國內中央及地方政府經常輪換文化首長，文化首長是政務官，因此調換的現象成為常態，而且每一位首長都會提出自己的新計畫，但是卻會影響整體的文化發展，尤其是目前既有的文化業務。或是，由於文化行政領域涵蓋國際交流、藝文展演、文資保存、社區營造等十分廣泛，許多文化首長可能僅為某項特定領域專長，而決策過於主觀狹隘（也可能出現其他非文化專業人士，只是基於某些政治因素考量而擔

任）。

　　因此，由於尚未清楚了解某些業務實務現況等，進而某些新的政策或計畫可能與目前早已進行的文化行政工作相互牴觸。然而，在文化單位內部多數的文化行政人員是長期固定在執行業務工作，因此，在文化行政倫理上，行政人員可以處理的方式，分析如下：

1. 法規分析

　　先研究是否有牴觸現行相關法規及行政命令等，如發現牴觸時，跟首長報告相關法規分析，以保障專案執行的合法性。

2. 預算分析

　　分析現有哪些預算可以執行首長交辦的工作，並加以回報。

3. 業務分析

　　分析哪些業務可以新增、調整或整併等方式來加以執行。

4. 執行時機及進度分析

　　分析執行首長交辦業務最合適的時機，提供首長參考及執行。

5. 整體效益分析

　　分析首長所提新計畫之執行成效，是否需要在執行上做出調整，讓整個執行成效更能彰顯。

6. 文化專業分析

　　分析新計畫所需要的某些特定專業內容，並回報首長分析結果，以利判斷未來如何執行。

　　然而，受限於上下科層階級以及權力不平等之故，加上各地歷屆首長其個人特質，以及各地方文化單位其人員素質、工作態度、環境氣氛及單位員額結構等因素，將一再出現各種衝突或磨合過程，長官與部屬之間應

協調出一個對於當地文化發展最好的方式。

八、文化行政疏失

文化行政人員在行政疏失上，初步分為刻意或非刻意等兩大類，主要出現以下類型及情形：

1. 未依法行事

相關法規有明文規定，行政人員卻不熟法規或是牴觸法規等，產生未依法行事的問題。

2. 業務執行不利

原本所分配的業務工作，其辦理的業務品質或業務進度等狀況不良，而造成工作績效不彰。

3. 廠商勾結問題

與特定廠商之間利益輸送或是相互掛勾，尤其是採購案件所產生的各項問題。

4. 行政處分有誤

對於民眾的權利在行政裁量上不公平或是處分不當。

5. 行政過於僵化

本位主義及官僚主義，而產生行政作業過於僵化的各種問題與現象，像是民眾申請案件之公文程序冗長而影響效率，或是組織分工及部門分工過細進而產生相互推諉，導致行政態度消極而無法有效執行等問題。

6. 政府結構性及行政導向問題

原有政府部門的行政組織分工以及行政導向，將影響行政人員關注的

重點及工作態度。例如：在臺灣，政府無論是文化行政及其他各種行政導向，主要架構在主計、人事行政的基礎之上（因而坊間有主計治國、人事治國的諷刺性說法），在主計的行政思維上，所有的文化行政工作皆需要以價格為基礎，以採購及核銷的各種表格、方式、程序等為基礎考量，使得這些原本的行政作業工具，卻反過來主導並成為份量吃重的行政工作，而忽略了原本文化行政是以文化發展為工作重點。或是過於僵化的人事員額組成方式，並不利於彈性調派人力支援，無法即時因應多元、多變、彈性、創新等各項性質的文化發展需求。

九、文化行政的「公民不服從」問題及因應方式

文化政策在行政執行時，其對象團體或民眾行使「文化公民不服從」之行動，造成原有政策或計畫窒礙難行的主要原因，分析包括：

1. 文化政策內容的價值及意義，與現況實際問題及需求不符。
2. 文化政策或計畫的正面利益或負面衝擊過大，而且執行速度過快。
3. 受到各種傳播媒體的誇大或不實報導。
4. 文化團體或文化公民受到其他同儕的影響。
5. 文化團體或文化公民對於政策內容模糊而無法清晰了解等。

因此，對應這些問題，其文化政策執行機關之因應做法，主要如下：

1. 文化政策或計畫在形成過程中，需要事先調查現況發生的問題及需求，結合為政策目標及主要工作事項，將能說服文化團體或民眾其政策執行之重要性與急迫性等。

2. 過於重大的文化政策或文化計畫，需要在政策形成以及行政執行時，進行本案相關的文化團體或公民的各種參與，並在行政執行時留意這些團體及公民回饋的意見，加以參考及修正調整。

3. 由於媒體的不當報導經常使原本的政策美意大打折扣，不只在執行過程中產出阻礙，並且也可能產生各種危機事件，因此，清楚、明確且淺白的文字及具體的圖表等，才能降低傳播媒體的誤

導。在行政執行過程中也需要即時回應媒體報導，以降低社會大眾的疑慮等問題。

4. 由於文化團體及文化公民對於政策或計畫的了解不夠，若該政策計畫正好涉及重大的人民權益等（例如：指定古蹟等文化資產），將會造成恐慌與先入為主的否定觀點。因此，除了政策本身的清晰與容易了解之外，須做好相關團體及民眾的密集參與及明確溝通的行政工作。

十、文化行政權的約束與制衡

為了避免行政權的過度濫權，因此需要以某些方式進行約束，來平衡行政權的無限擴張與濫用，目前在各個文化機構主要有以下做法：

1. 法規依循

建立所需要的行政工作相關法規體制，並讓行政人員有所依循而能依法行事，因此，在行政上是否有牴觸相關法規亦可被加以判斷與監督，包括基本的行政權範圍，以及針對各個業務所需的相關法規。

2. 文化行政機構之「內部」監督單位

目前各機關中設有政風單位接受各方檢舉，並查證相關行政人員被檢舉的特定案件，包括不同局處部門，但是在同一個政府體系的研考單位及法務單位，或是在主計單位，亦會就採購業務等進行查核等。

3. 文化行政機構之「外部」監督單位

行政機關的外部監督單位依照中央與地方的不同層級，包括：專門調查或監督行政之相關單位，像是具有糾正權、糾舉權的監察單位（監察院），以及司法院及司法審判權，或是在中央政府的立法院、在地方政府的縣市議會等，透過各種選舉產生的民意監督機構。

文化政策之文化法制、
文化預算及藝文採購行政

第 8 章

第 一 節　文化法規與文化政策法制行政

一、臺灣地區文化法規基本概念

臺灣地區屬於「大陸法系」為「成文法」，因此，法規內容需要講求具體、明確、可行及安全等基本要件。另外，在臺灣地區其上至下的法規位階層級，分別為：憲法、法律、法規命令（含單位內部的行政規則）等類型。

文化法規方面的上下位階，在《中央法規標準法》（2004）的第 11 條中，載明「法律不得牴觸憲法，命令不得牴觸憲法或法律，下級機關訂定之命令不得牴觸上級機關之命令。」因此，憲法是所有法律的最高位階，所有法律皆不得牴觸憲法，另外，中央或地方自行訂定的法規命令，不得牴觸法律。不僅各種文化法規位階較低者，不得牴觸法規位階高者，而且依照母法所訂定的子法，不得牴觸母法。

文化法規類型，主要分為：「文化法律」、「文化法規命令」（含單位內部的行政規則）等二者。而在國內其文化法規的分類方式，將依照各個文化機關其各分工執掌進行分類，如此，將有助於業務推動及人民查詢的方便性，因為民眾在查詢相關法規之後，同時知道哪一個類型文化行政窗口可以提出相關申請。目前依照文化部對於文化法規的分類方式，皆能對應其組織分工的各個單位，分別為：文化資產類、文化藝術類、文創產業類、影視音樂類、人文出版類、行政作業類、蒙藏文化類、文化交流類。從法規分類方式，不僅突顯組織分工作業方式，同時可見整個文化行政工作範疇與各個類型。

二、文化「法律」類型與性質

依照《中央行政機關法制作業應注意事項》（2018）載明「法律」之類型，分別為：「法」，屬於全國性、一般性或長期性事項之規定者稱

之；「律」，屬於戰時軍事機關之特殊事項之規定者稱之；「條例」，屬於地區性、專門性、特殊性或臨時性事項之規定者稱之；「通則」，屬於同一類事項共通適用之原則或組織之規定者稱之。

因此，文化相關「法律」可分為以下內容及案例分析：

1.「法」

屬於一致性（範圍）、長期性（時）、全國性（空）的規定事項。

例如：《文化基本法》、《文化創意產業發展法》、《文化部組織法》、《文化資產保存法》等。

2.「律」

管理軍事（範圍）在戰時（時）臺灣（空）的特殊事項。

3.「條例」

為特定、專門、特殊（範圍）或臨時性（時）之內容。

例如：《文化內容策進院設置條例》、《文化藝術獎助條例》等。

但不含各地方的「自治條例」[1]，「自治條例」之法規位階較低，無法牴觸憲法、法律、法律授權的法規、上級所制訂之自治條例等。

4.「通則」

為規定同類（範圍）的事項，所共通適用（時空）的原則等。

因此，可以將臺灣地區包括文化的「法律」，初步整理如表 8-1 所示內容，以及各類型性質之比較分析。

---

1 在中央機關送交立法院制訂法律，而在地方政府符合下列條件之一者，需要送交市議會以「自治條例」方式訂定之，例如：在《臺北市法規標準自治條例》（2017）中，第 3 條載明：「下列事項除法律另有規定者外，以自治條例定之：一、法律或自治條例規定應經本市議會議決者。二、創設、剝奪或限制本市居民之權利義務者。三、關於市政府及所營事業機構之組織者。四、其他重要事項，經本市議會議決應以自治條例定之者。」

表 8-1　臺灣「法律」類型及性質之比較分析

法律類型	範圍	時間	空間
法	所有	長期	全區
律	特定	特定	特定
條例	專門或特殊	長期或臨時	全區或特定
通則	相同或相通	長期	全區或特定

資料來源：本研究。

三、文化「法規命令」類型與性質

　　文化方面的所有「法規命令」，其性質為依照《行政程序法》（2015）第 150 條中，載明「本法所稱法規命令，係指行政機關基於法律授權，對多數不特定人民就一般事項所作抽象之對外發生法律效果之規定。法規命令之內容應明列其法律授權之依據，並不得逾越法律授權之範圍與立法精神。」並且，將依據《中央法規標準法》（2004）第 3 條「各機關發布之命令，得依其性質，稱規程、規則、細則、辦法、綱要、標準或準則。」等類型，以及中央或各地方政府行政機關法制作業注意事項等，所制（訂）定相關規定。

　　因此，以下再分別依照《中央行政機關法制作業應注意事項》（2018）中載明「法規命令」類型與性質分析，並列舉目前中央政府文化部其附屬機關的相關法規，如下：

1. 規程

屬於規定機關組織、處務準據者稱之。

例如：《文化部文化資產局處務規程》、《國家鐵道博物館籌備處暫行組織規程》、《行政院農業委員會林務局阿里山林業鐵路及文化資產管理處暫行組織規程》等。

2. 規則

屬於規定應行遵守或應行照辦之事項者稱之。

3. 細則

屬於規定法律施行之細節性、技術性、程序性事項，或就法律另作補充解釋者稱之。

例如：《國家語言發展法施行細則》、《水下文化資產保存法施行細則》等。

4. 辦法

屬於規定辦理事務之方法、權限或權責者稱之。

例如：《古蹟修復及再利用辦法》、《古物分級指定及廢止審查辦法》、《歷史建築紀念建築登錄廢止審查及輔助辦法》等。

5. 綱要

屬於規定一定原則或要項者稱之。

6. 標準

屬於規定一定程度、規格或條件者稱之。

例如：《客家委員會客家文化發展中心臺灣客家文化館場地設備使用規費收費標準》、《國立臺灣史前文化博物館規費收費標準》、《國立臺灣史前文化博物館規費收費標準》等。

7. 準則

屬於規定作為之準據、範式或程序者稱之。

例如：《文化內容策進院董事監事及院長利益衝突迴避範圍及違反處置準則》、《全國性文化事務財團法人會計處理及財務報告編製準則》等。

另外，尚有「其他」類，也就是有法律授權依據，卻非《中央法規標

準法》（2004）所訂 7 種名稱以外之法規命令。例如：《外國特定專業人
才具有文化藝術領域特殊專長》、《文化部主管文化機構及文化設施兒童
優惠措施》、《外國文化事務財團法人得向文化部申請認許之種類、目的
及條件與指定文件》等。

四、文化法規之施行

　　一般文化法規分成：文化法律及文化法規命令等二者。依照《中央法
規標準法》（2004）在文化法規之施行方式，主要可以分成：適用時間、
適用空間等二者，分析如下：

1. 適用時間

(1)任何文化法規條文本身內容需要明訂施行日期，或是由該法規所
　　授權的行政命令規定明確的施行日期（第 12 條），而一般法規生
　　效日卻是在該法規所明定的公布或發布日，起算至第 3 日才具有
　　效力（第 13 條）。
(2)如果是由法規爲母法所訂定的行政命令，以及法規本身載有明確
　　的施行日期，則由該特定日起發生效力（第 14 條）。

2. 適用空間

(1)法規中如無指明適用特定區域者，適用全地區。
(2)法規針對部分地區適用者，或授權以行政命令方式規定其施行的
　　區域者，在該指定的特定區域內發生效力（第 15 條）。

五、文化法規之適用及其順序

　　有關文化法規的適用順序，分析如下：

1. 特別法優於一般法

在「法規對其他法規所規定之同一事項而爲特別之規定者，應優先適用之。其他法規修正後，仍應優先適用。」在《中央法規標準法》（2004）第 16 條中有明確規定。

2. 後法優於前法

在「法規對某一事項規定適用或準用其他法規之規定者，其他法規修正後，適用或準用修正後之法規。」在《中央法規標準法》（2004）第 17 條中載明此項規定。

3. 母法優於子法

子法是依據母法而來，因此子法不得牴觸母法的條文內容。

六、文化法規的新訂、修正與廢止之適用時機及條件

文化法規的修正與廢止之程序及時間，爲沿用原先新訂的程序及時間，也就是在新訂文化法規施行後的法規，其修訂、廢止之法制化程序，爲沿用原程序方式進行。意即，如果原爲立法院審議通過、總統公告程序，其修訂、廢止程序也沿用原新定時的程序。依照《中央法規標準法》（2004），適用時間除了在法規條文中已有明訂其廢止適用之日期者（第23 條），也同樣都是在實行日期後起算三日（或指定之日期）產生效力（第 22 條），法規命令之程序、時間等亦同。

有關文化法規的新訂、修正與廢止之適用時機與條件，分析如下：

1.「新訂」文化法規方面

文化法律的位階，需要以法律訂定的法規不能以行政命令方式訂定，如同在《中央法規標準法》（2004）第 6 條中載明「應以法律規定之事項，不得以命令定之。」另外，再依照第 5 條中載明，以法律訂定之

條件，包括：「一、憲法或法律有明文規定，應以法律定之者。二、關於人民之權利、義務者。三、關於國家各機關之組織者。四、其他重要事項之應以法律定之者。」並且都需要經過「立法院通過，總統公布」（第4條）方式進行法制化程序。

2.「修正（與廢止）」文化法規方面

依據《中央法規標準法》（2004）第20條，載明以下時機與條件時需要修正或廢止相關文化法規，如下：「一、基於政策或事實之需要，有增減內容之必要者。二、因有關法規之修正或廢止而應配合修正者。三、規定之主管機關或執行機關已裁併或變更者。四、同一事項規定於二以上之法規，無分別存在之必要者。」

3.「廢止」文化法規方面

依據《中央法規標準法》（2004）第21條，載明下列時機與條件時，相關文化法規需要進行廢止作業，包括：「一、機關裁併，有關法規無保留之必要者。二、法規規定之事項已執行完畢，或因情勢變遷，無繼續施行之必要者。三、法規因有關法規之廢止或修正致失其依據，而無單獨施行之必要者。四、同一事項已定有新法規，並公布或發布施行者。」另外，在特殊狀況之下，將暫停廢止適用全部或一部分的相關文化法規（第19條），基於法規因國家遭遇非常事故，一時不能適用者，得暫停適用其一部或全部。

七、文化法規之立法程序及方式

文化法規需要具備安全、具體、可執行的基本要件，法規對於一般人而言因為用語需要精準明確，因此條文有點枯燥無味，加上單一條文並無法見到為何如此規定，需要見樹又見林，了解此法條在全部法規中的角色、位置、功能等，所以剛開始時需要了解一定全貌，才能知道該條文的用意。

　　不過，相較於建築行政、法務行政等繁複的法規體系及條文，文化行政不僅法規相對較少，更重視行政的彈性、專業性，以及在行政工作現場對於不同個案的多元性處理方式，以因應各地文化一再動態發展的特質。換句話說，文化行政的法規除了涉及人民權益者之外，並不宜過於繁多，以保留文化行政工作現場個案的活潑、彈性處理方式。

　　無論是各種不同的文化法規，都可視為在規定該主題的「遊戲規則」，因此在法制化過程中，主要有兩大工作，分別為條文內容及法制化程序。條文內容為如何將該遊戲規則中所有條文完整「周延」，且每一個條文都能「互斥」，為研訂時的基本原則。而法制化程序過程，則依照法規所制訂的程序移送相關單位及上級等呈報、審查或修訂等相關程序。

　　另外，由於所有法規條文的內容是該主題的「遊戲規則」，所以，在條文研訂中會思考相關的人、事、時、地、物等，將其寫入遊戲規則中以便具體運作，並依照所想制訂法規的功能性，而對於人、事、時、地、物有不同的著重點與具體程度。例如：功能上需要的是程序相關法規，則以過程中各階段的所需條件及工作為主；功能上需要釐清相關事務（適用範圍等）的法規，則會著重於具體定義適用類型等 。

　　不過，無論文化法規的各種不同法規功能需求，在一套法規中將會構思該主題的整套過程，並將其進行分類之後，成為該法規的法規架構，再依照各分類架構內所需規定的功能需求研訂條文，當確定條文內容之後，再著重於每一條條文內文字的編修調整，例如：必、得等文字，以及條文呈現的精準度、具體性、可行性等基本原則。法制化過程中將在不同送審機制中進行條文的增修、調整，以及條文文字的斟酌，甚至整個法規的主題、名稱及其必要性等討論。

　　所以，依照上述的法制化過程，文化法規的法條研訂過程也可以初步分成：法規主題名稱、法規架構、法規條文、法規文字等法制化的步驟，來進行各種法制化的法規研訂工作。在各階段過程中，可邀集相關關係人（部門）及專家學者共同研議及參與，將各種見解及意見納入參考或補充於法規制訂備註說明之中，讓法制化過程及條文內容更加完備可行。而上

述之法規名稱、架構、條文、文字等過程，也是各個民意機構（中央為立法院、地方為縣市議會）在進行相關法規審議通過時，從一讀至三讀等各階段過程。

因此，以下再進一步分析文化法規的立法程序及方式（以中央政府為例），如下分析：

1. 提案

先提送到行政院通過後，由行政院送交立法院提出法律案，或是由民間團體或人士等向立法院提出陳情案件，由立法院完成新訂或修訂之法律草案進入審查，而立法委員個人（辦公室）也可以邀集各專業者及民間團體，自行研訂法律草案在立法院進行提案。

2. 立法院大會一讀會

主要以宣讀名稱來正式成為議案，由行政單位的提案主要為朗讀法律名稱，並未進入法規實質內容審查；立法委員的提案須由提案者自行朗讀及說明，並由院會討論及表決是否成案；民眾陳情案則先由程序委員會審查其是否符合規定，再由分組委員會審查後，由程序委員會提案討論，院會大致討論後確認是否成為議案。

3. 實質審查

各類所提議案，基本上由立法院分組委員會進行法律內容的實質審查，通過後送交立法院大會。

4. 立法院大會二讀會

為法規內容逐條朗讀，如無異議為通過，如有異議則提修正動議或再交付討論，再逐條朗讀無異議通過。

5. 立法院大會三讀會

尤其是文化預算、文化法律等需要三讀通過。三讀會主要審議是否有

牴觸其他法律等事項，或是文字是否有所錯誤等些微修正工作。

6. 正式公布

由立法院通過之法律，送交行政院及總統，由總統於 10 日內對外公布實施，或於 10 日內在行政院如果認為窒礙難行時，可經總統核可後退回立法院再議，立法院如覆議維持原案，則行政院需要原議案執行。

八、文化行政法規命令之制（訂）定工作

無論從事國際文化交流、藝文展演、文化資產保存及再利用、博物館或社區營造等工作，通常各文化單位需要依據母法或自己的文化行政業務需求，制訂相關藝術、文化等方面行政所需的相關法規命令，例如：規程、規則、細則、辦法、綱要、標準或準則等。在制訂這些文化行政法規命令時，其條文之內容應至少包括以下主要項目，才能作為日後從事文化行政工作時之依據：

1. 立法目的

說明立法之精神與立法目的為何。

2. 法源依據

其母法之來源或依據，以依法有據並健全法規體系。

3. 用詞定義（或說明）

明確的定義或說明於條文內文中所使用之相關關鍵用詞，以利行政工作能明確操作與執行。

4. 適用範圍（或適用對象）

明確訂定適用的對象及範圍，以利執行依據。

5. 主管機關

明確訂定負責之主管機關、權責機關或業務主管機關。

6. 各項主要規定內容

針對所適用的範圍，制訂所需相關之人、事、時、地、物等，其所有相關規定事項及主要內容。

7. 違反處置

違反上述所訂定之各項主要條文內容時，所須處理的項目，以作為日後執行時之依據，例如：各項處分或補救措施等相關規定。

8. 附則或其他應載明事項

針對個別法案進行特別註記的相關規定事項。

9. 其他應載明事項

例如：不適用之相關規定，或是其適用日期等等，或是基於個案必須增訂之相關規定。

九、文化政策成為文化法規的法制化工作重點

文化行政工作經常會將某些原有的文化政策或重大文化計畫，提升為正式的文化法規，以便建立制度而能長期持續推動。因此，文化政策法制化過程及重點對於文化行政人員相當重要。以下依照《中央行政機關法制作業應注意事項》（2018）規定中，對於包括文化行政方面的各種法規，其法制作業應包括以下幾個工作重點：

1. 準備作業

(1) 把握政策目標

法規是否應制（訂）定、修正或廢止，須以政策需要為準據。

(2) 確立可行做法

法規必須就其可行性進行評估,並採擇達成政策目標最為簡便易行之做法。

(3) 提列規定事項

達成政策目標之整套規劃中,唯有經常普遍適用,且必須賦予一定法律效果之作為或不作為事項,方須定為法規,並應從嚴審核,審慎處理。

(4) 檢討現行法規

應定為法規之事項,有現行法規可資適用者,不必草擬新法規;得修正現行法規予以規定者,應修正有關現行法規;無現行法規可資適用或修正適用者,方須草擬新法規。制(訂)定、修正或廢止一法規時,必須同時檢討其有關法規,並作必要之配合修正或廢止,以消除法規間之分歧牴觸、重複矛盾。

2. 草擬作業

(1) 構想要完整

法規應規定之事項,須有完整而成熟之具體構想,以免應予明定之事項,由於尚無具體構想而委諸於另行規定,以致法規施行後不能貫徹執行;草擬時,涉及相關機關權責者,應會商有關機關;必要時,並應諮詢專家學者之意見或召開研討會、公聽會;有增加地方自治團體員額或經費負擔者,應與地方自治團體協商;對於法案衝擊影響層面及其範圍,亦應有完整之評估。

(2) 體系要分明

制(訂)定、修正或廢止法規,須就其內容,認定該法規在整個法規體系中之地位及與其他法規之關係,藉以確定有無其他法規必須配合制(訂)定、修正或廢止,並避免分歧牴觸。

(3) 結構要單純

一條文規範一重點,分項書寫之條文,以不超過五項為原則,避

免條文結構過於龐雜，不易辨識、理解及引用。

(4) **用語要簡淺**

法規用語須簡明易懂，避免使用艱深冷僻之用字用語，文體應力求與一般國民常用語文相切近，並符合法律統一用字（語）。

(5) **法意要明確**

法規含義須明顯確切，屬授權性質之規定，其授權目的、內容及範圍，應具體明確。

(6) **名稱要適當**

制（訂）定法規及修正現行法規時，宜就其所定內容之重心命名。

十、文化行政規則之訂定類型

無論是中央或是地方政府的文化機關，其本身亦可訂定「行政規則」。「行政規則」之定義，是屬於並非面對外部社會大眾而是對於機關內部的規定。如同《行政程序法》（2015）第 159 條中，載明「本法所稱行政規則，係指上級機關對下級機關，或長官對屬官，依其權限或職權為規範機關內部秩序及運作，所為非直接對外發生法規範效力之一般、抽象之規定。」並且，依照行政規則之內容包括：「關於機關內部之組織、事務之分配、業務處理方式、人事管理等一般性規定」，以及「為協助下級機關或屬官統一解釋法令、認定事實、及行使裁量權，而訂頒之解釋性規定及裁量基準」等。

另外，目前臺灣中央政府（文化部）之文化行政規則的類型，主要分析如下：

1. 須知

例如：《文化部公共藝術視覺藝術類專家學者資料庫建置作業須知》、《文化部檔案應用須知》等。

2. 要點

例如：《古蹟歷史建築審議委員會設置要點》、《財團法人國家文化藝術基金會監督要點》、《文化創意產業優惠貸款要點》等。

3. 注意事項

例如：《政府機關（構）接受具文化資產價值之文物捐贈注意事項》、《文化部設置蒙藏語文進修班注意事項》、《政府機關（構）接受大陸地區新聞人員採訪注意事項》等。

4. 作業規定

例如：《文化部及所屬機關（構）委託研究計畫作業規定》、《文化部及所屬機關（構）個案計畫管制評核作業規定》、《文化部處理人民陳情案件作業規定》等。

十一、文化法規之法規內容格式

依據《中央行政機關法制作業應注意事項》（2018），在法規（法律及法規命令）草案的標準格式上，應包括：

1. 法規制（訂）定案

(1)標題：載明「法規名稱草案」。

(2)總說明：說明必須制（訂）定理由，必要時應包括所用名稱之理由，並逐點簡要列明其制（訂）定之要點，預估執行所需人員及經費。

(3)逐條說明：每一條文及其立法意旨，逐條依式說明，其表稱為逐條說明。

2. 法規修正案

(1)標題：名稱有修正時，應以舊名稱為標題名稱。修正條文達全部

條文二分之一者，書明「（法規名稱）修正草案」（全案修正）；修正條文在 4 條以上，未達全部條文二分之一者，書明「（法規名稱）部分條文修正草案」（部分條文修正）。

另外，如果爲少數條文修正：修正條文在 3 條以下者，書明：「（法規名稱）第幾條」或「（法規名稱）第幾條、第幾條修正草案」。

(2) 總說明：彙總說明制（訂）定或修正沿革、修正理由或法規名稱變更，逐點簡要列明修正要點。標題名稱例如：「（法規名稱）第幾條修正草案總說明」、「（法規名稱）部分條文修正草案總說明」、「（法規名稱）修正草案總說明」。同時說明預估執行所需員額及經費。

(3) 條文對照表：條文對照表之標題名稱如「（法規名稱）第幾條修正草案條文對照表」、「（法規名稱）部分條文修正草案條文對照表」、「（法規名稱）修正草案條文對照表」。

另外，中央政府其制（訂）定及修正相關文化行政規則，採取逐點方式時，格式如上述，除標題、總說明、逐點說明（修正時有條文及說明對照表）之外，行政規則之名稱爲了避免與法規名稱相同，造成民眾混淆，其以逐點方式規定者，以「第幾點」稱之，不使用「第幾條」、「條文」等字詞。

第二節　文化預算行政

一、文化預算行政工作

文化政策及文化計畫皆需要文化行政執行工作來加以實現，然而，許多文化行政執行工作需要文化經費預算來加以完成。一般文化預算經費工作主要分爲：預算編列、預算核銷、預算結算等三個階段，其各階段的主

要工作重點分析如下：

1. 文化預算編列

文化預算編列之項目，主要分為：經常門及資本門預算，其中：

(1) **資本門預算**

簡單說就是購買或執行後，日後需要列入政府機關內部各項財產帳目及列冊查帳的相關預算，例如：建築（工程）、電腦、家具、其他行政辦公所需相關設備與設施物等，由於這些預算在執行後會成為單位的財產，而需要列冊及編列淘汰年限等加以盤點及管理。

(2) **經常門預算**

便是資本門以外的各種預算項目，主要包括：業務費用（例如：委外規劃研究設計經費、藝術節慶等藝文活動費用、博物館之典藏或展覽經費、各相關文化研究教育及推廣費用、各類補助藝文團體經費等）、人事費用（單位內部人員之薪資、獎金、加班費等）及行政雜支（水、電、油、郵費等）等。

另外，在各項文化預算編列中，無論是上述的業務費及人事費等（經常門），或是財產及設備等（資本門）經費，如果未來將委託外面民間廠商執行之預算，其文化預算的編列方式，依照《機關委託專業服務廠商評選及計費辦法》之規定，主要包括：總包價法、單價計算法、按月按日或按時計酬法、服務成本加公費法等，並有其各自的計算方式（全國法規資料庫，2017）。也就是在編列預算時，便需要採取上述幾種方式進行，以便日後依照這些預算金額給付給委託執行的民間廠商。

不過，由於藝術文化的特殊性質，有別於一般政府採購對象及方式，因此，無論是上述哪一種方式，在目前臺灣各地文化預算編列上，大致上可初步整理如以下類型及其問題現象：

(1) 「主計計價」方式

是以主計單位所思考的文化預算編列，通常都是以單價乘以數量（單價計算法）或個人薪資乘以工作天數（按月、按日或按時計

酬法）等於總價之概念進行預算編列。可是這比較像是採購桌椅、櫃子、家具及設備的概念，而且政府還制訂一套採購單價標準，包括：建築物的營建單價、政府採購廠商名單及各種設備單價、國科會研究人員經費編列之單價等，也就是政府為了防弊而公布從空間、設備到人員的費用。

或是，同樣的概念，以各項單價與數量等加總預估好的成本，之後，再加上所需要的相關公費，例如：建築執照費用等（服務成本加公費法），皆為「主計計價」的概念及編列方式。而這種編列方式使用在文化預算所造成的現象問題，包括：

A. 只能買到最便宜，而不是品質最好的對象。就像是尺寸一樣的油畫，不同畫家及其繪畫品質相差甚遠。

B. 被文化界質疑不重視「藝術無價」。採最低單價及數量計算，將藝術創作視為相同於一般便宜性質的低價活動，容易被攻擊對藝術專業性及尊重性不足。

C. 無法良性循環建立更良好的文化發展環境。由於政府委外金額過低，民間能工作的資源過少，如此惡性循環，政府無法透過委託民間辦理來刺激與提升整體藝文發展水準。而這是因為低廉預算價格，造成政府的需求僅能購買到粗糙創作，進而促成粗糙創作市場擴大，而供給量擴大又再次讓價格可以更加低廉，進而造成惡性循環，不利於藝文創作發展環境。

(2)「專業計價」方式

關於上述「藝術無價」之概念要如何計價？因此，可以採取「專業計價」方式，針對該對象邀請多位相關專家學者及有經驗人士等，檢視業務專業內容及經費計價方式，而不是以最低價的單價加上數量的方式編列預算。例如：專業規劃研究與設計案、專業藝文活動，或博物館典藏品收購（一般館內會成立委員會）等。

「總包價法」就是能以「專業計價」方式，針對某些工作委辦項目進行專業計價。只是目前國內對「總包價法」還是存在以主計採

購的單價乘以數量的計算方式。

然而，「專業計價」目前出現的問題為：

A. 預算編列數額，將會因為不同專家學者等參與者，以及單位內部人員搜尋訪價案例之參考價格，而有所不同，產生價格落差太大之問題。

B. 由於參與預算編列人士的客觀性或廣度不足等，可能造成綁標或圖利特定他人之問題。

C. 由於藝文專業無法計價，因此不容易驗收，且相關單位查帳時容易模糊不清、出現問題，或是被主計單位或其他監察單位等，認為比政府公告的參考價格高出太多，容易被糾正、檢討等問題。

(3)「排序計價」（經費分配順序）方式

為依照政府單位整體預算進行分配，由於整體預算具有一定總額度，因此採用政策導向方式分配預算金額，某些為文化政策的施政重點業務，其預算優先依重要性進行排序，以及經費的分配與調整，以滿足整體預算數額等實際條件。

「排序計價」（經費分配順序）方式之問題，是政府文化部門（或文化首長）認為的施政重點，與外面社會各界所期待之重要性及順序有所不同，而產生問題。就如同目前在臺灣各地，經常出現許多浪費人民納稅錢，卻只是為了地方首長個人在媒體作秀的各種藝文活動或記者會等。

另外「排序計價」另一個問題，是被質疑預算分配不均，僅僅獨厚某些特定藝文對象辦理特定活動。或是，在議會（立法院）因為預算審查將排序重點調整，大砍某些業務預算，造成預算不足卻需要辦理，導致這些業務品質低落，因此在惡性循環之下，不利整體文化發展。例如：某些地方議員基於某些原因，大砍某些已經在當地長期辦理且具良好口碑的重要文化業務之預算，造成這些文化業務在經費拮据之下，品質逐年下滑。

2. 文化預算核銷

可分成「個別預算核銷」及「全案預算核銷」工作，分析如下：

(1) 個別預算核銷

一般文化單位本身都有自己的經費核銷表單及辦理程序，只要依照每一個單位會計的要求進行即可。例如：發票憑證、填寫表格、申報請款等標準作業流程（S.O.P.）等例行性核銷作業。

(2) 全案預算核銷

政府有大量的業務及預算是委託民間進行，像委外給民間單位進行研究、規劃、設計、經營、辦理藝術節慶及藝文活動等業務工作，在依照政府相關採購規定辦理上網公告、招標、決標、議價、簽約，之後開始執行。全案的經費核銷工作一般採取分期給付，例如：以研究案（及規劃設計案）為例，分為期初、期中、期末、總結等，各階段設置一個審查機制，審查通過後核銷撥款，但不宜分期次數過多，以免造成甲乙雙方過多的行政程序及繁複的核銷作業。

另外，依照現行預算核銷方式，也經常出現以下問題及現象：

(1)「預付款」問題[2]

主計單位會擔心「預付款」問題，也就是在廠商尚未做到應有工作卻已事先領走款項（尤其萬一解約會產生錢要不回來問題），但是許多藝文工作者（尤其是比較沒有資金的、新加入的各類文化藝術之團體或個人等）自己並無資金調度能力，而需要政府事

---

[2] 為了解決許多藝術創作者本身的財務問題，以及鼓勵更多年輕但沒有資金的藝文工作者投入政府藝文工作，並放鬆政府主計單位堅持的預付款問題，文化部（2019）在《文化藝術採購辦法》中，明訂支付第 1 期款項或其他預付款不得低於總金額 20% 且尾款不得高於 30% 為原則。其第 13 條「機關應注意廠商履約之工作、勞動條件及投入經費之情形，訂明合理之付款期程及比率。契約價金有支付預付款者，以不低於契約總額或預估給付總額之 20% 為原則；第一期款者，亦同。契約價金給付之最後一期，以不高於契約總額或預估給付總額之 30% 為原則。」（文化部，2019c）

先支付費用才能運作。由於廠商與主計單位的想法兩極，因此若委託民間廠商，需要在執行前與主計單位協商及簽報同意預付款方式。

(2)「押標金」及「履約金」問題

由於一般藝文組織較無龐大資金，因此，也會產生是否需要事先繳交押標金、履約保證金（或履約權利金）之問題，而押標金或履約保證金等，是用來保障政府及預防萬一廠商毀約或執行不利時，用來沒收或扣款之用。

只是需要在履約前事先墊款，一般容易造成藝文工作者在資金調度上的困擾，因此，目前的做法傾向不收取，或是酌收象徵性費用而已。為了解決此問題，《文化藝術採購辦法》第 18 條「機關辦理藝文採購，應免收押標金。」（文化部，2019c）不過許多與文化相關卻不是法定文化單位（地方文化局處等），並不一定會自我認定為「藝文採購」。

(3) 現場需要立即處理等經費運用彈性之問題

在政府單位的預算核銷方面，經常出現無法即時因應現場危機，或臨時需要處理運用的經費，因為會計單位作帳管理上需要清楚交代金額及每一筆明確項目，並且需要事先簽報長官同意之後才能支用。因此，往往在活動現場發生需要緊急立即處理的問題，在僵化的預算核銷方式上卻無法臨時支應，而讓原本可以立即解決的小問題擴大變成大問題。過於僵化的經費核銷方式只是為了防弊，但是卻無法因應現場即時問題，以及各項藝文業務本身具有自由、活潑、多樣的性質及需求。

3. 文化預算結算

在臺灣，一般預算在辦理結算的時間都在年底前完成，因為還要扣除主計單位進行整體單位預算結算的工作，所以，會在年底數週前便先關帳展開結算工作（尤其是經費來自中央政府時，時間會更加提前縮短），

文化行政人員需要趕在此時間點前撥付款項，以免造成預算執行不力而被處分。

　　然而預算執行上會遇到許多不可抗力的狀況，例如：一再流標、執行現場出現延宕變數需要克服、為求品質無法即時結案、預算撥給文化行政單位的時間過短。尤其是中央政府在立法院預算通過撥給機關，該機關又公開邀集各地政府提案、審查、修正計畫重新提案、公布名單、撥款至地方政府等作業，至少又花費三個月時間（通常已經在年中左右）。所以，造成為了趕在年底辦理結案及核撥預算，以及文化行政人員及單位避免被懲處之壓力下，經常會見到草草結案、品質要求次之等問題。

　　因此，上述問題解決之道，為無論是地方自行編列或來自中央的預算，在經費尚未撥給文化機構正式收到之前，文化機構先依規定上網公告、遴選廠商、簽約等程序作業，但是在公告文件上註明經費須俟核撥後才能正式執行（以及經費未撥給將取消該計畫等）。

　　另一個解決對策，則是評估該計畫之性質及預算核撥方式等條件之後，將原本的一年期執行計畫，改為雙年期或三年期，除了館舍經營業務（例如：古蹟委外經營等）之外，一般同一個案件委託給同一個廠商的時間不會超出三年，以降低委外給同一家廠商產生的風險。另外，一般計畫在三年或是超出三年，大多會採取分階段年期方式，例如：向中央政府一次提出三年（或以上）計畫，但是分年期委外執行，中央政府也會依照地方執行成效再考慮是否同意下一年期計畫與預算經費。

二、經費盈餘之行政工作

　　文化預算執行工作，並不只是如同上述相關經費給付給民間廠商及核銷的工作，也有另一個是自辦或委外民間廠商之獲利方面，例如：文化園區或博物館之門票及文創產品相關收益、辦理藝文活動門票、活動攤位收入等盈餘，需要進一步進行相關行政工作。主要可以分成：執行前的評估及設計、執行中的經費查核、執行後的結算工作。分析如下：

1. 執行前的評估及設計

需要事先列出未來可能會產生收入的各種項目，例如：收費、稅賦、盈餘等，並進一步明訂其各種收入來源的處理方式，例如：藝文活動現場文創攤位（或地方特產、地方美食等攤位）是否產生租金收入？以及現場是否會產生交易收入？現場門票（或產品等相關收費）是否需要有最高價格限定（及各種價格訂定是否需要政府機關事先核定等）？或是在現場零售買賣的稅收處理方式（如何避免逃漏稅問題）等，或是古蹟（或其他閒置空間）委託營運經營時，其各項權利金（與租金）的計算方式（例如：民間經營廠商是否能再外包給其他餐廳等業者）。

除了計畫執行前事先一一盤點可能收入，以及提出因應對策之外，解決之道為可要求民間廠商，各種收入及支出皆需要由第三方會計師簽證負責，以免執行後發生收入不清、權利金（或租金）及稅收短少，或是因現場某項產品價格過高造成民怨等問題發生。一般設為複雜的案件，會直接要求會計師簽證表示結算金額無誤，其中尤其是古蹟（或閒置空間等）館舍委外經營案件，更會涉及權利金或租金收取額度。

另外，特定的古蹟（或閒置空間等）館舍委外經營案件，為因應淡旺季影響收入、保留經營彈性、降低風險，以及增加廠商經營意願等因素，會設定為「浮動式」收費，也就是按盈餘金額收取不同比例費用，設定幾個收入門檻以及繳交費用之比例。如果中央或各地方委外辦理各項藝文、古蹟經營等業務量過多，亦可設計一個會計查帳專案，委外統一交由會計專業進行查核即可。

2. 執行中的經費查核

有時候會設定定期及不定期抽查等二種執行中的經費查核方式，另外，亦可設計以公開審查及匿名方式，前往現場調查目前對於盈餘收入是否有依照原提報的計畫執行，例如：是否按計畫開立發票等（量的現場檢測），以及其經營品質是否有下降現象（質的現場檢測），或是經營內容

是否符合合約內容等現場查核工作。

3. 執行後的經費查核

　　如同上述所說，在計畫執行後一般直接請會計師簽證表示無誤，將盈餘繳回國庫（或市庫）。也因為如此，一方面，一般民間廠商怕麻煩而減少繳回盈餘，所以並不會太重視商業利潤，或是設法合法避稅、技巧性降低向政府呈報的盈餘額度等；另一方面，政府業主也不會想要強調賺太多盈餘，畢竟文化財是公共財，政府單位也不是營利為主的單位。更重要的是，這些因藝文活動所產生的盈餘必須繳回國庫（或市庫），而且這些盈餘一旦繳回國庫（或市庫）將被中央政府（或市府）統一管理及分配，無法產生「取之於文化而用之文化」的循環回饋做法，盈餘對於自己以及藝文環境發展並沒有好處，而這些都是導致政府長久以來，辦理各種文化業務都不賺錢的重要因素。

　　然而，不將這些取之於藝文的盈餘用於藝文發展，作為良性循環的發展經費，實在可惜。由於盈餘需要繳回國庫（或市庫）統一分配使用，以避免發生財務不明等問題，因此，一個政府單位會僅設置一個政府帳號，所有的各項經費皆需要匯入於此，以便統一作帳、管理及分配使用。面對這個問題的因應對策，中央及各地方政府需要另訂相關法規以依法有據。例如：在《文化創意產業發展法》中民間企業對於文化創意產業的捐贈[3]，或是《臺北市文化設施發展基金收支保管及運用自治條例》內容中，有關臺北市藝文發展專款專用的相關規定[4]。

---

[3] 在《文化創意產業發展法》第 26 條中，明訂營利事業捐贈得不受相關所得稅法之限制（全國法規資料庫，2019b）。在民間企業捐贈經費時，如何專款專用而不會納入國庫或市庫被統籌分配，是一項重要行政課題。

[4] 有關《臺北市文化設施發展基金收支保管及運用自治條例》專款專用的相關規定內容如下：第一條為立法目的：「臺北市（以下簡稱本市）為建造、修復、營運及管理本市文化資產及文化藝術設施，並推廣文化藝術及文化創意產業，特設置臺北市文化設施發展基金（以下簡稱本基金），並依預算法第九十六條第二項準用第二十一條規定，制定本自治條例。」第二條為主管機關及管理機關：「本基金為預

　　也由於中央或各地方政府單位只有一個銀行帳號，各種經費皆需要進入此帳號之中，可是只要一進入此帳號中，便會由主計單位統籌使用。如果各縣市並未制訂基金收入及運用之法規，某些民間企業對於文化事務的關懷，例如：捐贈某古蹟文化資產的建築修復費用，如果直接進入政府單一帳號中，將無法專款專用於原捐款目的之上。

　　因此，解決之道是民間的捐款可在其捐款的支票上，直接註明作為哪一個對象的哪些用途使用，一般捐贈使用的對象需要相當明確，以避免因為模糊產生誤解（或使用到非原捐款目的之處），因此在使用用途上是採正面列舉（或正面概括方式）直接明確列出 [5]。

三、文化預算增加對於文化發展的優缺點分析

　　近年來，中央及許多地方政府文化單位，皆積極爭取增加整體文化預算額度，而增加文化預算對於文化發展之優點及缺點，分析主要如下：

算法第四條第一項第二款第四目所定之作業基金，以臺北市政府為主管機關，市政府文化局為管理機關。」第三條為基金收入來源：「本基金之資金來源如下：一、依預算程序撥充之款項收入。二、本基金土地開發權利金及租金收入。三、本基金財產出租或出售收入。四、各項場地設備管理使用收入。五、文化創意產品及服務等銷售收入。六、捐獻及贈與收入。七、中央政府補助款項收入。八、對外舉借之款項收入。九、本基金孳息收入。十、其他收入。」另，第四條為有關基金之用途：「本基金之資金用途如下：一、固定資產之購置或租賃支出。二、文化資產與文化藝術設施之建造、修復、營運及管理支出。三、償還對外舉借款項之本息支出。四、推廣文化藝術支出。五、推廣文化創意產業之支出。六、管理本基金所需費用支出。七、其他與本基金業務有關支出。」（臺北市法規查詢系統，2008）
5　例如：捐款上載明古蹟「保存及再利用工作」，將包括所有古蹟的修復工作及再利用工作（例如：室內裝修、家具、設備等古蹟對外營運所需相關設施）。如果載明為古蹟「修復工作」，便是所有與古蹟修復有關工作皆可使用，例如：文史蒐集調查、規劃、研究、測繪、設計、監造、營建工程等修復相關的工作。如果載明是古蹟「修復工程」，則只能限縮使用在古蹟修復的工程經費之上，例如：測繪、設計、監造、營建工程等。

1. 增加文化預算之優點

(1)能擴大各項文化政策、文化計畫及工作等之業務規模與數量。

(2)由於經費更加充裕，可能增加各項文化政策、文化計畫及工作等業務的執行品質。

(3)能有充裕的經費照顧及協助相關文化弱勢、少數文化、政策扶植等文化發展。

(4)將有更多經費保護、維修、再利用相關的古蹟、歷史街區等有形文化資產，以及展開更多無形文化資產之保存等工作。

(5)將有助於吸引更多及更專業的相關藝文人才，投入各項文化工作，有助於文化人才的培育及發展。

2. 增加文化預算之缺點

(1)依照目前政府採購的行政作業流程及方式，以及年度預算檢討等因素，過多的文化預算往往在有限的人力或時間內並無法執行完畢，行政人員（及行政單位）為避免預算執行不利而受到檢討，造成委託較高的金額，卻無法獲得較高品質之現象。

(2)造成文化行政人員業務量驟增，無法負荷而流動率過高之問題。

(3)不當的增加經費，容易造成採購案價格被廠商灌水之虞。

(4)文化預算增加勢必排擠其他非文化部門之總預算，某些重要市政工作將因此受到影響。

(5)過於依賴政府預算，將造成地方文化無法自主發展，而需要一再仰賴政府文化經費。也由於需要政府文化預算，而受到政府政策走向之影響（例如：藝文補助等），而無法自己獨立發展。

(6)將文化經費資源擴大，有時候反而容易造成各種政治力介入，影響文化資源分配、使用方向與內容。

第三節　藝文採購行政

一、依《政府採購法》進行藝文採購行政之優缺點分析

　　臺灣實行多年的《政府採購法》，在使用於藝文採購時，例如：委外辦理各項藝術節慶、研究案、規劃案、館舍經營及其他業務等，「對外公開招標」的方式主要分爲一般公開招標及限制性招標[6]等二種，其優點及

---

[6] 無論是中央或地方政府機關一般都以公開招標爲主，但是藝術文化業務經常涉及特定專業，因此藝文採購經常出現限制性招標，也就是列出符合該案之專業條件的特定廠商，才能前來投標及執行該案。依照《政府採購法》第22條「機關辦理公告金額以上之採購，符合下列情形之一者，得採限制性招標：一、以公開招標、選擇性招標或依第九款至第十一款公告程序辦理結果，無廠商投標或無合格標，且以原定招標內容及條件未經重大改變者。二、屬專屬權利、獨家製造或供應、藝術品、祕密諮詢，無其他合適之替代標的者。三、遇有不可預見之緊急事故，致無法以公開或選擇性招標程序適時辦理，且確有必要者。四、原有採購之後續維修、零配件供應、更換或擴充，因相容或互通性之需要，必須向原供應廠商採購者。五、屬原型或首次製造、供應之標的，以研究發展、實驗或開發性質辦理者。六、在原招標目的範圍內，因未能預見之情形，必須追加契約以外之工程，如另行招標，確有產生重大不便及技術或經濟上困難之虞，非洽原訂約廠商辦理，不能達契約之目的，且未逾原主契約金額百分之五十者。七、原有採購之後續擴充，且已於原招標公告及招標文件敘明擴充之期間、金額或數量者。八、在集中交易或公開競價市場採購財物。九、委託專業服務、技術服務、資訊服務或社會福利服務，經公開客觀評選爲優勝者。十、辦理設計競賽，經公開客觀評選爲優勝者。十一、因業務需要，指定地區採購房地產，經依所需條件公開徵求勘選認定適合需要者。十二、購買身心障礙者、原住民或受刑人個人、身心障礙福利機構或團體、政府立案之原住民團體、監獄工場、慈善機構及庇護工場所提供之非營利產品或勞務。十三、委託在專業領域具領先地位之自然人或經公告審查優勝之學術或非營利機構進行科技、技術引進、行政或學術研究發展。十四、邀請或委託具專業素養、特質或經公告審查優勝之文化、藝術專業人士、機構或團體表演或參與文藝活動或提供文化創意服務。十五、公營事業爲商業性轉售或用於製造產品、提供服務以供轉售目的所爲之採購，基於轉售對象、製程或供應源之特性或實際需要，不適宜以公開招標或選擇性招標方式辦理者。十六、其他經主管機關認定者。前項第九款專業服務、技術服務、資訊服務及第十款之廠商評選辦法與服務費用計算方式與第十一款、第十三款及第十四款之作業辦法，由主管機關定之。第一項第九款社會福利服務之廠商評選

問題分析如下：

1. 優點方面

(1) 公平、公開。配合法規要求，需要上網公告徵求廠商，所有符合條件者皆可前來參與。

(2) 減少弊端。減少因為主辦機關主管或個別承辦者等，以各種私人因素委託給特定廠商，減少發生黑箱作業及弊案問題。

(3) 專家學者參與。由於評選過程需要邀請外面相關領域專家學者出席與會遴選廠商，專家學者可以就其專業部分提供問題與意見，讓評選作業有更多不同專業參與其中。

(4) 行政程序依循。由於依照法規，本身已有一套標準化作業的既定程序與文件，新的業務承辦人可以依循過去案例進行辦理，讓新的行政人員可以參考，以及讓原有的行政人員預知未來可能會遇到的問題，提早提出因應對策。

(5) 建檔分享。由於採購步驟、程序及文書內容大致固定，因此，可將各個性質相近的標案建置成一個資料檔案，讓行政人員可以參考之前的案例，且方便查詢可能遇到的相關問題與過去處理的因應對策，經驗得以傳承並有助於提高業務辦理之效率。

(6) 方便查核管理。因為整套操作過程標準化，因此，在日後督導及考核工作時，可以按照採購步驟及內容，逐項檢視其是否適當，並提出修正意見。

2. 缺點方面

(1) **價格最低標**

部分標案採最低標，無助於藝文專業品質，使得文化相關的專業研究、規劃或藝文創作等，皆過於廉價。為此，文化部特別訂定

辦法與服務費用計算方式，由主管機關會同中央目的事業主管機關定之。第一項第十三款及第十四款，不適用工程採購。」（全國法規資料庫，2016）

《文化藝術採購辦法》，在第 9 條中說明有某些情形之外應採最有利標而非最低標委託廠商，以及第 10 條中說明採最有利標之藝文採購應以不訂底價或固定價格給付為原則，如有底價以不低於公告金額或廠商報價 90% 為原則，但從鑑價會議或評審委員會提出之建議金額不在此限（文化部，2019c）。

(2) 預算過低導致委外品質不良

即使不是以最低標而是以最有利標，只是將價格納入參考，或是以總價（固定價格）承包方式，在剛開始整個預算金額過低時，即使採購過程依法進行毫無瑕疵，也無法找到有品質的廠商前來，無法委託好的專業者，導致委外品質不良等問題。

(3) 執行時間有限導致委外品質不良

在目前，年底預算執行不利則行政人員會被檢討，或是由中央補助的預算更是要縮短年底呈報進度與結算核銷的時間。依照採購相關法規需要完成一套完整程序及各項工作，在上網公開招標、等標、評選、簽約後已經過了幾個月時間，真正可執行的時間十分有限，因此，執行時間倉促導致品質不良（即使時間不足或有其他因素下可簽准保留預算，但一般行政人員擔心個人考績及不想填寫一堆報表等，大多以年底順利結案付款為目標。）

(4) 採購步驟繁雜而降低行政效率

依照採購規定需要依步驟一一完成該有的程序及工作，從招標文件的研訂、校閱、審核確定、召開評選會議、修正文件、上網公告、等標期、評選審查、完成簽約等，前置作業時間冗長，若公告後無人投標而流標，需要再次公告，過程中需要多人一起參與，步驟及規定又相當繁雜，降低行政效率。

(5) 採購時間過長無法立即推動

由於採購過程按照步驟進行需要一定時間，須立即推動的文化事務將無法進行，或是須立即執行的文化事務，依照採購規定即使過程一切合法，但是已經過時而毫無用處。尤其是某些需要緊急

應變的委外工作，更是突顯出採購行政程序過於僵化的問題。

(6) 上半年忙行政採購而下半年到處都是活動之問題

由於依照採購規定步驟及流程，需要一定時間，因此發現在臺灣各地上半年都在走採購程序、上網公告、招標、評選、簽約等行政作業，下半年才開始出現各種藝文活動。例如：各種藝術節、藝文季、音樂會等展演活動，多數都在下半年向社會大眾公開，上半年反而在臺灣各地方少有各種藝文活動及藝術節慶等。因為採購規定造成各項活動集中在下半年，而上半年卻相較活動稀少等問題。

(7) 品質不齊的採購風險

由於上網公告，所有廠商皆可前來投標，前來投標的廠商若素質不甚理想，或是過去未曾有過合作經驗等，皆會產生採購風險。不良的廠商影響執行品質，但是政府部門需要概括承受所有責任。過去被社會各界、媒體等大肆批評的某些藝文活動或文化建設，許多都是依照採購程序委託民間廠商辦理，卻還是一再出現問題的現象。

(8) 無法因應特殊規格需求

由於藝文專業極為特殊，例如：軟體活動的國內外特殊藝文展演創作團隊，或是博物館建築等特殊設計人才或建築材料規格等等，採購明確的規定用意在防止獨厚特定廠商，但是，藝文相關展演、創作、設計等各種不同專業相當多元且各有特色，一般性的規定有時無法因應，或是找到這些特殊的創作者及活動，卻將特殊之處一視同仁（即使採限制性招標或最有利標等）。同質化的採購方式不利於（或無法鼓勵）過於特殊的專長及特色，然而藝文創作反而更應該是講求個人創作的獨特特色。

(9) 採購行政瑕疵問題

由於採購規定之過程及其所需要的文件內容十分繁雜，行政人員如非採購專業而是一般藝文專業背景，則容易出現採購瑕疵，因

而過程中也造成重視符合法規規定更勝於實際專業內容。

(10) 每年循環採購無法累積培養藝文專業人才

由於每年預算核定後採購，年初招標、年中執行、年底結案等周而復始，相關廠商或文化工作者無法有所保障，即使今年已經承攬，但在明年卻還是需要依法重新上網公告招標，以及得標後才能簽約繼續工作，因此，並無法有效累積自己的專業。所以，依照採購規定上網公開委外，卻無法累積培養專業人才。

(11) 不利於研發及藝文創作

由於採購過程時間急促，經費預算及執行時間有限，政府單位又需要見到成果，因此，採購法並不利於創作、研發、構思及創新等文化發展重要的工作，而是廠商僅僅使用現有成果，如此則不能提升藝文創作機會及創新研發工作。

(12) 無法改善文化發展環境

由於採購規定產生了低價搶標、廉價創作、影響品質、壓縮執行時間、重視一般採購程序而忽略藝文創作特殊之處、每年循環採購卻無法累積培養專業藝文人才、不利於藝文研發等問題現象，使得政府採購即使程序符合規定，卻無法改善整體的藝文發展環境。

二、藝文採購之基本行政工作

1. 相關法規中的藝文採購行政工作

(1) 依照文化部《機關辦理藝文採購作業要點》中「二、機關辦理藝文採購，其採購資訊、履約標的及期限、契約價金及給付條件、履約管理、權利責任及驗收核銷等事項，應公開透明。」（文化部，2019d）

(2) 因此，已經提及有關藝文採購的工作項目及行政程序，包括：制訂投標文件並上網公開、明訂履約標的工作對象、在各階段履約

之期限、履約相關價金、受委託廠商在各期應完成的內容及條
件、在各期給付給廠商的經費及核定方式、對受委託廠商的履約
管理、釐清與廠商之間相關權利及責任、如何驗收與核銷等藝文
採購行政工作。

2. 一般藝文採購行政工作

無論是適用哪一種法規，政府文化單位在從事藝文採購時，需要涵蓋：

(1) 基本內容

無論各種不同的藝文採購案件，其對外招標的主要內容都至少需
要涵蓋「行政程序」及「實質工作」兩大部分之相關內容。一般
對外公告的文件類型，主要包括：招標需求書、評選作業規範、
契約書等三種，以及其他必要的附件資料（例如：與本案有關的
書圖資料、已完成的相關計畫或研究書籍等參考資料）。

(2) 採購程序

一般採購程序為依照規定在機關內部進行整理、陳報、確定上述
相關文件，以及對外正式上網、公開招標、評選及簽約等行政作
業流程。

(3) 行政過程

主要是整套流程機制的確定，比較像是以時間點、時間軸，來思
考在各階段所需要的步驟、檢核點、程序作業方式等。例如：設
定在期初、期中、期末報告時間及各階段需要成果驗收的內容，
並在檢核成果同時進行撥款工作。

(4) 實質內容

採購招標的實際內容將依照業務需求及預算編列方式，針對個案
本身設計委託工作項目及重點，並且設計在各個不同執行階段
中，每一個階段受委託廠商需要完成的各項實質內容。

三、專業藝文採購範圍及特別規範

1. 藝文採購的法源依據

專業藝文採購並不是排除《政府採購法》所有規定，而只是排除部分規定及在排除部分有特別之規定，用以保護藝文工作者之權益，以及提升藝文採購效能與品質[7]。

文化部特別制訂《文化藝術採購辦法》，其第 1 條爲「本辦法依文化基本法第二十六條第一項規定訂定之。」以及第 2 條明訂「政府機關（構）、公立學校及公營事業辦理藝文採購，其採購之招標文件所需載明事項、採購契約範本、優先採購之方式及其他相關事項，除其他法規有特別規定者外，適用本辦法，且不得違反我國締結之條約或協定之規定。」（文化部，2019c）[8]

2. 藝文採購的適用範圍

同樣的，該辦法中在第 3 條明訂「本法（文化基本法）第二十六條第一項所稱文化藝術之採購、第二項及本辦法所稱藝文採購，指與文化藝術相關之勞務、財物採購。前項文化藝術，指文化藝術獎助條例第二條各款事務或文化創意產業發展法第三條第一項各款產業內容及範圍。」（文化部，2019c）依照上述規定，幾乎所有藝文專業方面的相關採購案件都將適用，然而，問題將在於，例如：觀光、產業、教育、城鄉發展、建築、工程等「非」文化主管機關，但其業務性質卻相關文化發展的局處單位，在自我認定上是否適用藝文採購或僅使用一般政府採購。

---

[7] 《機關辦理藝文採購作業要點》中「一、文化部爲維護文化藝術價值，保障文化與藝術工作者創作與勞動權益，並提升機關辦理藝文採購之效能與品質，特訂定本要點。」（文化部，2019d）
[8] 除了目前有《文化藝術採購辦法》之外，亦有實施多年的《機關邀請或委託文化藝術專業人士機構團體提供藝文服務作業辦法》，但是二者極容易混淆，法規有疊床架屋之嫌（文化部，2019f）。

3. 藝文採購排除《政府採購法》適用之特別規範

在上述辦法第 4 條中，明訂「機關辦理藝文採購，其招標文件得視個案特性及實際需要，依本辦法就下列事項予以特別規範：一、預算或預計金額。二、評選項目及優先評定順序。三、決標原則。四、計價及付款方式。五、契約條款。六、廠商工作人員及分包廠商工作人員權益保障。七、智慧財產權之歸屬。」（文化部，2019c）

其中，有別於一般《政府採購法》的特別規範，分析如下：

(1) 預算或預計金額

強調合理利潤。預算方面強調給予藝文得標廠商之合理利潤[9]。

(2) 評選項目及優先評定順序

重視評選委員會所組成外面專家學者人數[10]。另外，為讓藝文工作者有充分時間準備及研提較高品質的計畫書，藝文採購標案之公告時間不得少於 14 日[11]。

(3) 決標原則

規定評分項目以專業能力為主要考量，例如：專業能力各項目之加總應占總評分60%以上[12]。另外，得分相同廠商應就專業能力排

---

[9]《文化藝術採購辦法》第5條「機關辦理藝文採購，其預算或預計金額，應綜合考量廠商於履約期間需投入之人力與時間成本、需具備之文化藝術專業能力、應獲得之合理利潤及市場行情定之。」（文化部，2019c）

[10]《文化藝術採購辦法》第6條「機關辦理藝文採購，以成立評選委員會方式辦理者，委員人數應為 5 人以上，其中專家學者人數不得少於 1/3，且與採購標的相關之文化藝術領域專家學者人數不得少於 2 人。但駐國外機構辦理或受託辦理之藝文採購，其委員之組成，不在此限。」（文化部，2019c）

[11]《文化藝術採購辦法》第19條「機關應視案件之規模、複雜程度及性質，考量廠商準備及遞送投標文件所需之時間，合理訂定等標期，不宜逕以政府採購法規定之下限期限定之。政府採購法所定之公告金額以上之藝文採購，除有特殊或緊急情況經報請機關首長或其授權人員核准外，等標期不得少於14日。」（文化部，2019c）

[12]《文化藝術採購辦法》第7條「機關辦理藝文採購，以成立評選委員會或評審小組方式辦理者，評選或評審項目應著重受評廠商於採購標的領域之專業及執行能力，該項所占總滿分比率應為最高，且不得低於 60%。前項專業項目內容，得包括專業

定優先順序[13]。

(4)計價及付款方式

強調儘量採取最有利標而不是價格最低標入選[14]。另外，最有利標的藝文採購以不議價為主，如須議價以不低於90%為原則[15]。在付款方面，政府在支付第一期款項（或其他預付款）不得低於總金額20%，且保留廠商的尾款不得高於30%為原則[16]。另外，在各期付款時，如無法現場驗收得以書面驗收方式，並邀集外面專家學者協助，而不是機關內部自己審查而已[17]。

知識、創意、造詣、技藝、創新、美學或藝術性等與文化藝術有關者。執行能力項目內容，得包括執行案件之專業人力規劃、經驗、實績或計畫周延性等與履約能力有關者。第一項專業及執行能力之評選或評審項目應訂子項，各子項及所占權重應載明於招標文件中。」（文化部，2019c）

[13]《文化藝術採購辦法》第8條「機關辦理藝文採購，以評選或評審方式辦理者，應採總評分法或序位法。前項總評分最高或序位第一之廠商有二家以上者，應優先以前條專業及執行能力評選或評審項目之得分合計值較高者評定之。」（文化部，2019c）

[14]《文化藝術採購辦法》第9條「機關辦理藝文採購，除有下列情形之一者，得採最低標決標外，應採最有利標決標：一、限制性未經公開方式辦理招標者。二、評分及格最低標決標者。三、在集中交易或公開競價市場採購者。四、未逾公告金額十分之一者。五、公務機關間財物或勞務之取得。六、未達公告金額公開取得廠商報價單並以最低標決標者。七、其他經機關認定採購性質不宜採最有利標方式辦理者。」（文化部，2019c）

[15]《文化藝術採購辦法》第10條「機關以最有利標所辦理之藝文採購，應以不訂底價或固定價格給付為原則。機關辦理藝文採購訂有底價者，應依案件之規模、性質、專業性、規範、契約並考量成本、市場行情、政府機關決標資料或洽詢相關行業之公協會提供資料並逐項編列，由機關首長或其授權人員核定。前項底價，以不低於公告預算金額或廠商在公告預算金額內報價之90%為原則。但有召開鑑價會議或成立評審委員會提出建議金額者，不在此限。」（文化部，2019c）

[16]《文化藝術採購辦法》第13條「機關應注意廠商履約之工作、勞動條件及投入經費之情形，訂明合理之付款期程及比率。契約價金有支付預付款者，以不低於契約總額或預估給付總額之20%為原則；第一期款者，亦同。契約價金給付之最後一期，以不高於契約總額或預估給付總額之30%為原則。」（文化部，2019c）

[17]《文化藝術採購辦法》第20條「機關辦理驗收，如現場查驗有困難，得以書面或召開審查會方式辦理；其書面驗收文件或審查會紀錄，得視為驗收紀錄。藝文採購

(5) 契約條款

為避免各地政府藝文採購行政品質不一，文化部提供藝文採購契約範本作為參考[18]。另外，為了因應許多藝文工作者經濟條件問題（尤其是新藝文工作者），特訂免收押標金[19]。

(6) 廠商工作人員及分包廠商工作人員權益保障

除保障一般藝文工作者之勞動權益外[20]，得標的藝文廠商在履約執行過程中，遇有不可抗力或更優等因素，可先做分析並徵得機關同意後變更[21]。另外，由於許多藝文案件需要跨越多個專業領域，得標廠商得以分包委託給其他廠商，為保障分包工作者的權益，跨界的專業藝文標案，得標廠商可另外將部分專業工作再委託其他該專業領域廠商代為履行，但政府單位須檢視其分包工作項目及經費之合理性[22]。

驗收，得邀請專家學者協助驗收，或委託公正之學術或鑑定機構，辦理品質檢驗或提供鑑定。藝文採購驗收通過者，機關得發給結算驗收證明書。必要時得依廠商之需求，提供不同形式之實績證明。」（文化部，2019c）

[18]《文化藝術採購辦法》第 14 條「機關辦理藝文採購之契約，以採用文化部訂定之藝文採購契約範本為原則。」（文化部，2019c）

[19]《文化藝術採購辦法》第 18 條「機關辦理藝文採購，應免收押標金。」（文化部，2019c）

[20]《文化藝術採購辦法》第 15 條「機關辦理藝文採購，應就廠商工作人員及分包廠商工作人員之權益保障事項，明定於契約。廠商及分包廠商並應遵守勞動法令、性別工作平等法等相關規定。機關發現廠商或分包廠商有違反相關勞動法令、性別工作平等法等情事時，得檢附具體事證，主動通知當地勞工主管機關或勞工保險局依法查處。」（文化部，2019c）

[21]《文化藝術採購辦法》第 16 條「機關辦理藝文採購，履約期間廠商如因不可抗力原因，或較契約原訂內容更優或對機關更有利之情形，廠商得敘明理由，檢附效益及價格比較資料，徵得機關書面同意後，以其他效益相同或較優者代之。」（文化部，2019c）

[22]《文化藝術採購辦法》第 12 條「機關辦理藝文採購，得標廠商得視案件性質及實際需要，訂定分包項目及其合理費用，由其他廠商代為履行。前項分包項目及費用，機關得於契約規定應報請機關備查；分包項目之費用不合理者，機關得要求廠商調整。第一項藝文採購以總包價法方式計費者，除招標文件已預為載明部分項目

(7) 智慧財產權之歸屬

在契約中明訂著作人格權、著作財產權的取得及使用[23]。另外，經獲評選合格但未得標廠商應給付獎勵金，未得標廠商如政府單位需要使用服務建議書內容，則須另外獲得廠商同意且給予合理費用並取得授權[24]。

四、藝文採購對外招標的徵求方式

無論是中央或地方政府文化部門，在進行各項藝文採購對外招標的徵求方式，亦可分成：「服務建議書」及「競圖」（含設計競賽）等兩大類型。分析如下：（不過，基於特定因素得可不上網公開徵求，採取直接委託之方式[25]。）

因工作範圍及內容採核實支付者外，不應要求廠商繳回節餘款及檢附所有單證。」（文化部，2019c）

[23]《文化藝術採購辦法》第 17 條「機關辦理藝文採購，廠商履約結果涉及履約標的所產出之著作權者，機關依案件之需要，應於契約內就著作人格權及著作財產權，訂定合理必要之約定。機關經評估有利用著作財產權之情形者，以取得著作財產權之授權為原則。但有特殊情形，得取得部分或全部著作財產權。」（文化部，2019c）

[24]《文化藝術採購辦法》第 11 條「機關得規定涉及廠商於投標時須提出服務建議書者，經評選達一定分數或序位之未得標廠商，發給一定金額之獎勵金。前項未得標廠商所提出之服務建議書，機關得依實際需要，經廠商同意給予合理費用後，取得其著作財產權之授權，或取得部分或全部著作財產權。」（文化部，2019c）

[25] 在《機關邀請或委託文化藝術專業人士機構團體提供藝文服務作業辦法》中，第4 條「機關辦理藝文服務採購，符合下列情形之一者，得不經公告審查程序辦理：一、敘明邀請或委託對象之名稱、具專業素養、特質之情形及不經公告審查程序逕行邀請或委託之理由，經機關首長或其授權人員核准。二、駐國外機關依條約、協定，或同意書、盟約、了解備忘錄、換函、照會、議定書等辦理之文化交流活動及相關合作計畫，經機關首長或其授權人核准。巨額藝文服務採購不經公告審查程序辦理者，應由機關邀集機關人員二人及文化、藝術領域之專家學者七人開會審查，經三分之二以上人員出席，出席人員三分之二以上審查通過，簽報機關首長或其授權人核准。」（文化部，2019e）

1. 「服務建議書」方式

有別於「競圖」，在評定「服務建議書」之方式，為主要評定廠商是否有能力承做之資格為主，服務建議書的類型，例如：委託研究案、委託規劃設計案、媒體行銷案、藝文活動案等。一般服務建議書的內容項目，至少包括：現況分析、各項委託工作事項之初步構想及初步規劃、預定工作進度、本案執行專業及人力安排、經費概算、過去廠商實績、本案其他相關所需附件（例如：合作同意書、意向書等）及其他相關項目。

2. 「競圖」方式

主要評定設計競圖為主，除了一般設計競賽之外，包括各種工程競圖或國際競圖等，競圖方式在日後得標之後，調動修正設計的機會及範圍相對較少，以核發設計獎金方式進行，除了一般設計競賽外，較複雜的是建築設計案，不過，建築及地景等空間規劃設計案，也適用上述徵求服務建議書的方式，用意不是在評選時徵選設計圖，而是同時評選有能力承做的廠商。

如以競圖方式進行，廠商在競圖時需要提出的書圖內容，至少包括：現況分析、課題與對策、設計構想、設計方案之各項書圖（平面圖、立面圖、透視圖、細部大樣等）、預算書、過去廠商實績等（但目前評定服務建議書中與設計案有關的也是需要這些書圖）。

如以競圖方式，其得標之後的審查方式一般不會是以期初、期中、期末報告區分階段，而是以初步規劃設計、細部設計、細部大樣及發包預算書等階段進行審查及給付款項。某些屬於工程統包方式，則以規劃階段、設計階段、施工階段、驗收完成階段等，進行審查及付款。

五、藝文採購規定之招標文件內容

一般藝文採購對外公告的文件中，至少需要三種不同文件來公告標案各項所需要的內容，包括：服務建議書作業須知、評選作業須知、合約書

等三大部分內容，各個文化單位有其不同名稱，但是其實質內容主要還是上述三大部分。

而此三種文件產生的程序，一般是由業務單位行政人員在機關內部研訂及簽報招標內容，而在《機關委託專業服務廠商評選及計費辦法》中，規定了一般招標文件的基本內容：第 4 條「機關委託廠商承辦專業服務，除法令另有規定者外，其招標文件得視個案特性及實際需要載明下列事項：一、服務之項目及工作範圍。二、應徵廠商之資格條件及應檢附之文件。三、服務之提供方式。四、工作時程。五、涉及材料或設備之供應者，其規格。六、服務之工作範圍及內容明確者，其績效衡量指標、驗收項目及標準。七、廠商應提出之專業服務建議書及應含之內容。如主要工作項目之時程、數量、價格、計畫內容、章節次序或頁數限制等。八、智慧財產權之歸屬。九、評審項目、評審標準及評選方式。十、與評選優勝廠商議價及決標原則。十一、計價及付款方式。十二、招標須知及契約條款。十三、廠商於評選時須提出簡報者，其進行方式。十四、預算或預計金額。十五、其他必要事項。」（全國法規資料庫，2017）

其中，在「評選項目」中，該辦法第 5 條載明「……得視個案特性及實際需要載明下列事項：一、廠商所具備之專業人力、經驗或實績等資格。二、計畫主持人及主要工作人員之經驗及能力。三、計畫執行方式。四、如期履約能力。五、價格。六、建議書之完整性、可行性及對服務事項之了解程度。七、其他必要事項。」（同上）

一般藝文採購對外招標文件內容，是由科室行政人員研訂草案後，會簽主計（會計）、祕書、政風單位等表示意見，機關首長同意後再上網公告，必要時（或機關之前並無辦理經驗時）邀請外面專家學者召開第一次評選委員會，事先審核即將公告的各項文件內容草案，以求周延。

六、藝文採購招標文件類型與基本內容

針對各種不同藝文採購案件行政作業，其對外的公告文件在名稱上

各單位有所差異，但是基本上可分爲：服務建議書作業須知（或需求書）（委託工作對象的內容及辦理重點）、評選作業須知（本次評選的條件與規則）、合約書（未來簽約後的所有規定）等三大類。分析其各文件之基本內容，主要如下：

1. 服務建議書作業須知（或需求書）

在此文件內容項目中，基本上至少計有：

(1) 前言

計畫緣由（或交代與相關計畫之關係）、計畫目標、工作重點、全案執行天數或日期、總預算經費（全部預算上限金額，或有後續擴增預算等）。

(2) 委託工作事項

分項且明確列出本案所需執行完成的各項委託工作內容，以及針對某些個別工作內容的特別註記。

(3) 工作團隊人員及組成

本案所需要的人力配置數量及質量、人員分工方式，以及特別專長需求的註記。

(4) 預算概算編列

不超過全案總公告金額之下，各項工作的預算編列。一般主計單位偏好較明確的預算編列方式，爲：明列各項工作之具體單價、單位、數量、各項工作價格、全案總價等，其中預算組成主要分成：人事費、業務費、雜項費用等三大部分。

(5) 工作進度安排

將全案各個工作項目所需時間、前置作業時間、進場時間、檢核時間點（或驗收點）、結束期限等，以工作進度表（或桿狀圖）方式明確繪製，以利行政管理及督導進度。

(6) 服務建議書格式

一般以 A4 格式爲主（如書圖超出則折成該此寸），加封面及頁

碼，為了環保以限定一個不超過的頁數為原則，不需過於繁瑣細微，因為評選主要找出專業優良廠商，過細的繁文縟節經常造成評選困擾，像是坊間經常出現：規定字體、級數、雙面印刷等問題。規定格式只是為了公平性，過於重視文書細節反而本末倒置、徒增困擾。

(7) 廠商實績

與本案性質相關實際經驗、案例、業績等。

(8) 其他必要規定

例如是否需要合作同意書、意向書等。

2. 評選作業須知

本評選作業須知的功能，主要在規定評選作業過程的相關工作，因此，在此作業須知必須載明資格審查及專業內容審查時，其程序及內容之相關規定。因此，在一般資格審查時的主要項目，包括各項資格條件所需的證明文件，例如：公司或機構之營運證明、負責人簽章等等（目前政府各單位有固定制式表格及項目）。

另外，在評選專業內容之作業須知方面，為通過資格審查後，文化行政人員開始邀集各委員召開評選會議之相關程序，因此至少載明以下事項以利評選作業：

(1) 公告招標日期（等標期）

設定上網公開招標時間，須給廠商充分的準備時間（評選出專業廠商遠比壓縮等標時間更重要，執行品質不良的廠商日後耽誤全案進度之時間，比等標時間更長且複雜）。

(2) 簡報及答詢時間

一般簡報設備器材由廠商負責，簡報時間一般以 15 分鐘為限、答詢 10 分鐘為原則。採統問統答進行，必要時載明廠商家數過多時，將縮短時間以免會議過於冗長。

(3) 評分方式

一般以「序位法」為主，由評選委員依高低分數轉為序位先後順位，序位總分相同再以專業能力評分。

(4) 評分表

將個別及總評分表同時對外公告，委員個人評分表是由服務建議書作業須知中，各項工作內容之初步構想、團隊專業及人員組成、工作進度、過去實績、預算合理性及完整性、簡報及其他必要規定等各項分數組成。

(5) 其他事項

許多機關會註明及格分數，或規定簡報現場不得發送書面資料（以求環保及減少公平性爭議）等認為必要之事項。

3. 合約書

合約書便是明確詳載甲乙雙方的各個權利及義務等所有相關事項。文化部曾提供藝文採購的合約範本，內容為逐項分別明確載明所需的人、事、時、地、物等內容，以及違約時的處理，並且載明各階段的給付款項方式與金額，以及需要特別加註之事項，與上述須知一起對外公告。

七、藝文採購之文件審查行政

一般公開招標的藝文採購案件，分為資格審查、專業審查等二次審查，主要如下：

1. 資格審查（資格標）

一般資格審查主要是公告標案時，一併提供制式表格讓投標廠商準備相關資格證明，而資格審查方式主要由機關內部之業務科室、祕書室等相關人員進行，確認廠商是否符合本次投標的資格條件，以及是否有缺漏相關證明文件（如不符合，為尊重廠商的智慧財產權，服務建議書不拆封），如符合資格才進入專業內容審查及評選順序。

2. 專業審查（評選委員會）

行政人員簽報機關首長遴選專家學者及機構內部委員組成委員會，召開正式評選會議之前機關內部先進行計畫書內容初審，並將意見提供正式評選會議參考，在正式評選會議上選定優先簽約廠商。在評選出優勝廠商後，進行後續：簽報首長同意、議約（不一定會議價）、正式簽約、開始執行、分期驗收及給付廠商經費、辦理結案等程序。

參考文獻

英文部分

Barker, C. (2000). *Cultural Studies: Theory and Practice*. London: Sage.

Bennett, T. (1992). Putting policy into cultural studies. In: L. Grossberg, C. Nelson and P. Treichler (Eds), *Cultural Studies* (pp. 23-34). London: Routledge.

Bennett, T. (1995). *The birth of the museum: history, theory, politics*. London and New York: Routledge.

Bennett, T. (1998). *Culture: A Reformer's Science*. London: Sage.

Bourdieu, P. (1986). The Forms of Capital. In J. Richardson (Ed.), *Handbook of Theory and Research for the Sociology of Education* (pp. 241-258). New York: Greenwood Press.

Delors, J. (1996). *Learning: the treasure within*. UNESCO. http://www.unesco.org/education/pdf/DELORS_E.PDF.

Dye, T. R. (2016). *Understanding Public Policy* (15th Edition). UK: Pearson.

Foucault, M., (1991). Governmentality. In Graham Burchell, Colin Gordon and Peter Miller (Eds.), *The Foucault Effect: Studies in Governmentality* (pp. 87-104). Hemel Hempstead: Harvester Wheatsheaf.

Howlett, M. & Ramesh, M. & Perl, A. (2009). *Studying Public Policy: Policy Cycles and Policy Subsystems*. UK: Oxford University.

McGuigan, J. (1996). *Culture and the Public Sphere*. Psychology Press.

McGuigan, J. (2004). *Rethinking Cultural Policy*. McGraw-Hill Australia Pty Ltd.

McKean, R. N. (1965). The Unseen Hand in Government. *The American Economic Review*, *55*(3), 496-506.

Morgan, G. (1997). *Images of Organization*. London: Sage.

Nonaka, Ikujiro & Takeuchi, Hirotaka (1995). *The knowledge creating company: how Japanese companies create the dynamics of innovation*. New York: Oxford University.

Pollitt, C. (1993). *Managerialism and the public services: cuts or cultural change in the 1990s?* UK: Cambridge.

Rawls, J. (1999). *A Theory of Justice*. Harvard University Press. http://www.consiglio.regione.campania.it/cms/CM_PORTALE_CRC/servlet/Docs?dir=docs_biblio&file=BiblioContenuto_3641.pdf.

Schein, E. H. (2010). *Organizational Culture and Leadership*. San Francisco: Jossey-Bass.

Snavely, K. (1991). Marketing in the Government Sector: A Public Policy Model. *American Review of Public Administration.* 21(4): 311-326.

Steward, J. (2006). The Concept and Method of Cultural Ecology. In Haenn, N. and Wilk, R. (Eds.), *The Environment in Anthropology-A Reader in Ecology, Culture, and Sustainable Living* (pp5-9). New York: New York University.

Titman, L. (1995). *Marketing in the New Public Sector*. London: Pitman Publishing.

UNESCO (2013). *The 2005 Convention on the Protection and Promotion of the Diversity of Cultural Expressions*. http://unesdoc.unesco.org/images/0022/002253/225383E.pdf.

Weber, R. (2010). *Quelle gouvernance pour la culture et le secteur culturel?* working document for the Euro-American Campus on Cultural Cooperation. http://www.oei.es/euroamericano/RaymondWeber-QuellegouvernanceFR.pdf.

中文部分

Drucker, P. 著／許是祥譯（1997）。**有效的管理者**。臺北市：中華企管出版部。

Frederickson, H. G. 著／曾冠球、許世雨譯（2006）。**新公共行政學**。臺北市：勝智文化。

Harmon, M. M. 著／吳瓊恩等譯（1993）。**公共行政的行動理論**。臺北市：五南出版社。

Holden, J. 著／陳怡孜譯（2015）。**文化生態系**（The Ecology of Culture）。搜尋日期：20190323。取自：http://www.publicartonline.org.uk/downloads/news/AHRC%20Ecology%20of%20Culture.pdf。

Hughes, O. E. 著／呂苔瑋等譯（2006）。**公共管理與行政**。臺北市：雙葉書廊。

Lindblom, C. E. & Woodhouse, E. J. 著／陳恆鈞等譯（1998）。**政策制訂的過程**。臺北市：韋伯文化。

McCain, R. A. 著／陳建良譯（2006）。**賽局理論**。臺北市：智勝文化。

Schmidt, E. & Rosenberg, J. 著／李芳齡譯（2014）。Google **模式：挑戰瘋狂變化世界的經營思維與工作邏輯**。臺北市：天下出版社。

Senge, P. M. 著／齊若蘭、郭進隆譯（2018）。**第五項修練：學習型組織的藝術與實務**。臺北市：天下文化。

公視（2015）。**台北小巨蛋演唱會震動屢遭民眾抗議**。搜尋日期：20190323。取自：https://news.pts.org.tw/article / 308456?NEENO=308456。

文化部（2018）。**文化平權**。搜尋日期：20181220。取自：https://www.moc.gov.

tw/content_413.html。

文化部（2019a）。**文化統計——關於文化統計**。搜尋日期：20190618。取自：https://stat.moc.gov.tw/AboutUs.aspx。

文化部（2019b）。**文化統計——調查研究報告**。搜尋日期：20190618。取自：https://stat.moc.gov.tw/Research.aspx。

文化部（2019c）。**文化藝術採購辦法**。搜尋日期：20191203。取自：https://www.moc.gov.tw/information_314_106449.html。

文化部（2019d）。**機關辦理藝文採購作業要點**。搜尋日期：20200127。取自：https://www.moc.gov.tw/information_321_106474.html。

文化部（2019e）。**機關邀請或委託文化藝術專業人士機構團體提供藝文服務作業辦法**。搜尋日期：20200118。取自：https://mocfile.moc.gov.tw/files/201911/8661230c-08f5-41a8-8281-2af190ab8466.pdf。

文化部（2019f）。**「文化藝術採購辦法」與「機關邀請或委託文化藝術專業人士機構團體提供藝文服務作業辦法」比較表**。搜尋日期：20200128。取自：https://mocfile.moc.gov.tw/files/202001/cd2edd5b-45c6-4f33-a5f1-377b26c05fef.pdf。

王志弘（2010）。文化如何治理？一個分析架構的概念性探討。**世新人文學報，11**，1-38頁。

丘昌泰等（2001）。**政策分析**。新北市：國立空中大學。

古明君（2013）。博物館與當代中國文化治理。**博物館與文化，6**，117-139頁。

全國法規資料庫（1947）。**中華民國憲法**。搜尋日期：20190429。取自：https://law.moj.gov.tw/LawClass/LawAll.aspx?pcode=A0000001。

全國法規資料庫（2004）。**中央法規標準法**。搜尋日期：20191015。取自：https://law.moj.gov.tw/LawClass/LawAll.aspx?PCode=A0030133。

全國法規資料庫（2009）。**經濟社會文化權利國際公約**。搜尋日期：20191103。取自：https://law.moj.gov.tw/LawClass/LawAll.aspx?pcode=Y0000038。

全國法規資料庫（2015）。**行政程序法**。搜尋日期：20191021。取自：https://law.moj.gov.tw/LawClass/LawAll.aspx?pcode=A0030055。

全國法規資料庫（2016）。**政府採購法**。搜尋日期：20910331。取自：https://law.moj.gov.tw/LawClass/LawAll.aspx?pcode=A0030057。

全國法規資料庫（2016a）。**文化資產保存法**。搜尋日期：20191110。取自：https://law.moj.gov.tw/LawClass/LawAll.aspx?PCode=H0170001。

全國法規資料庫（2017）。**機關委託專業服務廠商評選及計費辦法**。搜尋日期：20200128。取自：https://law.moj.gov.tw/LawClass/LawAll.aspx?pcode=A0030076。

全國法規資料庫（2018）。**促進民間參與公共建設法**。搜尋日期：20190331。取自：https://law.moj.gov.tw/LawClass/LawAll.aspx?PCode=D0070062。

全國法規資料庫（2019a）。**文化基本法**。搜尋日期：20191020。取自：https://law.moj.gov.tw/LawClass/LawAll.aspx?pcode=H0170151。

全國法規資料庫（2019b）。**文化創意產業發展法**。搜尋日期：20190815。取自：https://law.moj.gov.tw/LawClass/LawAll.aspx?pcode=H0170075。

朱鎮明（2003）。**政治管理**。臺北市：聯經出版社。

行政院（2018）。**中央行政機關法制作業應注意事項**。搜尋日期：20191021。取自：https://www.ey.gov.tw/Page/13757D5A74F701EA/a4f2c74c-7faa-4e5e-ad90-4d1d98b91e5f。

行政院（2019）。**「建構文化內容產業生態系」推動成果與未來重點計畫**。搜尋日期：20191105。取自：https://www.ey.gov.tw/Page/448DE008087A1971/4133e0fd-245a-4c99-8c2d-60cff449c397?fbclid=IwAR11MsuAm3ELYFDABMSOZEfx0W1JgI_l1KSCa6HfaaoM1zkq_N6nf54A0_Q。

行政院主計處（1996）。**社會指標系統理論**。臺北市：行政院主計處。

行政院研究發展考核委員會（2004）。**知識型政府**。臺北市：行政院研考會。

吳定（2003）。**公共政策**。新北市：國立空中大學出版社。

吳英明、張其祿（2005）。**全球化下的公共管理**。新北市：商鼎文化。

吳瓊恩等（2004）。**公共行政學**（*Public administration*）。臺北市：智勝文化。

宋明哲（2015）。**公共風險管理：ERM 架構**。臺北市：臺灣金融研究院。

汪正洋（2010）。**圖解公共政策**。臺北：書泉出版社。

汪明生（2006）。**公共事務管理研究方法**。臺北市：五南出版社。

松山文創園區（2019）。**歷史回顧**。搜尋日期：20190323。取自：https://www.songshanculturalpark.org/About.aspx?ID=5a4539f0-da1d-442d-a933-d3f54784e093。

林水波（1999）。**公共政策論衡**。臺北市：智勝文化。

竺乾威（1999）。**公共行政學**。北京：復旦大學出版社。

邱明正（2004）。序。**文化政策學**。上海：上海文藝出版社。頁 1-6。

姜占魁（1980）。**行政學**。臺北市：五南出版社。

胡惠林（2004）。**文化政策學**。上海：上海文藝出版社。

張岱屏（20101）。**角落台北**。搜尋日期：20190323。取自：https://ourisland.pts.org.tw/content/%E8%A7%92%E8%90%BD%E5%8F%B0%E5%8C%97。

張康之、李傳軍（2003）。**行政論理學教程**。上海：中國人民大學出版社。

張議晨（2017）。**五月天唱《軋車》音量太大遭民眾檢舉**。搜尋日期：20190323。取自：https://news.ltn.com.tw/news/life/breakingnews/2020750。

許士軍（2015）。**效率與效果爲何經常難以並存？**。搜尋日期：20191201。取自：https://www.hbrtaiwan.com/article_content_AR0003174.html。

許南雄（2004）。**行政學術語**。臺北市：商鼎文化出版社。

黃信捷（2017）。**文創聚落經營管理模式研究：以松山文化創意園區爲例**。國立臺灣師範大學碩士論文。

黃翔瑜（2010）。教育部文化局之設置及其裁撤（1967-1973）。**臺灣文獻，61**（4）。頁 259-298。

葉郁菁（2005）。政策問題的建構。張世賢主編，**公共政策分析**。頁 165-175。臺北市：五南出版社。

楊孔鑫（1990）。英國文化行政。**各國文化行政叢書 8**。臺北市：行政院文化建設委員會。

廖世璋（2002）。國家治理下的文化政策：一個歷史回顧。**建築與規劃學報，3**（2），頁 160-184。

廖世璋（2016）。**地方文化產業研究**。高雄：巨流出版社。

臺北市法規查詢系統（2008）。**臺北市文化設施發展基金收支保管及運用自治條例**。搜尋日期：20190815。取自：https://www.laws.taipei.gov.tw/lawsystem/wfLaw_ArticleContent.aspx?LawID=P31D1009-20080221&RealID=31-04-1009&STP=LN。

臺北市法規查詢系統（2017）。**臺北市法規標準自治條例**。搜尋日期：20191022。取自：http://www.laws.gov.taipei/lawsystem/wfLaw_Information.aspx?LawID=P27B1001-20171129&RealID=27-02-1001。

聯合國教科文組織（2001）。**世界文化多樣性宣言**。搜尋日期：20191103。取自：http://ctlt.twl.ncku.edu.tw/kauhak/kanggi/UNESCO_cht.pdf。

魏秋宜等（2018）。**韓國文化基本法立法施行及影響評估示範計畫案例**。搜尋日期：20191210。取自：https://report.nat.gov.tw/ReportFront/PageSystem/reportFileDownload/C10701715/001。

國家圖書館出版品預行編目資料

文化政策學／廖世璋著. -- 初版. -- 臺北
市：五南, 2020.07
　面；　公分
ISBN 978-986-522-053-2 (平裝)

1.文化政策

541.29　　　　　　　　109007761

1ZOJ

文化政策學

作　　　者 ― 廖世璋 (334.11)

發 行 人 ― 楊榮川

總 經 理 ― 楊士清

總 編 輯 ― 楊秀麗

副總編輯 ― 陳念祖

責任編輯 ― 黃淑真、李敏華

封面設計 ― 王麗娟

出 版 者 ― 五南圖書出版股份有限公司

地　　　址：106台北市大安區和平東路二段339號4樓

電　　　話：(02)2705-5066　　傳　真：(02)2706-6100

網　　　址：http://www.wunan.com.tw

電子郵件：wunan@wunan.com.tw

劃撥帳號：01068953

戶　　　名：五南圖書出版股份有限公司

法律顧問　林勝安律師事務所　林勝安律師

出版日期　2020年7月初版一刷

定　　　價　新臺幣420元

經典永恆・名著常在

五十週年的獻禮——經典名著文庫

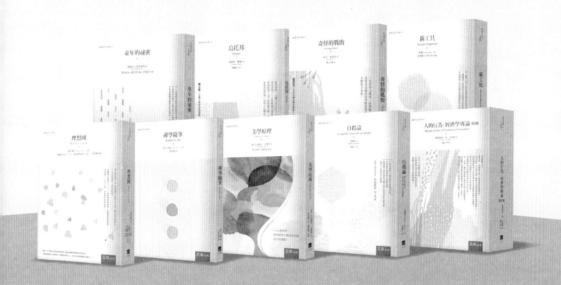

　　五南，五十年了，半個世紀，人生旅程的一大半，走過來了。
　　思索著，邁向百年的未來歷程，能為知識界、文化學術界作些什麼？
　　在速食文化的生態下，有什麼值得讓人雋永品味的？

歷代經典・當今名著，經過時間的洗禮，千錘百鍊，流傳至今，光芒耀人；
　不僅使我們能領悟前人的智慧，同時也增深加廣我們思考的深度與視野。
　　我們決心投入巨資，有計畫的系統梳選，成立「經典名著文庫」，
　　　希望收入古今中外思想性的、充滿睿智與獨見的經典、名著。
　　　　　這是一項理想性的、永續性的巨大出版工程。
　不在意讀者的眾寡，只考慮它的學術價值，力求完整展現先哲思想的軌跡；
　　為知識界開啟一片智慧之窗，營造一座百花綻放的世界文明公園，
　　　　　　任君遨遊、取菁吸蜜、嘉惠學子！